中国职业技术教育学会
智慧文旅职业教育专业委员会推荐用书

专家指导委员会主任　杜兰晓　姜玉鹏
总主编　韩玉灵　邓德智
副总主编　石媚山　李岑虎

| 研学旅行管理与服务系列教材 |

YANXUELÜXINGZHIDAOSHISHIWU

研学旅行指导师实务

第3版

主　编　邓德智　伍　欣
副主编　徐倩文　叶伟军　夏　军

北京·旅游教育出版社

研学旅行管理与服务系列教材
专家指导委员会、顾问、编委会

专家指导委员会

主　　任：杜兰晓（浙江旅游职业学院校长）
　　　　　姜玉鹏（青岛酒店管理职业技术学院校长）
委　　员：（排名不分先后）
　　　　　陈佳平（河南职业技术学院文化旅游学院院长，二级教授，享受
　　　　　　　　　国务院政府特殊津贴专家）
　　　　　程　冰（桂林旅游学院继续教育学院院长，广西中小学研学旅行
　　　　　　　　　学会副会长）
　　　　　魏巴德（亲子猫＆研学猫董事长）
　　　　　王亚超（北京中凯国际研学旅行股份有限公司董事长）
　　　　　丁海秀（旅游教育出版社副社长）
　　　　　姜福炎（文化和旅游部人才中心研学旅行指导师高级考评员）
　　　　　郭海峰（资深媒体人，湖南广播电视台《跟着课本去旅行》节目制
　　　　　　　　　片人）

顾　问

吕龙根（北京第二外国语学院教授）

编委会

总 主 编：韩玉灵（北京第二外国语学院教授，中国旅游人才发展研究院执行
　　　　　　　　　院长）
　　　　　邓德智（浙江旅游职业学院教授）
副总主编：石媚山（青岛酒店管理职业技术学院文旅学院院长）
　　　　　李岑虎（文化和旅游部人才中心研学旅行指导师考评员）

委　　员：（按姓氏笔画顺序排列）

王　彬	王　慧	王　霖	王立龙	王亚娇	王先波	王春梅
王雪艳	毛　欣	仇晓岚	邓鹏飞	占　飞	叶伟军	叶娅丽
申建伟	田张珊	由　杰	仪孝法	边喜英	邢琦娜	吕佳蔚
朱丽男	朱海峰	朱嘉奇	乔海燕	伍　欣	任　鸣	刘　芬
刘　筱	刘　斌	刘亚男	刘庆安	刘佳蓉	刘胜海	刘雁琪
池　静	汤　静	孙芳真	苏建宏	巫常清	李　旭	李　娌
李　婷	李凤堂	李秋君	李胜桥	李冠瑶	李媛媛	杨　栋
杨乃桂	杨崇君	肖　靖	吴　桐	吴家旅	何东萍	谷　音
辛宇杰	宋　扬	宋垟竹	张　浩	张　丹	张　栋	张双军
张会臣	张明月	张晓旭	张楗让	张慧婕	陈　超	陈　苇
陈芸先	陈俊华	陈凌凌	武　猛	林诗佳	林莉雯	尚明娟
罗　瑛	岳继萍	周　俊	周　航	周海磊	邹宜秀	郑晓堂
赵　明	赵双全	赵东勋	赵芳鋆	赵晓芳	胡　磊	侯小刚
侯晓宇	侯雪艳	俞小红	施美彬	秦晓林	袁秋菊	贾玉芳
夏　军	钱　钧	徐　彬	徐　峰	徐倩文	殷　鹏	高　霞
郭小汇	郭艳萍	席忠华	唐　波	黄丽春	曹银玲	袭黄丽
常冬冬	章永平	梁　东	梁媛媛	韩丽英	程　冰	程慕斌
焦昱安	楼历月	甄培莺	甄鸿启	裴　炜	廖延斌	谭　慧
潘晓琳	薛兵旺	霍　炜	魏莉霞			

《研学旅行指导师实务》编委会

主　编

邓德智（浙江旅游职业学院教授，浙江省旅游发展研究中心研学旅行研究所所长）

伍　欣（湖南商务职业技术学院副教授，国家高级导游，长沙导游协会副会长）

副主编

徐倩文　叶伟军　夏　军

出版说明

  自2016年11月30日，教育部等11部门联合出台《关于推进中小学生研学旅行的意见》以来，研学旅行作为教育新形式、旅游新业态在国内蓬勃发展，成为教育和文旅行业的新增长点。但在迅速发展的同时，各地研学旅行行业也遇到了服务不规范、标准不统一、专业人才极度缺乏的窘境。因此，推进研学旅行专业人才培养已经成为旅游教育工作者迫在眉睫的任务。

  2019年10月，"研学旅行管理与服务"正式列入《普通高等学校高等职业教育（专科）专业目录》，研学旅行专业人才培养正式提上日程。为解决教材缺乏的问题，2020年1月初，旅游教育出版社特邀请韩玉灵、吕龙根、邓德智、李岑虎等40余位来自院校、行业、企业的资深专家齐聚北京第二外国语学院，正式启动全国首套"研学旅行管理与服务系列教材"的编写研讨会。此套教材由北京第二外国语学院教授、中国旅游人才发展研究院执行院长韩玉灵，浙江旅游职业学院教授、全国《研学旅行指导师（中小学）专业标准》起草人邓德智共同担任总主编，各高校、教研院学科带头人担任分册主编、编委，组成系列教材编委会。此套教材于2020年8月正式出版，一经推出便受到各大旅游职业院校和行业、企业的高度关注。如今已多次再版加印，获得了读者的广泛认可。

  与此同时，也有越来越多的高职院校纷纷设立研学旅行管理与服务专业。更具有标志性意义的是，2022年7月11日至21日，中华人民共和国人力资源和社会保障部公示了《中华人民共和国职业分类大典（2022年版）》，研学旅行指导师也被纳入其中。在此背景下，我社于7月30日再次组织研学旅行相关领域的专家，召开了"研学旅行管理与服务系列教材"编写修订研讨会。我们特聘浙江旅游职业学院杜兰晓校长、青岛酒店管理职业技术学院姜玉鹏校长共同担任新版系列教材的专家指导委员会主任。此外，还特聘青岛酒店管理职业技术学院文旅学院石媚山院长、文化和旅游部人才中心研学旅行指导师考评员李岑虎教授共同担任副总主编。

新版"研学旅行管理与服务系列教材"一共12本，分别是《研学旅行概论》、《研学旅行指导师实务》、《研学旅行指导师实务》（活页版）、《研学旅行课程设计》、《研学旅行教育理论与实践》、《研学旅行基地运营与管理》、《研学旅行安全管理》、《研学旅行市场营销》、《研学旅行政策法规》、《研学旅行产品设计》、《户外活动策划与管理》、《研学旅行数字化运营》。本套教材编写阵容强大，采用研学旅行最新研究成果，确保教材内容与行业接轨，符合教学需求。

总体上看，本套教材具有以下四大特色。

一、全国首套，体系完整

本套教材充分考虑了师生的教学需求，从基础性的研学旅行概论开始，由浅入深，遵循教育学的基本理论，同时也注重指导师实务、课程设计、安全管理、基地运营等实操能力的培养，既全面覆盖研学旅行工作的各个要素要点，又符合本专业学生的知识技能成长逻辑，是国内首套体系完整的"研学旅行管理与服务"专业教材。

二、作者权威，理念先进

本套教材的总主编、副总主编、各分册主编都是各大院校研学旅行的学科带头人和国内研学旅行行业的知名专家，有着丰富的执教或从业经验。编写内容以一线研学企业的成功经验为依托，紧跟教育部、文化和旅游部对研学旅行的指导意见，同时吸收国内最新研究成果，引入研学旅行先进理念，确保本套教材的准确性、前瞻性。

三、案例教学，可操作性强

为方便教学，教材中引入大量案例。这些案例均来自旅行社、研学基地等研学旅行一线单位，参考性强，真正做到以案例导入学习，以案例增进理解，以案例引导实操。

四、资料丰富，配套完善

本套教材新增了大量资料、视频等，并以二维码的形式嵌入其中，拓展了教材边界，方便学习理解。此外，还有配套的多媒体教学课件、习题、试卷等，让教师对课程的讲授更加得心应手。

本套教材不仅可以作为研学旅行管理与服务、旅游管理等专业师生的教学用书，还可以作为研学旅行机构、研学基地等各类研学企事业单位相关工作人员的重要参考资料，以及教育和文旅行政管理部门进行研学规划时的参考用书。

研学旅行尚处在上升发展阶段，很多概念、理论、方法、模式更新较快。虽然本套教材的编写力求保证内容的全面性、前瞻性，但难免有考虑不周之处，还请广大读者不吝赐教，以臻完善。

旅游教育出版社

2024 年 5 月

第三版修订说明

自《研学旅行指导师实务》教材首次出版以来,我们一直致力于为研学旅行管理与服务专业及研学从业人员提供实用、前沿的教学资源。随着研学旅行行业的蓬勃发展以及相关政策、标准的不断更新,我们于 2022 年进行了首次修订。如今,为了更好地适应行业需求和教学实际,我们再次对教材进行了全面升级,以下是第三版修订的主要内容。

一、融入最新国家职业标准

2022 年,人力资源和社会保障部发布了《研学旅行指导师国家职业标准(征求意见稿)》,2024 年,人力资源和社会保障部又将"研学旅行指导师"的职业名称调整变更为"研学旅游指导师"。目前,《研学旅游指导师国家职业标准》正在修订中,作为该标准的起草人邓德智教授,根据标准的最新内容,对教材进行了相应的调整和更新,以确保教材内容提前对接职业标准,保证教材的权威性和前瞻性。

二、新增全国职业院校技能大赛相关内容

2024 年,教育部全国职业院校技能大赛首次新增了"研学旅行"(GZ106)赛项。为了帮助各院校更好地备赛,我们特别在教材中增加了相关示范案例,涵盖比赛内容、比赛标准等方面,以期为大家提供有益的参考和指导。

三、完善教学资源配套

考虑到研学专业的新兴性质及师资转型的实际情况,我们在第三版教材中配

套了丰富的线上课程资源。这些资源包括大量的案例、微课视频、单元练习、知识点及思政素材等,旨在减轻教师的教学压力和负担,为同人提供更加便捷、全面的教学支持。

  此次修订过程中,我们充分吸收了来自行业企业专家、一线教师及广大读者的宝贵意见,力求使教材更加贴近实际、更具可操作性。然而,由于时间紧迫和任务繁重,修订中难免存在不足之处。我们衷心希望广大读者继续提出宝贵意见,以便我们不断完善教材,为研学旅行事业的发展贡献更多力量。

  感谢大家一直以来的支持与关注!

编 者
2024 年 8 月

前 言

随着我国旅游业的发展，研学旅行已经成为旅游市场的热点，许多研学企业痛感人才缺乏、人员操作不规范、员工缺乏研学理念，于是研学旅行指导师这一研学旅行专业人才应运而生，并被越来越多的人关注。无论是研学旅行行前的策划和课程制订、行中的课程实施，还是行后工作的评价总结；无论是研学基（营）地的运营、中小学研学实践教育的落地，还是研学旅行行程的服务，都离不开研学旅行指导师。研学旅行指导师，不是一个传统的职业岗位，而是一种新兴的职业，是既懂教育又懂旅游的跨行业复合型专业人才。

《研学旅行指导师实务》对研学旅行指导师的职责与工作进行了全方位的讲解，全书共分为七个部分，主要包括研学旅行指导师的认知、研学旅行指导师职业素养的培养、研学课程的设计、学校研学旅行指导师操作、旅行社研学旅行指导师操作、基（营）地研学旅行指导师操作和常见问题的预防与处理。本书在编写过程中，不仅符合当前国内的研学形势和要求，而且从未来研学具体岗位、能力出发，结合研学工作流程进行编写。具有以下特点：

1. 真实。书中大量真实的研学案例、实践经验的描述都来自研学一线的从业人员，结合每章后的综合实训练习，让读者能接触到真实的研学旅行。

2. 立体。全书共46个二维码资料，包含视频、音频、图片、PPT演示文稿及文字资料等，还配套多媒体教学课件、习题等，呈现出立体化教材特色。

3. 务实。本书按岗位、流程描述研学旅行指导师的工作，结合现在国内研学市场实际状况，提供各类如研学学习手册、各种评价表格、研学备课教案等材料，无论是学校专业教学，还是研学旅行行业、企业都可以直接使用。

4. 前瞻。本书不仅契合目前国内的研学市场现状，而且结合最新的职业标准，融合未来研学发展趋势，按委派主体的不同，把研学旅行指导师分为学校研学旅行指导师、旅行社研学旅行指导师和基（营）地研学旅行指导师，并根据其职责重点进行阐述，力求教材内容针对性强、逻辑体系清晰、指导引领实践。

全书由浙江旅游职业学院邓德智教授总体设计、统稿、审稿；湖南商务职业技术学院伍欣副教授、浙江旅游职业学院徐倩文老师进行全文修订、统稿和校稿。

本书在编写调研过程中，得到了浙江省旅游发展研究中心研学旅行研究所、北京中凯国际研学旅行股份公司、长沙明珠国际旅行社、湖南世纪明德国际旅行社、杭州远景国际旅行社、噢哇啦教育科技有限公司、远大K7研学营地、会稽山国际研学营地的大力支持与帮助，在此表示衷心的感谢！同时，编者还参阅了大量的图书、论文、杂志及网络资料，在此谨向这些作者致以衷心的感谢。

本书既可以作为研学管理与服务、旅游管理等专业师生的教学用书，还可以作为研学服务机构、旅行社、中小学实践教育、研学基（营）地等各类研学企事业单位相关工作人员的重要参考资料，以及旅游行政管理机关和教育行政管理机关进行研学规划时的参考用书。

研学旅行正如雨后春笋般出现在我们的视野中，研学旅行指导师属于新兴职业，研学市场的不断变化使得编者深感才识不足。因此，本书一定尚存缺点和纰漏之处，敬请广大读者批评指正，在此表示感谢！

编　者

2024年8月

目录 CONTENTS

项目一　研学旅行指导师的认知

任务一　研学旅行指导师的概念与分类 / 003

任务二　研学旅行指导师的职业形象树立 / 020

项目二　研学旅行指导师职业素养的培养

任务一　研学旅行指导师的职业精神 / 029

任务二　研学旅行指导师的专业知识 / 037

任务三　研学旅行指导师的职业技能 / 050

项目三　研学课程的设计

任务一　认识研学课程 / 065

任务二　设计研学课程 / 084

项目四　学校研学旅行指导师操作

任务一　研学旅行前工作操作 / 121

任务二　研学旅行中工作操作 / 136

任务三　研学旅行后工作操作 / 151

项目五　旅行社研学旅行指导师操作

任务一　研学旅行前工作操作 / 167

任务二　研学旅行中工作操作 / 178

任务三　研学旅行后工作操作 / 197

项目六　基（营）地研学旅行指导师操作

任务一　研学活动前工作操作 / 213

任务二　研学活动中工作操作 / 228

任务三　研学活动后工作操作 / 247

项目七　研学旅行问题的预防与处理

任务一　行前常见问题的预防与处理 / 257

任务二　行中常见问题的预防与处理 / 267

任务三　住宿、用餐特别问题的预防与处理 / 287

任务四　课程特别问题的预防与处理 / 298

任务五　冲突问题的预防与处理 / 309

项目一

研学旅行指导师的认知

国家级研学旅行基地——中国人民抗日战争纪念馆

思维导图

- 研学旅行指导师的认知
  - 研学旅行指导师的概念与分类
    - 资料一：研学旅行指导师的历史追溯
    - 资料二：研学旅行指导师的概念内涵
    - 资料三：研学旅行指导师的职业分类
  - 研学旅行指导师的职业形象树立
    - 资料一：研学旅行指导师职业的角色定位
    - 资料二：研学旅行指导师职业的形象塑造

项目一　研学旅行指导师的认知

任务一　研学旅行指导师的概念与分类

 **任务目标**

知识目标	1. 了解中外历史上的游历名人； 2. 掌握研学旅行指导师的概念； 3. 熟知研学旅行指导师的分类。
能力目标	1. 能列举中外历史上的研学旅行指导师； 2. 能理解研学旅行指导师的内涵，能清楚与其他相关岗位工作内容的异同； 3. 能辨别不同类型的研学旅行指导师。
素质目标	1. 通过追溯历史名人，激发"读万卷书，行万里路"的学习热情； 2. 通过学习研学旅行指导师发展历程，培养对研学旅行指导师的职业情感。

 **任务导入**

×××旅行社是当地一家颇具实力的旅游企业，成立了一个专做旅游的部门，小叶是该部门经常带研学团的一名资深导游。在研学发展起来后，该企业及时调整经营理念，不断尝试采用研学旅行方式来进行之前的游学项目，小叶在企业内的身份也就由导游转变成了一名专业带领团队的研学旅行指导师，旅行社还专门给他制作了一张印有"研学导师"字样的精美胸卡，供小叶在带团时使用。

1. 导游带了研学团，就算是一名研学旅行指导师吗？
2. 研学旅行指导师和研学导师，到底哪个叫法更准确？
3. 目前关于研学旅行指导师的分类，又是如何区分的？

· 003 ·

任务解析

主要任务有三条：

第一，通过对研学旅行指导师发展的追根溯源，深入了解在中外旅游发展史上的众多知名人物，体会他们是如何通过旅行这一载体实现自我价值，并指导他人成长的。

第二，通过解读相关行业标准中关于"研学旅行指导师"的定义及相关界定，结合目前的行业操作实际，认真辨析这一定义的准确内涵，明了这一职业的规范称谓。

第三，从不同维度入手，理解研学旅行指导师的不同分类，从而对研学旅行指导师这一职业形成一个整体性认识。

资料一：研学旅行指导师的历史追溯

（一）国内研学旅行指导师的历史追溯

"研学旅行指导师"是随着我国社会经济的发展出现的新职业、新名称，但在我国悠久的历史长河中，从不缺乏"读万卷书，行万里路"之人。确切地说，本书所要诠释的"研学旅行指导师"这一群体，从本质上来看，其实自古就有，且不分中外。当我们追溯历史，会发现有许多通过游历来提升自己、成就不凡事业的人，尽管他们与现今的研学旅行指导师颇有不同，但是从本质上来看，他们都是以旅行为载体，来达到增长见识、认识世界的目的，从而实现了个体的成长。

1. 研学旅行指导师的鼻祖孔子

鲁定公十三年（公元前497年），55岁的孔子因遭到鲁国实际掌权者季孙氏的排挤，不得不带着弟子离开鲁国去往别处寻找出路，而由此开始了周游列国的旅程。直到公元前484年，时年68岁的孔子被季康子重金召回鲁国。在这14年的时间里，孔子先后周游了卫、曹、宋、郑、陈、齐、蔡、楚等国，经历各种挫折考验，留下"南子召见""匡城受困""断粮七日""丧家之犬"等历史典故。正是在周游列国的路上，孔子一边讲学，一边践行自己的施政理想，和弟子们一起广泛接触了各国权贵文士，考察了各地的政风民情。

项目一 研学旅行指导师的认知

孔子在出游列国时，身边带有众多弟子，且在周游的路上践行理想，教导学生。他这种带有浓厚教育色彩的独特的出游方式，正是如今我们所提出的"研学旅行指导师"的古代版。因此，我们不妨说，孔子就是我国研学旅行指导师的鼻祖。孔子周游列国，在主观上是一次漫长的政治之旅，但在客观上却是带着众弟子，在旅途中不断践行自己理想的过程。弟子们则在孔子的言传身教之下，一路实践学习做人、做学问以及治国理政的方法和道理。

孔子与弟子们用14年时间周游列国，在今天来看，列国之间的距离并不遥远，但正是这番"国际"游历，不仅对孔子来说是一次灵魂的洗礼，而且也给他的学生和后人留下了一笔非常宝贵的精神财富。可见，周游列国这一践行过程，既成就了孔子的伟大，也成就了其弟子们的人生功业，对于当下研学旅行指导师职业的发展，有着深远的指导意义。

2. 以游学成就史学的大家司马迁

我国伟大的史学家司马迁，他所撰写的我国第一部纪传体通史《史记》，以其"究天人之际，通古今之变，成一家之言"的史识，被公认为中国史书的典范。现代文学家鲁迅称《史记》是"史家之绝唱，无韵之离骚"。其实，《史记》这部伟大史书的完成与司马迁重视实地考察有着极为重要的联系。

受父亲的影响，司马迁在少年时代就开始遍访河山，收集逸闻旧事，并在实践中钻研历史真相。在20岁那年，他更是在父亲的鼓励下，开始了人生中第一次有计划的游学考察。他从长安出发，经河南、湖北，到湖南时，还特意去考察了屈原自沉的汨罗江。随后沿着长江前行，攀登了庐山，了解了大禹疏通九江的传说。再辗转到浙江绍兴，勘察大禹陵。接着北上江苏苏州，过淮阴，到山东等地，既探访了齐鲁大地上的孔学遗风，又探寻了楚汉相争的古战场，最后返回长安。这次考察历时近三年，行程达万余里，司马迁不但亲身感受了各地不同的风土人情，而且收集了大量的一手资料。

奉使西征巴蜀以南则是司马迁青年时代的第二次重要游历。司马迁特意将奉使之游与自己20岁那年的壮游做比较，并隆重地写进了《太史公自序》当中："于是迁仕为郎中，奉使西征巴、蜀以南，南略邛、笮、昆明，还报命。"此外，司马迁还曾多次跟随汉武帝出游，极大地丰富了自己的见识。

综观司马迁所取得的史学成就，无不与他的"游历"密切相关。正是这种走出书斋进行远游探访，并通过实地考察收集轶闻遗事、印证古史真伪的方式让司马迁集各类文献史料之大成，最终创作出《史记》这部历史巨著。

在司马迁的成长过程中，父亲是其人生道路上重要的引路人和指导师。正是在史学家父亲的影响和建议之下，司马迁积极游学于沉淀着中华文明史迹的现场，亲身感受历史在中华大地上跳动的脉搏，以此催生了历史巨著《史记》。

经由《史记》的流传，司马迁也成为后人精神上的指导师。其两千多年前考察过的游学线路，至今都值得我们在研学产品设计中参考。

3. 中国游记文学的开创者郦道元

郦道元是我国南北朝时期北魏官员，同时也是一位遍游山水的地理学家。自小博览群书的他也时常跟随父亲出游，这激发了他对大好河山的热爱。其足迹遍及如今的河南、安徽、江苏、山东、山西、河北、内蒙古自治区等地，每到一个地方，他都会细心勘察河道沟渠，水流地势，并仔细收集各地的风土人情和传说故事。

在不断地游历过程中，他通过现场考察发现，大量地理现象随着时间变迁经常变化，古书中的描述很多已经不符合实际情况。因此，他以古书《水经》为基础，收集数百种文献史料，结合多年亲身考察过程中积累的资料，写下了四十卷的《水经注》。《水经注》是中国古代最全面、最系统的综合性地理著作，记述了1200多条河流的发源地点、流经地域、支渠分布以及古河道变迁等情况，同时还大量记载了农田水利建设工程资料，以及城郭、风俗、土产等情况，为我国地质勘探的发展和研究提供了宝贵的历史资料。

《水经注》不仅是一部内容丰富多彩的地理著作，也是一部优美的山水散文游记，对后世游记散文的发展影响深远。郦道元以其饱满的热情，优美的文笔，详细描述了中华大地上的历史人文和地质风貌，成为中国游记文学的开创者。他以现实社会和山川自然为生动有趣的课堂，在旅途中考察学习，在学习中发现问题，在解决问题中成就自己，这种在实践中探索的精神，正是研学旅行指导师应继承的珍贵遗产。

4. 开辟佛教新局面的高僧玄奘

唐代高僧玄奘被认为是研究中国传统佛教成就最大的学者之一，也是继承印度正统佛教学说的集大成者。唐贞观三年，即公元629年秋，为探究佛教各派学说的分歧，找到真正的佛教经典，玄奘经凉州出玉门关，一路上历经种种艰难险阻，西行五万里奔赴天竺。前后历经17年，他游学天竺各地，遍学当时大小乘各种佛门学说。直到公元645年，才返回大唐。

回国以后，玄奘将西游的亲身经历，以口述的方式，编写成12卷的《大唐西域记》。这本书中记载了唐代西北边境至印度的山川疆域、物产风俗、大量佛教故事和史迹等内容，成为后人研究西域和印度古代政治、经济、宗教、文化等课题的重要参考文献。玄奘还把印度的天文、历算、医学等介绍传入大唐，丰富了我国传统文化宝库。

《大唐西域记》就像是一把火炬，照亮了尘封许久的印度历史。成书1300年之后，英国考古学者和印度学者借助英译本的《大唐西域记》，在古老的印度大地上按图索骥，才陆续发掘出鹿野苑、菩提伽耶、拘尸那迦和蓝毗尼园等佛教圣地和古迹。以致印度本土的历史学家这样评价道："如果没有玄奘等人的著作，重建印度史是完全不可能的。"

从19世纪开始，《大唐西域记》被译为英、法、德、日等多国文字，对世界文化的发展产生了深远影响，玄奘也因此成为世界文化名人中的一员。而以他为原型创作的明代神话小说《西游记》，更是将他九死一生、舍身求法的精神，升华为华夏民族的一种集体记忆，激励着一代代人追求理想。鲁迅先生曾盛赞玄奘为"民族的脊梁"，近代国学大师梁启超则称玄奘是"千古一人"。

在玄奘身上，我们看到的是他"不畏艰险、敢于求真"的精神。这种精神本身，就是我中华文明生生不息的真谛所在，也是研学旅行所要传承的教学目标所在。

5. 近代修学旅行的倡导者陶行知

在我国教育发展史上，陶行知是近代极具国际声望和影响力的教育家之一。他将毕生奉献于中国的教育事业，为探索符合中国国情的教育发展道路做出了不可磨灭的贡献。由他所提倡的"生活即教育，社会即学校，教学做合一"三大生活教育理论，至今仍对我国教育实践有着重要的指导意义。

1929年，陶行知在江苏淮安创办"私立新安学校"，成为该校的第一任校长。1933年10月，为践行陶行知的教育理论，在时任新安小学校长汪达之（陶行知的学生）的组织下，该校7名学生前往镇江与上海，进行了为期两个月的修学旅行。陶行知亲自为该新安旅行团安排了行程，并给予密切关注。这次活动取得了空前的成功，也因此促使两年后更大规模的修学旅行团的诞生。1935年10月，在中华民族生死存亡之际，14名新安小学的学生，在汪达之的带领下，开启了一次宣传抗日救亡的全国修学旅行。他们每人只有一身单衣、一双草鞋、一把雨伞及简单行装，全团仅50元钱和一台由陶行知捐资购买的电影放映设备以及几部黑白无声抗日影片。一路上他们通过放映爱国救亡电影、进行抗日救国演讲、售卖进步书报等形式自筹经费，足迹遍及全国十几个省市。学生们一边沿途考察风土人情，感受祖国山河之美，一边直接参与抗日救国运动，真正实现"读万卷书，行万里路""赤子之心、共赴国难"的目标。新安旅行团被誉为"中国少年儿童的一面旗帜"，事迹名扬海内外。

陶行知以他渊博的学识和先进的教育理念，在近现代中国教育史上留下了光辉的一笔，他也成为当今研学旅行指导师学习的楷模。而他当年所倡导的新安修学旅行团，更是初步具备了如今研学旅行的基本要素，对研学旅行教育的开展有着相当重要的现实意义。在我国研学旅行的发展历程中，陶行知成为正式开创研学的第一人。

（二）国外研学旅行指导师的历史追溯

1. 古希腊时期的西方司马迁——希罗多德

希罗多德（约前484—约前425年）是古希腊时期著名的历史学家及作家，他将自己旅行中的所见所闻与第一波斯帝国的历史记录相结合写作成书，取名为《历史》。该书是西方文学史上第一部完整流传下来的散文作品，希罗多德也因此被后世尊称为"历史之父"。三百多年后，东方的汉朝也诞生了一位中国的"历史之父"兼散文家——司马迁。冥冥之中，生活在不同时代、不同地域的两位历史人物，竟有着不少神似之处。

大约从30岁开始，希罗多德开始了地域广泛的一次旅游。他向北走到黑海北岸，向南到达埃及最南端，向东至两河流域下游一带，向西抵达意大利半岛和西西里岛。为维持旅途生计，他还长途行商贩卖物品。旅途中的希罗多德，每到一地，就会到历史古迹游览凭吊并考察地理环境，了解当地的风土人情，把当地人讲述的民间传说和历史故事都记下来，最后写成了《历史》一书。书中他生动地叙述了西亚、北非以及希腊等地区的地理环境、民族分布、经济生活、政治制度、历史轶闻、风土人情、宗教信仰和名胜古迹等，展示了古代近20个国家和地区的民族生活图景，堪称一部古代社会的小型"百科全书"。希罗多德一方面从官府档案文献、石刻碑铭和当时多种著作中大量获取写作资料；另一方面利用自己的亲身游历和实地调查采访所获得的大量资料编纂书籍。最终，《历史》被认为是西方史学上的第一座丰碑，为西方历史编纂学"开辟了一个新时代"。在旅途中研究，在体验中学习，希罗多德所取得的伟大成就，正印证了研学旅行的重要意义。

2. 古希腊时期的伟大背包客——柏拉图

柏拉图出生于公元前427年，被认为是古希腊伟大的哲学家和思想家之一，与他的老师苏格拉底、学生亚里士多德一起并称为"希腊三贤"。

在柏拉图的一本批判性自传中，他至少提到了自己的五次出行，可以说是一位典型的古代背包客。现在已难以把握柏拉图出游的准确目的，但根据记载，他27岁时的一次早期出行的目的是去意大利的阿格里真托，尝试研究毕达哥拉斯学派的奥秘所在。这次探索显然对柏拉图产生了很大的影响，在以后柏拉图的思想中有很多与毕达哥拉斯学派思想如出一辙，如视数学为万物的本质、灵魂的轮回和不朽、宇宙二元论等。

公元前399年，柏拉图的老师苏格拉底受审并被判处死刑，理由是藐视传统宗教、引进新神、腐化青年等罪行。受到影响的柏拉图和同伴纷纷离开雅典，去往意大利、埃及等地躲避，由此开始了柏拉图为时12年的游学期。公元前387年，40岁的柏拉图回到雅典建立柏拉图学院，开始个人讲学著述的生涯。后来同为古希腊伟大学者的亚里士多德，就在柏拉图学院度过了长达20年的学习时光，并深受柏拉图的影响。

作为一名伟大的思想家，柏拉图与中国的孔子一样曾离开故土，周游列国。对当时希腊政治完全失望的柏拉图，周游了意大利、埃及等地，开阔了眼界，积累了丰富的知识，也正因为他有这样丰富的个人学识，才能培养出亚里士多德这般伟大的人物。要想给学生一滴水，自己要先有一桶水，这是作为一名优秀研学旅行指导师的先决条件。

3. 掀起东方热潮的意大利旅行家——马可·波罗

13世纪，意大利旅行家马可·波罗在元朝时到过中国，并以自己的中国之行整理出了一部著名的《马可·波罗游记》。而他游历中国的事迹，不但对中国人来说是一个谜一样的存在，而且在中世纪时期的欧洲被认为是一种传奇。

1254年，马可·波罗出生在意大利威尼斯的商人家庭。在17岁时，他跟随父亲和叔叔前往中国，历经4年才抵达元上都，见到了元世祖忽必烈。大汗很赏识年轻聪明的马可·波罗，携他们同返大都，此后还留他们在元朝当官任职。马可·波罗利用奉大汗之命巡视各地的机会，走遍了中国的大江南北，先后到过新疆维吾尔自治区、甘肃、内蒙古自治区、山西、陕西、四川、云南、山东、江苏、浙江、福建、北京等地。他每到一处都详细地考察当地的风俗、地理、人情等情况，回到大都后，再详细汇报给忽必烈大汗。

在中国待了整整17年之后，1292年春天，马可·波罗借护送一位蒙古公主到波斯成婚的机会，于1295年回到阔别24年的家乡。3年后，马可·波罗在一场战争中被俘，在狱中他遇到了一位名叫鲁思梯谦的作家。于是，由马可·波罗口述，鲁思梯谦执笔的《马可·波罗游记》就此诞生。它第一次较为全面地向欧洲人介绍了发达的中国物质文明和精神文明，将地大物博、繁荣富强的中国形象生动地展示在欧洲人面前。

《马可·波罗游记》不是单纯的游记，而是一部启蒙式作品，对于当时闭塞的欧洲人来说，无异于振聋发聩，为欧洲人展示了全新的知识领域和视野，从而掀起了一股中国热，激发了欧洲人此后几个世纪的东方情结。

研学旅行就是离开课堂，去往陌生的场所亲历各种体验的过程，这种在异地实践的经历，很可能会改变一个人的一生，甚至进而影响到社会历史的进程。如从意大利来到中国的马可·波罗，东方神奇的世界不但开阔了他的眼界，而且因他的介绍和宣传，让中国成为当时人们向往的热土。这隐含在其中的历史意味，似乎也在提醒我们，游学对一个人或一个社会的影响是有多大啊！

4. 欧洲大陆游经典线路的缔造者——约翰·艾维伦和罗伯特·斯宾塞

据记载，17世纪30年代，诗人弥尔顿和哲学家霍布斯就游览过意大利，其中霍布斯是以贵族导师的身份伴游的。当时的英国上流社会，基本已达成共识，认为16~25岁的贵族子弟，应到国外游学1~3年，学习语言和多种功课，掌握舞技、剑术、骑术，了解各地的风土人情，增长见闻。

英国游学者首先垂青法国，一是两国之间距离相对较近；二是法国作为当时欧洲启蒙运动的中心，如伏尔泰、孟德斯鸠和卢梭等杰出的思想家辈出；三是作为法国首都的巴黎，是欧洲著名的都会，景观荟萃，文化厚重。其次游学者也热衷于前往意大利，这是因为几乎所有的宗教、法律、艺术等内容都与地中海周边国家有着密切的关系，意大利厚重的文化遗产和亮丽的自然风光所形成的独特魅力，是其他多数欧洲国家所无法比拟的。

在这样的背景之下，1643年11月，英国学者约翰·艾维伦离开牛津，经多佛尔海峡到加来至巴黎，再越过阿尔卑斯山，抵达罗马和威尼斯，把意大利作为最后的目的地。此后，许多贵族和乡绅子弟将他的这条旅途视作典型路线。

英国的桑德兰伯爵罗伯特·斯宾塞也创造了一条复杂的线路，且同样被后人奉为游学经典。他的线路是这样的：先渡过海峡去巴黎，再往日内瓦，接着翻越阿尔卑斯山，在意大利的佛罗伦萨、比萨、威尼斯和罗马各停留一至数月，学习游览，顺道赴维苏威火山览胜；然后乘船至希腊，前往西西里文化遗址怀古；从希腊折回那不勒斯后，游历柏林、维也纳和波茨坦等地，最后在慕尼黑大学和海德堡大学学习。

游学线路的形成，为"大旅行时代"的到来明确了行动目标。欧洲大陆游已不仅是一般的观光旅行，而且具备了明确的教育目的以及具体的学习内容和行动线路，有了鲜明的教育特征。

5."大旅行"概念的提出者——理查德·拉塞尔斯

早在15世纪中叶，受旅居英国的意大利人文主义者影响，英国贵族中出现了前往意大利学习人文主义新文化的群体。到了17世纪，旅行指南书的流行、导游行业的产生和旅游业的发展，为欧陆旅行提供了一条成熟完备的服务链。于是，青年学子们的欧陆之行得以形成一套相对固定的规范和形式，这就是我们今天所知的"大旅行"。

"大旅行"（Grand Tour）一词，最早见于理查德·拉塞尔斯所著的《意大利之旅》（1670年）。这是一本欧洲文化史和旅行史上的重要著作，作者拉塞尔斯是一位天主教神父，出生于英格兰约克郡，在法国接受教育，之后就长期在欧洲大陆各国游历，还曾为多名英国贵族担当家庭教师。根据拉塞尔斯在

《意大利之旅》中的记载，在他大半都在国外生活和游历的生涯中，进行过3次长期旅行，6次游览法国，5次探访意大利，并分别到过荷兰和德国各一次。在这些出游当中，他大多数的身份是英国贵族游历欧洲大陆的伴游老师及向导。

《意大利之旅》是一部集旅行指南和旅行教育学于一身的著作，结合了拉塞尔斯的教育经验和游历体验。书中他一方面描述了自己在意大利的旅行经历和见闻，另一方面从思想文化、社会认知、伦理道德和政治修养四个方面的修习出发，大力宣扬"大旅行"的好处。此书令人信服的论述和强大的实用性使它在英国风靡一时，"大旅行"观念在英国社会可谓尽人皆知。18世纪，随着越来越多的英国人前往欧洲大陆游历和学习，具备鲜明游学特征的"大旅行时代"随之到来。

对于放眼世界的英国青年而言，"大旅行"带给他们的影响是非常深远的。他们脱离自己熟悉的生活环境游历欧洲大陆，不仅培养了独立的人格、树立了维护家庭名誉的责任心，而且在自然世界和艺术海洋的滋润下，启发了他们的心智，提升了他们的审美能力与综合素养。这对当今研学课程的设计，培养学生的世界观、人生观和价值观，都有可借鉴之处。

> **搜一搜，说一说**
>
> 分组收集与陶行知相关的内容，如生平、成就、事迹等，并加以讨论。

资料二：研学旅行指导师的概念内涵

（一）研学旅行指导师的定义

研学旅行既是一种在真实场景中实施的动态课程，也是一种跨学科的生成式课程。师资质量的高低，则是研学活动是否成功的关键。

研学的发展初期，多数文件、政策中使用的是"研学旅行"的概念。例如，2019年中国旅行社协会与高校毕业生就业协会联合发布了《研学旅行指导师（中小学）专业标准》（T/CATS 001—2019），作为首个与研学相关的全国团体标准，明确了研学旅行指导师的定义。同年，文化和旅游部人才中心制定的《研学旅行指导师职业

《研学旅行指导师（中小学）专业标准》

技能等级评价标准》，也采用该定义：研学旅行指导师（study travel tutor），是指策划、制订或实施研学旅行课程方案，在研学旅行过程中组织和指导中小学生开展各类研究学习和体验活动的专业人员。

随着研学旅行的发展，其职业需求不断增加，2022年6月14日，人力资源和社会保障部对外发布《中华人民共和国职业分类大典（2022年版）》，将研学旅行指导师纳入国家职业分类大典，这意味着研学旅行指导师正式成为一个被社会广泛认可的新职业。对其职业定义为："策划、制订、实施研学旅行方案，组织、指导开展研学体验活动的人员。"2024年7月31日，人力资源社会保障部办公厅、市场监管总局办公厅、国家统计局办公室发布《关于发布生物工程技术人员等职业信息的通知》，其中提出将"研学旅行指导师"职业名称变更为"研学旅游指导师"。同时，将职业定义变更为"策划、制订、实施研学旅游方案，组织、指导开展研学体验活动的人员。"

目前，《研学旅游指导师国家职业标准》正在修订中，为了避免产生歧义，本教材仍沿用文化和旅游部人才中心制定的《研学旅行指导师职业技能等级评价标准》中"研学旅行指导师"的职业名称。

（二）研学旅行指导师的内涵辨析

1. 研学旅行指导师的工作任务

2022年6月14日，人力资源和社会保障部将18个新职业信息向社会公示并广泛征求意见。人力资源和社会保障部将研学旅行指导师的主要工作任务概括为：

"收集受众需求和研学资源等信息；

开发研学活动项目；

编制研学活动方案和实施计划；

解读研学活动方案，检查参与者准备情况；

组织、协调、指导研学活动项目的开展，保障安全；

收集、记录、分析、反馈相关信息。"

从时间维度看：研学旅行指导师的工作涵盖研学旅行的行前、行中、行后。从功能职责看：研学旅行指导师是研学课程体系的设计者、组织者、实施者；通过策划和实施研学活动，引导学生将课堂学到的知识与现实世界相结合，从而获得更深刻的学习体验。

2. 研学旅行指导师的师资队伍

《关于推进中小学生研学旅行的意见》明确指出，研学旅行指导师队伍主要由组织开展研学的中小学教师、旅行社导游等委托中介机构人员、研学旅行基(营)地人员及少数家长志愿者等其他人员四部分构成。结合研学发展的实际,研学旅行指导师的师资队伍主要由以下类型人员组成:

(1)中小学教师。包括学校校长、德育干部、班主任与任课教师。一般情况下,校方的总负责一般都由分管校长或相关部门主任来担任,和研学承办方的总负责一起负责研学旅行的组织工作,起到总协调把控的作用。学校老师是研学旅行执行过程中落实具体工作的重要成员,需要管理好学生,并协助完成各个环节、落实好研学课程,完成研学目标。

(2)旅行社导游等委托中介机构人员。主要指旅行社(研学服务机构)派遣的全陪导游、地陪导游以及景区、场馆的讲解员,基(营)地专业的老师和教练或特聘讲座授课人员、科研场所专业工作人员,负责落实完成研学活动。

(3)研学旅行基(营)地人员。包括教师,教官,安全员,博物馆、科技馆等场馆基地的讲解员等,负责组织学生开展研学活动,实施研学课程,指导学生完成基(营)地研学任务,引导学生进行研学课程的学习展示与评价。安全员主要是负责安全的人员或随队医生,以便在研学活动中及时做好安全保障工作。

(4)其他人员。其他人员主要指家长等参与研学活动的志愿者。部分学校家长委员会在决定研学旅行线路、遴选受委托的旅行社等第三方研学机构、参与管理研学活动、参与评价研学旅行基(营)地及其课程等方面发挥重要作用,是研学旅行中一支重要的人员力量。

研学旅行指导师的师资队伍构成具有多元性与多层次性,需要组建相对稳定的校内外结合、专兼职相结合的团队,涵括不同学科、专业、领域的师资作为成员。各类研学旅行人员之间应当建立高度信任与密切协作关系,成为学习型研学旅行团队,组织保障研学活动顺利有效开展。

(三)研学旅行指导师在研学产业链的地位

研学旅行的组织与实施管理方、主办方、承办方、供应方四大参与方(以下简称"四方",参见人力资源和社会保障部《中华人民共和国旅游行业标准》)。研学旅行的顺利开展需要"四方"强有力的管理服务保障,从而实现"安全、有序、共赢"目标,逐步构成学生广泛参与、活动品质持续提升、组织管理规范有序、基础条件保障有力、安全责任落实到位、文化氛围健康向上的"区域化研学旅行运行体系",更全面、深入、有效地推动研学旅行发展。

1. 管理方:各级党委和政府相关部门

各级党委和政府相关部门是研学旅行的管理方。在各级党委和政府的领导下,与研学旅行相关的部门形成合力,对研学旅行的主办方、承办方、供应方和学生承担起了综合管理、宏观调控的角色，负责制定研学旅行的政策、标准和监督实施。研学旅行指导师需要严格遵循管理方制定的政策和标准，确保研学活动符合相关法规和要求。同时，研学旅行指导师也需要在实际操作中将遇到的问题和建议及时反馈给管理方，帮助其优化政策和标准。因此，从管理方的角度来看，研学旅行指导师是研学旅行政策的执行者和信息反馈者。

2. 主办方：中小学校

目前，研学对象的主体依然是中小学生，中小学校是研学旅行的主办方。《关于推进中小学生研学旅行的意见》明确指出"由教育部门和学校有计划地组织"，称为"是学校教育和校外教育衔接的创新形式"，明确了中小学校是研学旅行的主办方，承担起组织实施者的身份。

研学旅行指导师的专业素养和教学能力直接影响研学活动的质量，能够确保学生在研学中获得有益的知识和技能。同时，研学旅行指导师的表现直接影响主办方的品牌形象，良好的指导师能够为主办方树立良好的声誉。因此，从主办方的角度来看，研学旅行指导师是研学旅行教育质量的保障者和品牌形象代言人。

3. 承办方：旅行社与第三方机构

旅行社与第三方机构是研学旅行的承办方。

承办方是指与主办方签订合同，提供研学旅行服务的旅行社和教育服务机构。承办方是由教育部、各级教育行政部门、法律授权的其他政府部门认定或备案的，有资质、有条件开展研学旅行的旅行社、教育服务机构。

研学旅行指导师通常负责具体的活动实施，包括行程安排、活动内容设计和现场管理，确保活动顺利进行。同时，研学旅行指导师需要与承办方的各个部门保持紧密沟通，确保活动中的各个环节顺利衔接。因此，从承办方的角度来看，研学旅行指导师是研学旅行活动的执行者和协调沟通者。

4. 供应方：旅游地接、交通、住宿、餐饮等服务的机构

根据《研学旅行服务规范》(LB/T 054—2016)规定，供应方是指与研学旅行活动承办方签订合同，提供旅游地接、交通、住宿、餐饮等服务的机构。研学旅行指导师需要合理利用供应方提供的资源，确保活动的顺利进行和质量保证。同时，研学旅行指导师与供应方密切合作，确保资源的最佳配置和使用，形成互惠共赢的局面。因此，从供应方的角度来看，研学旅行指导师是研学旅行的资源利用者和合作伙伴。

（四）研学旅行指导师与其他类似岗位的区别

1. 研学旅行指导师与导游的区别

导游是指依法取得导游证，接受旅行社委派，为旅游者提供向导、讲解及相关旅游服务的人员。在目前的归类中，固定在各大旅游景区内进行导游服务的景点讲解员，也属于导游的范畴。

从资格的认定看，导游必须参加全国导游人员资格考试成绩合格取得导游资格证书后，与旅行社订立劳动合同或者在相关旅游行业组织注册取得导游证，接受旅行社的委派后才能从业。研学旅行指导师是经人力资源和社会保障部门认定的第三方社会评价组织鉴定合格后，获得职业技能等级证书的从业人员。

从服务对象关系看，导游与游客之间的关系主要是基于信息传递和需求满足，其中导游作为信息的提供者，游客作为接受者，这种关系体现了传统的服务提供者与接受者的简单交互。相比之下，研学旅行指导师与学生之间的关系则更为深入和多元，涵盖了知识传递、能力生成及价值观引导等多个层面。在这种关系中，研学旅行指导师不仅是知识的传递者，还是能力培养的指导者、价值观塑造的引导者，而学生则在这一过程中扮演主动参与和自主学习的角色，形成了一种主导与主体间的互动关系。

从工作的职能看，导游的主要职责是在旅游活动中进行导游讲解、旅行生活服务、解决旅途中出现的问题；而研学旅行指导师不仅要履行导游职责，而且还会涉及策划、制订和实施研学课程方案，在研学过程中组织和指导学生开展各类研究性学习和体验活动，其重心不仅是讲解和生活服务，还包括了课程设计、学习指导和安全管理等内容。

从服务的对象看，导游接待的游客，是不做区域、年龄、身份等区分的，而研学旅行指导师的服务对象主要是中小学生。

导游与研学旅行指导师也有着高度相似之处。首先，二者的工作环境都是离开惯常的社会真实场景。其次，二者都需要具备室外工作的组织能力、应变能力、语言表达能力等实操技能。再次，二者都需要有"广博兼有所专"的文化知识储备。最后，二者的主要职责都是保障整个活动的顺利执行。

2. 研学旅行指导师与中小学教师的区别

教师是履行教育教学职责的专业人员，承担教书育人、培养社会主义事业的建设者和接班人、提高民族素质的使命。

从资格的认定看，中小学教师必须具备规定的学历，经教育部门组织的教师资格考试合格，有教育教学能力，经认定合格的，才可以取得教师资格；而研学旅行指导师不是国家准入的职业资格，是经由人力资源和社会保障部门认定的相应级别的职业技能等级证书。

从工作内容来看，中小学教师的职责不限于传授学科知识，还包括培养学生的综合素质，实施全面教育。他们在校内外多种教学环境中进行教育活动，包括但不限于传统课堂教学。研学旅行作为一种重要的教育手段，已被纳入学校的教学计划，强调通过实践活动促进学生的全面发展与个性成长。研学旅行指导师与中小学教师共同参与这一过程，组织参观、体验、研究性学习等活动。因此，研学旅行指导师与中小学教师协同工作，确保研学旅行能够有效地提升学生的综合素质。与课堂教学对老师的要求相比，研学旅行对指导师的综合知识储备、现场应变能力和组织协调能力有着更高的要求，课程实施中还要兼顾学生的安全教育和管理。

从工作的场所看，中小学教师主要的工作场所是校内，而研学旅行指导师的工作场所则主要是校外。

中小学教师和研学旅行指导师的共同之处有：首先，二者进行的都是教学活动，具有"为人师"的性质。其次，二者的主要服务对象相同，都是学生。最后，二者都需要具备必要的教学技能，才能保证教学目标的完成和活动的安全顺利。

3. 研学旅行指导师与基（营）地教练的区别

在《现代汉语词典》中，对"教练"的解释有两个：一个是动词，表示"训练别人使掌握某种技术或动作（如体育运动和驾驶汽车、飞机等）"；另一个是名词，意即"从事上述工作的人员"，如健身教练、足球教练等。本教材所指的教练，则是凭着一技之长接受聘任，在一些基（营）地或旅游景区从事拓展训练、军事训练、特殊技能等活动的人员。

从资格的认定看，基（营）地教练的认证更多是对教练员本人在各项单独技能上的认证，如救生员证、无人机驾驶证、体能训练师证等，认证主管单位也各有不同。研学旅行指导师的认定主管单位主要是人力资源和社会保障部门。

从工作的职能看，基（营）地教练更强调技能上的指导，而研学旅行指导师强调的是在整个研学活动过程中的引导和启发作用。

从工作的范围看，基（营）地教练所从事的大多是研学环节中的某项具体教学、技能培训工作，而研学旅行指导师所要负责的则是从课程设计到落地，再到后期评价的整个教学过程。

从工作的场所看，基（营）地教练工作场所以基（营）地为主，比较固定，而研学旅行指导师的工作场所随着研学活动范围而移动。

从服务的对象看，基（营）地教练的服务对象是不做区域、年龄、身份等区分的，而研学旅行指导师的服务对象主要是中小学生。

基（营）地教练与研学旅行指导师也不乏相同之处：首先，都是在校外以实践体验的方式来教学。其次，都具有一定程度上的教育功能，有着与教师相似的职责。最后，由于教学情况复杂，都需要有较强的活动组织能力和安全防范与处理能力。

搜一部以教育为主题的电影观看，如《放牛班的春天》，结合研学旅行指导师这一职业，写一篇不少于500字的心得感悟。

资料三：研学旅行指导师的职业分类

目前，我国研学旅行指导师这一职业尚处在不断成型和规范的阶段，由于该职业涉及面广、服务范围大、专业要求高，因此我们借鉴其他职业的分类方法并充分考虑当下研学旅行的实际运营情况，归纳出以下不同维度的研学旅行指导师分类方式。

（一）按委派主体分类

按照委派主体的不同，可将研学旅行指导师分为以下五种类型。

1. 学校研学旅行指导师

学校研学旅行指导师简称学校研学指导师，指按照规定取得研学旅行指导师证书，接受学校委派，代表校方实施研学课程方案，为研学活动提供专业服务并具备教师资格的人员。此类人员大多由在校的教师组成，是学校实施综合实践课程、劳动教育课程的主要人员。

2. 旅行社研学旅行指导师

旅行社研学旅行指导师简称旅行社研学指导师，指按照规定取得研学旅行指导师证书，代表旅行社实施研学课程方案，为研学活动提供专业服务并具备导游资格的人员。

根据各旅行社所承担的不同分工再进一步细分，旅行社研学旅行指导师还可分为：组团社研学旅行指导师（简称组团社研学指导师），指接受组团社委派而开展工作的研学旅行指导师；地接社研学旅行指导师（简称地接社研学指导师），指接受地接社委派而开展工作的研学旅行指导师。随着旅行社团队服务的专业化和成本因素，导游与研学旅行指导师合二为一的趋势越来越明显。

3. 基（营）地研学旅行指导师

基（营）地研学旅行指导师简称基（营）地指导师，指按照规定取得研学旅行指导师证书，接受各级主管部门认定的研学实践教育基（营）地的委派，代表基（营）地实施研学课程方案，为研学活动提供专业服务的人员。

4. 其他类研学旅行指导师

其他类研学旅行指导师简称机构指导师，指按照规定取得研学旅行指导师证书，接受第三方研学服务机构（包括旅游景区、博物馆、非遗馆、艺术馆、图书馆、科技馆、少年宫、研究所等研学资源单位，教育、文化、培训等研学服务机构）的委派，实施研学课程方案，为研学活动提供专业服务的人员。

（二）按就业方式分类

按照就业方式的不同，可将研学旅行指导师分为以下两种类型。

1. 专职研学旅行指导师

专职研学旅行指导师指按照规定取得研学旅行指导师证书，被旅行社、学校、景区、研学服务机构、博物馆等研学资源单位正式聘用，签订劳动合同，以研学旅行教育工作为其主要职业的从业人员。这类人员大多受过高等教育和专门训练，大部分具有导游资格证书或教师资格证书等专业证书，是旅行社、基（营）地、研学服务机构、研学资源单位或学校的正式员工。

2. 兼职研学旅行指导师

兼职研学旅行指导师指平时不以研学旅行指导师为主要职业，而是在业余时间被旅行社、学校或研学服务机构、研学资源单位临时聘用并委派从事研学旅行教育工作的人员。目前这类人员可细分为以下两种：

第一种是被学校或旅行社、景区、基（营）地、研学服务机构、研学资源单位等临时聘用，通过规定取得研学旅行指导师证书，但只是兼职从事研学旅行教育工作的人员。

第二种是被学校或旅行社、景区、基（营）地、研学服务机构、研学资源单位等临时聘用，没有取得研学旅行指导师证书，但具有特定知识或技能，并临时从事研学旅行教育工作的人员。如科研机构的专家学者、文化遗产地的非遗传承人、民间民俗艺人等，他们是研学旅行师资队伍的重要补充，往往可以深入讲授和指导研学课程，有力地保证了研学课程的高品质实施。

（三）按技能等级分类

随着研学旅行教育活动在全国的不断深入开展，为规范研学指导师职业的发展，根据《研学旅游指导师国家职业标准》，将研学旅行指导师由低到高分为"四级（中级工）、三级（高级工）、二级（技师）、一级（高级技师）"四个级别，具体内容见本项目任务三资料二：研学旅行指导师的职业等级划分。

读一读，写一写

实践：阅读一篇或一本以教育为主题的文章或书籍，如周国平《什么是最好的教育》，结合研学旅行指导师这一职业，写一篇心得感悟。

任务拓展

通过互联网等方式搜索并赏析：

（1）电影《孔子》

（2）《典籍里的中国·论语》（20210613）

（3）《典籍里的中国·史记》（20210321）

（4）纪录片《玄奘之路》

（5）纪录片《先生·陶行知》

（6）历史人文纪录片《马可·波罗：从历史走入现代》

拓展知识

任务二　研学旅行指导师的职业形象树立

任务目标

知识目标	1. 熟知研学旅行指导师的角色定位相关知识； 2. 掌握研学旅行指导师的职业形象要求。
能力目标	1. 能准确进行研学旅行指导师的职业角色定位； 2. 能从仪容、仪表、仪态的方面塑造研学旅行指导师形象； 3. 能初步运用研学旅行指导师的语言技能。
素质目标	1. 通过定位研学旅行指导师的职业角色，树立职业的使命感； 2. 通过研学旅行指导师的形象塑造，形成热爱职业的工作态度； 3. 通过研学旅行指导师的形象塑造，提升审美素养。

任务导入

关于怎样做一名合格的研学旅行指导师，小王与小李两位导游有不同的看法。小王说："研学旅行指导师就是我们导游工作的升级版，只要多准备一些针对性的知识，在旅途中多讲讲学生喜欢听的内容，就没多大问题。"小李听后并不认同，她认为：研学旅行指导师已经不是导游，而是老师，所以工作重点应该不只是知识性讲解，而是如何引导启发学生，如何通过研学旅行实现预设的教育目标。对上述两人的谈论，你有何看法？

1. 在职业身份上，研学旅行指导师应该给自己一个怎样的定位？
2. 在学生面前，研学旅行指导师要展示出一个怎样的自我形象？

项目一　研学旅行指导师的认知

 **任务解析**

主要任务有以下两条：

第一，通过对本节材料一的阅读，深入体会研学旅行指导师所扮演的不同角色，明确在实际操作中所对应的责任，并思考如何才能胜任。

第二，通过解读材料二研学旅行指导师的仪容仪表规范，结合导游和教师两大行业的实际操作情况，认真思考研学旅行指导师应树立怎样的职业形象。

 **任务资料**

资料一：研学旅行指导师职业的角色定位

（一）实践教育的引领者

研学旅行指导师作为实践教育的引领者，须将学习与旅游实践相结合，将校内教育和校外教育相衔接，强调学思结合，突出知行合一。启发学生自主学习的意识，激发学习兴趣，引导学生学会动手动脑，学会生存生活，学会做人做事，进而促进其身心健康发展，培养社会责任感、创新精神和实践能力，从而达到立德树人这一根本目的。同时，还需具备对研学课程进行二次研发的能力，以学生"自主发现为理念"的主题式和项目式研习为导向，在研学方法、引导方式等方面耐心细致地做好引导工作，努力让学生学会自主发现问题，并在实践中解决问题。

（二）优秀文化的传递者

文化是一个国家、一个民族的灵魂，文化兴则国运兴，文化强则民族强。作为一名研学旅行指导师在带领学生饱览祖国大好河山的同时，要讲好中国故事，要推动中华优秀传统文化在孩子们的心里生根发芽，在课程设计和实施中润物细无声地让学生不忘本来、吸收外来、面向未来，更好地构筑中国精神、中国价值、中国力量。研学旅行指导师学习宣传传统文化不是做古人的传声筒，而是在"取其精华，去其糟粕""择其善者而从之，其不善者而改之"的前提下，掌握新时代赋予传统文化的时代内涵。对传统文化中的仁爱、民本、诚信、正义、和合、大同等思想观念、人文精神、道德规范的内涵，要结合社会主义核心价值观，紧扣以爱国主义为核心的民族精神和以改革开放为核心的时代精神，做出与时代相适应的新的诠释。

（三）研学活动的组织者

研学活动本身就是一个复杂的工程，而且离开常规的教学环境，增加了管理学生的难度。需要研学旅行指导师具有较强的组织协调能力，在研学活动开展之前，协助做好活动策划工作，精心设计课程。在实施过程中，落实好现场课程，组织学生有序安全、积极地参与课程。细心组织好整个研学过程中的每一个环节，串联并处理好旅游车司机、餐厅酒店的服务员、基（营）地教练、景区讲解员等之间的关系。

（四）生活学习的服务者

研学出行，短则一天，多则三五天，甚至一周以上。在出行的这段时间里，一方面固然是要培养学生独立生活及处理日常事务的能力，另一方面也需要有研学旅行指导师随时落实处理好需要由承办机构来落实的各个环节内容，做好每一天的生活保障工作，如用餐的安排、居住房间的分配及告知使用注意事项等。而且，学生处理日常事务的能力也会有所欠缺，这就需要研学旅行指导师能像家人一样，时时处处关心学生的饮食起居、关注活动过程中的动态变化，特别是学生们的情绪及心理状况，以便及时发现问题，并给予必要的帮助和引导。

（五）安全研学的保护者

在教育部等11部门印发的《关于推进中小学生研学旅行的意见》中，明确提出了"以预防为重，确保安全为基本前提"的工作目标。安全问题是学生研学出行的首要问题，也是研学旅行指导师在工作中务必格外重视之处。没有安全，就没有研学旅行。广大中小学生都是未成年人，自我把控力弱，社会经验少，个体精力却异常旺盛，这就给出行安全带来了严峻的挑战。因此，在整个研学活动过程中，研学旅行指导师作为离学生最近也是学生最直接的保护人员，需要从上岗的那一刻起，就牢牢把控"安全"这道关口，将安全意识贯穿整个研学过程，严格把关安全操作流程，依照安全指南将安全预防措施落实到每个环节，直到研学活动结束。

> **搜一搜，说一说**
>
> 实践：在全国政协十三届四次会议上，全国政协委员、江苏省锡山高级中学校长唐江澎说道："好的教育应该是培养终身运动者、责任担当者、问题解决者和优雅生活者！"作为一名研学旅行指导师，请你说一说对这句话的理解。

资料二：研学旅行指导师职业的形象塑造

研学旅行指导师在研学过程中肩负言传身教、引导育人的重要职责，其职业形象对学生具有榜样作用，是实施好课程的关键。指导师的仪容，包括发式、面容及未被服饰遮掩的肌肤，是学生首先注意到的，它反映着指导师的精神面貌、朝气和活力，是形成"第一印象"的基础。

研学旅行指导师职业形象塑造

（一）仪容要求

虽然先天容貌对印象有一定影响，但仪容魅力更多来自后天职业与专业的个人妆容。因此，研学旅行指导师应特别注重仪容，通过专业亲切的形象有效拉近与学生的距离，建立新型师生关系，从而在潜移默化中传授人际交往常识，为学生未来顺利融入社会奠定良好基础。

具体来说，研学旅行指导师在仪容方面应特别注意以下四点：
（1）保持面容清爽，男士应剃须，女士可淡妆。
（2）勤洗发，勤理发，不染发，发型应大方利落。
（3）保持口鼻腔的卫生，勤刷牙漱口，注意口腔异味。
（4）不留长指甲，不涂深色指甲油，忌标新立异。

（二）仪表要求

研学旅行指导师的仪表，即其外表穿着装扮，是专业程度和职业态度的重要体现。在研学活动中，首先，指导师的衣着打扮需符合工作需要，便于实践课程开展；其次，应考虑形象需要，时刻怀有"为人师表"的意识，服饰需保持一定严谨度；最后，要考虑美观适用，穿着打扮在符合职业身份的基础上，可适当体现个人对美的追求。总之，指导师在仪表方面应注重专业、严谨与适度的美观。

具体来说，研学旅行指导师在仪表方面应注意以下五点：

（1）如有统一的工作服，则在上岗时应按照规定统一着装，工号标志应佩戴在左胸合适位置。若无统一服装，则着装宜端庄大方、洁净整齐，符合课程开展的需要。

（2）除了大众性的品牌，一般不建议穿着偏奢侈的名牌服装，不佩戴与工作无关的装饰品。

（3）忌穿款式过露、面料过透、穿在身上显得过紧的服装。夏天男士忌穿背心、短裤，女士忌穿吊带衫、裙子和拖鞋。如果是长袖长裤，则不能卷起衣袖和裤管。

（4）在室外场地开展活动时，不应佩戴墨镜或变色镜，以方便与学生直接进行眼神交流。

（5）鞋子与袜子都应与服装相配，适合户外活动最佳，保持清洁无破损。

（三）仪态要求

仪态，即人的身体所呈现的各种姿势，包括站、坐、走、手势及表情等，是研学旅行指导师职业技能与文化修养的体现。合格的指导师应时刻注意个人仪态，以优雅自信的姿态、充满亲和力的神情和充满力量的举止，通过言传身教为学生树立正向榜样。良好的仪态能在悄无声息中滋润学生的心田，促进其全面发展。

具体来说，研学旅行指导师在仪态方面应注意以下六点：

（1）上岗后应当保持饱满的精神状态，开朗亲切，稳重自信，忌哈欠连天、萎靡不振。

（2）站姿应挺拔，身体端正，挺胸收腹。双臂自然下垂，不可抱在胸前或叉在腰间。忌随意晃动身体、肩摆腿摇，注意不要有各种习惯性的小动作。

（3）坐姿宜端庄，不可斜躺或后靠椅背。双腿与肩同宽自然放置，不可张开过大，也不要跷二郎腿。

（4）行姿应落落大方，步调宜轻盈稳健，忌将双手斜插裤兜，身体在行进中不可左摇右晃。

（5）运用眼神与学生进行交流时，要注意应以环视或虚视的目光有意识地顾及在场的每一位学生。切忌只盯着一个人看或对某一个人全身上下乱扫。目光应当热情友善，最好能配以脸部的微笑。

（6）在指导研学活动过程中，指导师的肢体动作有力但不可过猛，肢体语言应恰当，如使用手势时，忌用手指指人，宜用平摊的手掌指示。

（四）语言要求

语言是研学旅行指导师与学生交流思想、传播文化、引导实践的重要工具。指导师应练好语言基本功，尤其是口头表达能力，要适应中小学生，条理清晰、逻辑分明、富有节奏感，同时生动形象、深入浅出、易懂。研学课程的独特环境决定了指导师与学生间有更多互动，需巧妙运用语言艺术灵活应对，主动引导话题。为降低代沟感，指导师应保持开放心态，了解学生话语体系。总之，语言是塑造指导师形象的重要载体，需时刻有"为人师表"的意识，规范用语习惯。

具体来说，研学旅行指导师在语言方面应注意以下四点：

（1）由于研学活动开展的环境各不相同，应根据现场的具体环境灵活调整音量，声音饱满有力量，一般以所有学生能清楚聆听为准。

（2）语速当适中，语调应亲切，语气有温度，灵活把握语言的节奏。

（3）口齿要清晰，表达应连贯，句意当集中，避免东拉西扯，含糊不清。

（4）普通话规范，用语雅俗共赏，禁止使用粗俗的口头禅，不得发表错误观点和不良信息，不得出现损害国家利益、社会公共利益或违背社会公序良俗的语言。

> **做一做，说一说**
>
> **如果我是研学旅行指导师**
>
> 任务目的：深入探讨研学旅行指导师的职业形象。
>
> 任务内容：假设你此刻就是研学旅行指导师，请谈谈自身在职业形象上的优点与不足。
>
> 任务方式：通过班级分组形式，先组内交流，后组与组之间探讨。
>
> 任务要求：
>
> 1.每组有专人负责记录每个人的"职业形象"点评。
>
> 2.每组选出一名代表，负责组与组之间的"职业形象"点评。
>
> 3.总结点评成果，并给出解决的措施，以组为单位在班上分享。
>
> 任务成果：评出最佳个人"职业形象"和最佳小组"职业群体形象"。

 **任务拓展**

根据个人兴趣，选择下列纪录片赏析，深入了解中国优秀传统文化：

（1）《中国通史》

（2）《中国年俗》

（3）《汉字五千年》

（4）《中国文房四宝》

（5）《中国风水文化》

（6）《园林》

（7）《问道楼观》

（8）《茶界中国》

（9）《家具里的中国》

（10）《我在故宫修文物》

 **项目小结**

研学旅行指导师，作为一个正在冉冉升起的新职业，已被越来越多的人关注。但也正因为职业之新，所以大众对它的了解较少，就愈加有对它进行系统辨析的必要。

本项目是本教材开宗明义的第一章，也是本书的核心要义所在及后续章节的开篇，重在结合历史和当下实际，明确"研学旅行指导师"这一新兴职业的概念，界定其外延和内涵，并指明进入该职业所应具备的要求。

本项目还以"旅行实践"为线，摘选了一些中外历史人物的人生故事，他们的形象虽然不能等同于今天的"研学旅行指导师"，但就"通过游历考察而成就个体的成长"这点而言，对如今研学旅行指导师工作的开展有着莫大的借鉴和指导意义。

练一练

项目二

研学旅行指导师职业素养的培养

全国中小学生研学实践教育基地——杭州西溪国家湿地公园

思维导图

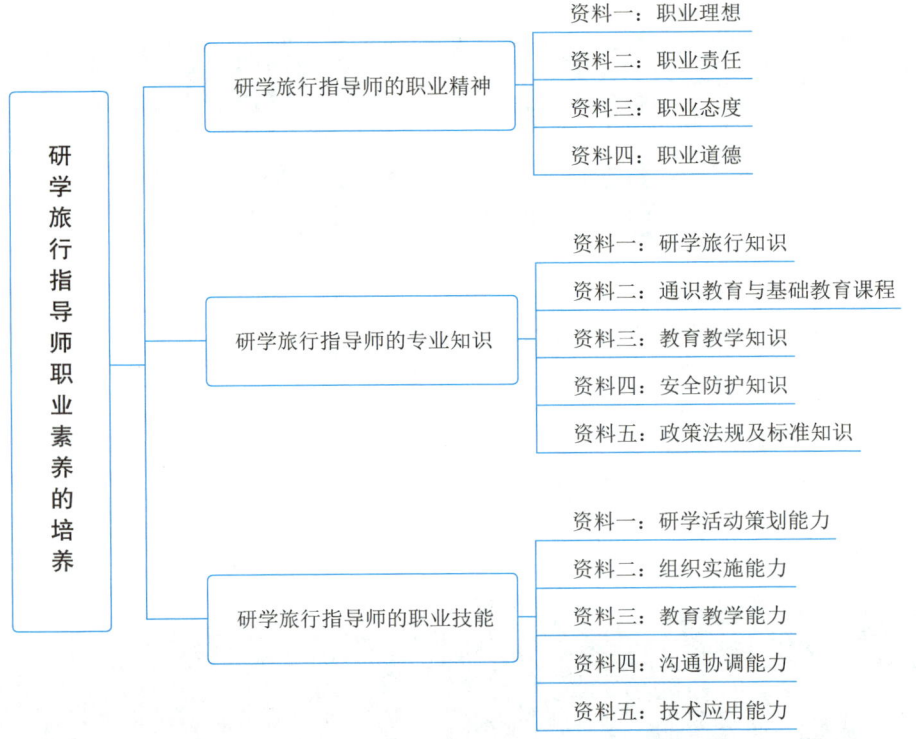

项目二　研学旅行指导师职业素养的培养

任务一　研学旅行指导师的职业精神

 任务目标

知识目标	1. 了解职业理想、职业责任、职业态度、职业道德的基本概念； 2. 掌握研学旅行指导师职业态度的表现和职业道德的内容。
能力目标	1. 能分析影响职业态度的各种因素； 2. 能逐步把职业道德内化在实际的行为中。
素质目标	1. 通过树立研学旅行指导师的职业目标，实现崇高的职业理想追求； 2. 通过职业道德规范，端正职业态度，树立职业自豪感和责任感。

 任务导入

材料一：某研学服务企业在网上进行研学旅行指导师的招聘，文案如下：
- 工作地区：北京（经常出差）　　工作经验：1年经验
- 职位类型：全职　　工资待遇：8万~10万元／年
- 学历要求：教育或旅游相关专业大专以上学历，其他专业本科以上学历
- 办公地址：北京市海淀区××大厦内
- 联系方式：××××

职责描述：
1. 贯彻执行党和国家的研学旅行方针、政策，履行研学旅行指导师的义务。
2. 负责研学活动的带队、纪律维护、团队跟进和突发事件的处理，确保行程安全。
3. 负责研学前期的行前指导、活动预热和研学后期的总结。
4. 负责研学课程的执行工作，包括知识讲解、任务指导、活动组织等。
5. 协助编写课程、设计活动方案。
6. 上级安排的其他工作。

任职要求：

1. 有深厚的教育情怀，有正确的价值观。

2. 具有良好的分析策划、快速学习及创新能力，较强的逻辑思维及语言表达能力，善于沟通协调及团队合作。

3. 工作认真细致，虚心，热情，积极主动，有耐心，工作效率高，责任心强，具有团队合作精神。

4. 了解教学规律及基本方法，熟知教育培训、旅游行业相关专业知识。

其他期待：

1. 你是知名学府毕业生那是你的资本，持续学习是少年时代的核心要求。

2. 独立组织过大型活动，有大学生社团活动、公益教育活动、社会工作经验者都会得到孩子们的厚爱；有教师证、导游证，对旅行线路熟悉，会写游记的"童鞋"特别优先。

3. 你得热情耐心，喜欢和孩子们相处，有爱心和责任心。

4. 有特长，会摄影、擅长琴棋书画、能歌善舞就更好了。

夏令营辅导老师招募视频

材料二：观看某夏令营辅导老师招募视频。

1. 你觉得研学旅行指导师需要具备怎样的职业精神？

2. 你觉得研学旅行指导师需要具备哪些专业知识？

3. 你觉得夏令营辅导员与研学旅行指导师需具备的职业技能有什么不同？

 **任务解析**

研学旅行指导师作为一个新兴的职业，有着教育和旅游从业人员的双重身份，无论是学生、家长，还是研学服务企业，都对研学旅行指导师的职业素养有相当高的要求和期望。培养研学旅行指导师的职业精神，是建立职业素养的核心要义。而职业精神的培养和提升，可从职业理想、职业责任、职业态度和职业道德四个方面进行，应明确职业精神培养的重要性和培养途径。

项目二 研学旅行指导师职业素养的培养

资料一：职业理想

职业理想是人们在职业上依据社会要求和个人条件，借想象而确立的奋斗目标，即个人渴望达到的职业境界。它是人们实现个人生活理想、道德理想和社会理想的手段，并受社会理想的制约。职业理想是人们对职业活动和职业成就的超前反应，小至与人的职业期待、职业目标等紧密相关，大至与人的价值观、世界观、人生观等密切相关。

一般来说，从业者对职业的要求可以包括三个方面：维持生活、自我完善和服务社会。社会主义职业精神所提倡的职业理想，主张各行各业的从业者均应放眼社会利益，努力做好本职工作，全心全意为人民服务、为社会主义服务，这种职业理想是社会主义职业精神的灵魂。在选择职业时，应该把服务社会放在首位。因为只有从社会的整体利益出发，从事社会所需要的各种职业，才能促进社会的顺利发展。

资料二：职业责任

（一）职业责任的概述

职业责任是指人们在一定职业活动中所承担的特定职责，它包括人们应做的工作和应承担的义务。职业活动是人一生中最基本的社会活动，职业责任是由社会分工决定的，是职业活动的中心，也是构成特定职业的基础，往往通过行政甚至法律方式加以确定和维护。职业责任包括职业团体责任和从业者个体责任两个方面。其关键在于，要促进从业者将客观的职业责任变成自觉履行的道德义务，这也是社会主义职业精神的一个重要内容。

（二）研学旅行指导师职业责任的内容

研学旅行指导师的职业责任属于从事研学旅行的从业者个体责任，与负责研学旅行的相关企业的团体责任一起，共同构成了研学旅行的职业责任。

旅行社、研学服务机构、研学基（营）地等作为承办研学的相关企业，需要肩负一定的团体责任，主要包括社会责任、法律责任、教育责任以及安全责任等。由于研学旅行承担着中小学教育的部分职能，是我国基础教育的重要组成部分。因此，研学旅行的组织方和承办方在社会、法律、教育、安全等方面都承担了重要的责任。同理，研学旅行指导师是研学旅行中最重要的角色之一，既承担着指导教师、监督管理员的职责，又肩负着导游、教练与组织服务者的任务，所以研学旅行指导师作为个体，同样需要遵循相应的职业操守，承担重要的职业责任。

资料三：职业态度

（一）职业态度的概述

职业态度是个人对职业选择的观念和态度，涉及选择方法、工作取向及决策能力。树立正确的职业态度是工作前提，关乎经济学与伦理学。职业价值观显著影响从业者的积极性与职业表现。研究表明，先进生产者的职业态度指标高。因此，优化职业态度对培育职业精神至关重要，能提升工作效率与质量。

（二）研学旅行指导师职业态度的表现

在研学服务中，热情、勤奋、敬业、忠诚、自律、进取与协作是研学旅行指导师不可或缺的职业素养。

1. 热情

热情是研学服务的灵魂。面对可塑性强的未成年学生，研学旅行指导师需展现出热烈、积极、主动、友好的情感，以此感染学生，营造和谐氛围，激发他们的主动性和积极性，确保研学目标的顺利实现。热情不仅是对工作的热爱，更是生命力的体现，它能不断激发潜能，深化教育效果。

2. 勤奋

勤奋是研学成功的基石。韩愈有云："书山有路勤为径，学海无涯苦作舟。"研学之路亦无捷径，唯有勤奋可攀高峰。研学旅行指导师需做到"五勤"——脑勤思考课程设计，眼勤观察学生需求，嘴勤沟通教学细节，手勤记录反馈意见，腿勤实地考察资源，以此带动学生勤奋学习，共同绽放研学之花。

3. 敬业

敬业是对职业的敬畏与尊重。研学旅行指导师作为教育工作者，更应具备崇高的敬业精神，将每一次研学活动视为神圣使命，全心全意投入其中，不断提升自身专业素养，为学生提供优质的教育服务。

4. 忠诚

忠诚是职业道德的体现。研学旅行指导师忠诚于教育事业和旅游业，意味着要常怀感恩之心，坚守职业良心，像爱家人一样爱护学生，确保研学活动始终围绕学生的成长与发展展开，传递正能量，培养有责任感、有担当的未来公民。

5. 自律

自律是言传身教的基石。研学旅行指导师需加强自律，提升自身素质，无论是言谈举止还是学识修养，都应为学生树立良好榜样，做到以身作则，率先垂范，用实际行动引导学生遵守规则，培养良好习惯。

6. 进取

进取是持续进步的动力。马斯洛指出，心态决定人生。研学旅行指导师应保持平和心态，将进取心转化为稳步发展的动力，严谨治学，勤于进取，不断追求专业成长和教育创新，以永恒的进取心引领学生在研学路上不断前行。

7. 协作

协作是团队成功的关键。研学涉及多方面工作，需要研学旅行指导师之间精诚合作，步调一致。团队精神的核心在于协同合作，通过共同的目标和兴趣激发团队凝聚力，实现"1+1＞2"的效果。在研学过程中，研学旅行指导师应密切配合，共同应对挑战，确保研学活动安全有序、高效完成。

资料四：职业道德

（一）职业道德的概述

职业道德是指从事一定社会职业的人们，在履行其职责过程中理应遵循的道德规范和行为准则。这种规范与准则的形成，源于特定职业人群共同的职业训练、劳动方式、兴趣、态度、爱好、心理习惯和行为方式，进而构建了职业内部特有的责任、纪律和行为规范。

（二）研学旅行指导师的职业道德

研学旅行指导师的职业道德是道德功能在研学职业领域的具体体现，对研学教育事业的发展、从业人员素质的提升及社会良好风尚的形成起着重要引导作用。随着社会的不断进步，职业道德的作用日益凸显。

1. 研学旅行指导师职业道德的作用

角色认同的前提：职业道德是研学旅行指导师实现角色认同的基础。它明确了研学旅行指导师在研学活动中的定位，反映了社会各界对其行为模式的期望，包括社会、学校及研学旅行指导师自我对其职责的认知。

规范职业行为的准则：职业道德规范是研学旅行指导师道德品质和职业行为的基本要求。这些规范内化为研学旅行指导师的职业使命，成为其专业发展的精神动力，促使研学旅行指导师在任何情况下都能尽职尽责，展现崇高的信念和坚定的责任感。

履行职业使命的动力：职业道德为研学旅行指导师在处理利益关系中提供原则指导，激励其追求教育教学的内在价值，成为其履行教育使命的精神支柱。

2. 具体实践要求

（1）爱国守法，恪尽职守。

培养爱国情感，遵守法律法规：研学旅行指导师应严格遵守国家法律法规，如《中华人民共和国教育法》《中华人民共和国旅游法》《研学旅行服务规范》，积极参与社会公益，弘扬社会主义核心价值观，引导学生培养爱国情感，促进青少年健康成长。

履行契约精神，恪尽职业操守：研学旅行指导师须全面贯彻教育方针，坚持契约精神，遵守职业道德和行业规范，不参与违法活动，保障学生的安全和利益，诚实守信，认真履行本职义务。

（2）立德树人，终身学习。

明确教育目标，落实立德树人：研学旅行指导师应注重寓教于游，融合各类资源设计研学产品，促进学校教育与社会教育紧密衔接，将立德树人任务落实到研学过程中，提升学生的综合素质。

加强终身学习，提升业务水平：研学旅行指导师须加强终身学习，熟练运用不同资源设计适合各年龄段的研学课程，创新教育教学技能，培养学生的探究学习能力和社会责任感。

（3）关爱学生，因材施教。

尊重个体差异，关爱学生身心：研学旅行指导师须掌握学生的身心发展规律，尊重个体差异，细心照顾每位学生，激励其展现自我，完善自我，确保研学活动安全有序。

做好学情分析，分段开展教学：根据高低年级学生的知识结构和学习能力差异，设计多元化的研学课程，采用启发式教学，确保每位学生都能从研学活动中获得成长。

（4）团结协作，保障安全。

加强团队协作，细化任务安排：研学活动需多方协作，研学旅行指导师须

项目二 研学旅行指导师职业素养的培养

细致安排活动方案,加强沟通,确保出行、餐饮、住宿等事宜安排妥当,保障研学活动顺利进行。

坚守安全底线,做好教育管理:研学旅行指导师须高度重视安全问题,认真研判风险,加强安全教育,制订应急预案,确保研学活动安全有序,及时处理突发情况。

(5)爱岗敬业,追求卓越。

立足本职工作,秉承敬业精神:研学旅行指导师须立足本职,认真细致对待每次研学活动,关心关爱每位学生,以敬业精神履行教育职责,实现自身价值与社会价值的统一。

努力追求卓越,成就完美自我:研学旅行指导师应坚持学习,不断提升专业技能,设立更高目标,寻求新的挑战,以饱满的热情和自主创新能力,确保每次工作品质最优,成就完美自我。

搜一搜,说一说

寻找一位自己心目中的职场成功人士,并尝试从职业理想、职业责任、职业态度和职业道德四个角度来分析他或她能成功的原因所在,然后进一步说说对你未来从事研学旅行指导师职业的借鉴意义,最后将心得体会写成文稿或做成PPT,在课堂中分享。

做一做

调研旅行社研学旅行指导师

任务目的:深入了解研学旅行指导师这个职业。

任务内容:通过各种形式,走进旅行社研学旅行指导师的实际工作场景。

践行渠道:实地调研。

任务方式:分组完成。

任务要求:对所在城市的旅行社研学旅行指导师的现状进行调研。主要调研旅行社近期接待的研学活动情况,旅行社一般安排什么人员进行研学接待活动,在接待中一般主要存在哪些问题,旅行社理想中的研学旅行指导师应该具备哪些知识、能力和素质等。

任务成果:总结调研成果,做成PPT,在班上分享调研成果。

 **任务拓展**

　　一般来说，谋一份理想职业是我们的向往。但理想职业大多数时候都会超出个人对自身实际能力的预期，所以要获得理想职业是比较困难的事情。但每个人都总会找到一项谋生的职业，凡职业都应保有职业理想，这是最基本的底线。当然，如果能将理想职业和职业理想通过自己的努力融合起来，那就是最佳选择。请结合个人兴趣特长以及志向，深入思考如果将研学旅行指导师作为你理想职业和职业理想的交汇点，你觉得可行性有多大？该如何做才能提升这种可行性？

项目二 研学旅行指导师职业素养的培养

任务二 研学旅行指导师的专业知识

 **任务目标**

知识目标	1. 了解法律法规及政策标准知识； 2. 熟悉研学旅行知识、安全防护知识； 3. 理解教育教学、通识教育与基础教育课程。
能力目标	1. 有辨析食品营养、卫生健康、常用交通标识等常识的能力； 2. 有解读基础教育知识和教育教学知识的能力； 3. 有基本的出行安全防护技能。
素质目标	1. 养成博学多才的价值追求； 2. 养成"研学旅行，安全先行"的防护意识和习惯。

 **任务导入**

研学旅行指导师在研学实践中起着至关重要的作用，不仅要负责中小学生在研学过程中的教育及安全，还要照顾好学生的旅行生活、解决各种问题，提升他们的自理能力、创新精神和实践能力，促进他们的全面发展。研学旅行指导师在研学过程中的角色绝不只是知识的传递者，还是中小学生研学旅行的保障者、合作者、引导者。因此，研学旅行指导师掌握教育、法律、旅游等相关的专业知识，是落实研学教育教学目标、完成研学活动的基础。

资料一：研学旅行知识

（一）餐饮知识

按照《研学旅行服务规范》的要求，应以食品卫生安全为前提，选择餐饮服务提供方。所以研学旅行指导师应该了解并熟知餐饮的基本常识，并对用餐的地点、时间、人数、用餐标准等内容进行一一核实和确认，同时还要了解用餐饭店停车位情况、用餐饭店所在的楼层、安全出入口、餐厅洗手间的位置等设施情况。

1. 食品营养与卫生常识

研学旅行指导师要了解包括营养学基础、食品营养学和食品卫生学三大部分的常识。了解食品中的基本营养成分、特殊活性成分和有毒有害成分，具体包括营养素与能量、食品的消化与吸收、膳食营养与健康、特定人群的营养、公共营养、各类食品的营养保健特性、食品的营养强化、功能（保健）食品、食品污染及其预防、食物中毒及其预防、食品安全与卫生管理等。能合理建议餐厅搭配膳食，监控餐饮卫生安全情况，如四季豆一定要炒熟、尽量避免有鱼刺的菜等。在研学旅行中，指导师还应利用这个机会加强营养和食品卫生教育，培养学生健康的饮食习惯和生活方式。

2. 餐饮分类与饮食文化知识

中国餐饮的分类多种多样，可以从地域、烹饪方法、食材等多个角度进行划分。

不同地区的餐饮文化各具特色。大致可以分为川菜、鲁菜、粤菜、苏菜、浙菜、闽菜、湘菜和徽菜八大菜系。中国菜的烹饪方法繁多，包括炒、炖、烧、蒸、煮、炸、焖、烩等。中国餐饮的食材选择极为广泛，包括蔬菜、肉类、海鲜、禽蛋、豆制品等。每种食材都有其独特的烹饪方法和搭配方式。

中国饮食文化知识包括中国饮食原料文化、中国菜点烹制文化、中国民族饮食文化、中国饮食器具文化、中国茶文化、中国酒文化等诸多方面的内容。青少年的饮食问题，已经不再是一个"吃饱饭"的简单问题，要根据研学目的地和餐厅的实际情况开发与餐饮文化相关的研学课程。食育是一种以食物为纽带开展的教育，告诉学生"吃什么、为什么吃、怎么吃"。在当前的社会背景下，在研学活动过程中，了解中国的四大菜系、八大菜系、地方饮食文化，开

项目二 研学旅行指导师职业素养的培养

展研学食育已成为必然的选择。

3. 餐桌礼仪知识

小餐桌，大文明，餐桌礼仪是社会文明的重要体现，不仅关系着每个人的生活，更是传承中华民族的优秀文化和传统美德。在研学中，每一次餐饮服务都要包含餐桌礼仪的引导。在研学用餐时，要排队取餐，或按座位表入座，不要争抢座位或插队。在用餐过程中，不要随意走动或离开餐桌。用餐前，要洗手保持双手清洁。用餐过程中，不要用手直接拿食物。用餐结束后，可以清理自己的餐盘和餐具，将垃圾倒入垃圾桶内。要尊重烹饪人员的劳动成果，不要浪费食物或对食物进行挑剔。在用餐时，要注意自己的言辞和举止，不要大声喧哗或进行不当的言行，要学会用餐分享和礼让。

这些常见餐桌礼仪规范能够体现出一个人的素质和教养，也是尊重他人的表现。通过学习和实践这些礼仪规范，可以帮助学生更好地融入社会生活。

（二）住宿知识

研学旅行指导师要掌握研学的住宿要求知识。按照《研学旅行服务规范》的规定，以安全、卫生和舒适为基本要求，应提前对研学旅行住宿饭店或营地进行实地考察。住宿地应便于集中管理；应方便承运汽车安全进出、停靠；应有健全的公共信息导向标识，并符合 GB/T 10001 的要求；应有安全逃生通道；应提前将住宿地的相关信息告知学生和家长，以便做好相关准备工作；应详细告知学生入住的注意事项，宣讲住宿安全知识，带领学生熟悉逃生通道；应在学生入住后及时进行首次查房，帮助学生熟悉房间设施，解决相关问题；特别安排男、女学生分区（片）住宿，女生片区管理员应为女性；应制定住宿安全管理制度，开展巡查、夜查工作；此外，露营地住宿知识要求应符合 GB/T 31710 的要求；应在实地考察的基础上，对露营地进行安全评估，并充分评价露营接待条件、周边环境和可能发生的自然灾害对学生造成的影响；应制订露营安全防控专项措施，加强值班、巡查和夜查等工作。

研学旅行指导师应掌握常规酒店的星级分类、房型分类等知识及入住服务和研学营地入住服务的一般流程及住宿布局和住宿安全常识等基础知识。同时，还需掌握逃生自救知识、户外露营地相关知识。如果研学活动涉及在外露营住宿，研学旅行指导师还要掌握露营地的选择、帐篷的搭建等技巧。

（三）交通知识

按照《研学旅行服务规范》的要求，应该根据研学的路程选择安全出行的交通工具。研学旅行指导师要牢记无论选择什么样的交通工具，都要以"预防

为主,安全第一"为原则,做好出行准备、掌握相关的交通知识。

1. 交通安全知识

交通安全是指人们在道路上进行活动时,要按照交通法规的规定,安全地行车、走路,避免发生人身伤亡或财物损失。青少年交通安全是家长们最为关注的。除了中小学教育对儿童交通安全教育进行普及之外,我们还要利用研学活动中丰富多彩的体验活动,让学生们以步行者和驾驶者的身份进行体验,从而正确理解交通安全知识,并培养交通安全正确行为和在危险状态下的应变能力。为此,研学旅行指导师要掌握交通安全的预防措施、交通安全教育、交通意外的处理方法等知识。

2. 交通工具知识

交通工具是现代人生活中不可缺少的一部分。随着时代的变化和科学技术的进步,人们周围的交通工具越来越多,给每一个人的生活都带来了极大的方便。交通工具狭义上是指一切人造的用于人类代步或运输的装置,如自行车、汽车、摩托车、火车、船只及飞行器等。随着科技的发展,交通工具也在不断变化,研学旅行指导师要了解研学中常用交通工具的特点、乘坐要求、购票方式等。除此之外,研学旅行指导师还可以进一步了解与交通工具相关的物理知识、乘坐公共交通工具英文对话等知识。

3. 交通法规知识

《中华人民共和国道路交通安全法》是2003年10月28日公布的关于道路交通安全的法律。研学旅行指导师应了解车辆和驾驶人、道路通行条件、道路通行规定、交通事故处理以及法律责任等相关条文。

4. 文明乘车知识

研学旅行在路上的每个环节都可以体现出教育属性。在带领学生乘坐交通工具的时候,研学旅行指导师还要将掌握的文明乘车知识传授并示范给大家,包括文明候车、文明上下车、文明乘车等内容,要做到文明礼让,保持宽容的乘车心态。

5. 交通标志知识

交通标志是指用文字或符号传递引导、限制、警告或指示信息的道路设施,又称道路标志、道路交通标志。设置醒目、清晰、明亮、安全的交通标志,是实施交通管理,保证道路交通安全、顺畅的重要措施。研学旅行指导师要掌握常见的交通标志含义,便于在研学过程中随时为同学进行介绍。

6. 研学中的交通常识和规定

根据《研学旅行服务规范》的规定,研学旅行指导师应熟知下列研学旅行中的交通常识和规定:

单次路程在 400 千米以上的，不宜选择汽车，应优先选择铁路、航空等交通方式；选择水运交通方式的，水运交通工具应符合 GB/T 16890 的要求，不宜选择木船、划艇、快艇；选择汽车客运交通方式的，行驶道路不宜低于省级公路等级，驾驶人连续驾车不得超过 2 小时，停车休息时间不得少于 20 分钟。

应提前告知学生及家长相关交通信息，以便其掌握乘坐交通工具的类型、时间、地点以及需准备的有关证件；宜提前与相应交通运输部门取得工作联系，组织绿色通道或开辟专门的候乘区域，特别是铁路交通；应加强交通服务环节的安全防范，向学生宣讲交通安全知识和紧急疏散要求，组织学生安全有序地乘坐交通工具；应在承运全程随机开展安全巡查工作，并在学生上、下交通工具时清点人数，防范滞留或走失现象；遭遇恶劣天气时，应认真研判安全风险，及时调整研学行程和交通方式。

此外，研学旅行指导师还要了解交通的各种求救应急电话号码，如交通报警电话 122、全国高速公路救援统一报警电话 12122、铁路服务电话 12306 等。

（四）观光知识

研学旅行又被称为"行走的课堂"，但不应该是"走马观花"，因为学校和家长更希望通过旅行体验，学习旅行目的地的各种知识，能结合语文、历史、地理等学科知识，了解中国上下五千年。所以研学旅行指导师需要针对不同年级的学生，在行前认真备课、精心设计，做好充分的知识准备。

1. 旅游审美知识

在研学过程中，研学旅行指导师与学生之间有一种十分密切的审美关系。研学旅行指导师不仅以自身作为学生的直接审美对象，还要成为旅游审美信息的传递者和旅游审美行为的协调者。

例如，来到圆明园时，若无研学旅行指导师亲临指点解说、阐释或者传递相关的审美信息，恐怕难以从眼前的残垣断壁或亭台楼阁中领略历史古迹在深层意义上所凝结的内在神韵。在观察自然景观时，研学旅行指导师也要因势利导，适时地指引学生从最佳的角度去理解某一名胜的审美价值，或者把蕴含在风景或文物中的历史故事、神话传说等审美信息以娓娓动听的语言传递给学生，使其在审美、感知、想象和理解等心理因素不断得以强化的同时，产生更为深刻的审美体验或文化体验，获得更高层次的审美满足。

2. 文化历史知识

中国文化是中国旅游业的灵魂，研学旅行指导师只有重视学习中国文化历史知识，才能更好地弘扬民族优秀文化。

中国优秀民族文化从盘古开天辟地和女娲造人的神话开始，通过太古时代的古人化石和古文化遗址透射出中华文化的起源过程；此后巫史、六书、八卦出现，并历经了从神本走向人本的殷商西周时期；区域文化格局形成、人文主题确定的春秋战国时代；书同文、车同轨、度同制、地同域，中华文化共同体形成的秦汉时期；文化多元化走向，精神极自由极解放，富于智慧、浓于热情的魏晋南北朝；文化隆盛、海纳百川、气势恢宏的隋唐时期；理学形成和市井文化兴起的宋代；游牧文化与农耕文化融合的元代；西方文化传入、复古与开新意识出现的明代；多民族文化融合高潮的清朝；洋务运动、思想启蒙、扬弃与新生的近代。

正是由于中国文化历史的源远流长和博大精深，研学旅行指导师应当预先进行广泛而大量的学习，并根据每次研学活动开展的不同目的地，进行深入探讨及再次巩固。

3. 文物相关知识

文物是人类在社会历史发展过程中遗留于社会上或埋藏在地下的、由人类创造或者与人类活动有关的一切有价值的物质遗存的总称，包括可移动的馆藏文物，不可移动的古文化遗址、古墓葬、古建筑、石窟寺、石刻、壁画、近代现代重要史迹和代表性建筑等。研学旅行指导师要针对每次研学活动，了解所涉及文物的历史价值、艺术价值、科学价值，以及文物的史料作用、借鉴作用、教育作用和观赏作用。

4. 地理景观知识

地理景观知识包括与气候气象状况有密切联系的自然旅游景观知识，如云海、雪景、彩霞、佛光、极光、雾凇、泉水、瀑布、山岩、海市蜃楼、鸣沙山沙鸣、黄龙沟彩湖、钱塘江潮以及各种地形地貌等；还有各种人文旅游景观知识，如杭州西湖为何闻名海内，敦煌莫高窟成为我国石窟之最的主要原因，普陀山、五台山、峨眉山、九华山成为四大佛山的原因，南方古典园林荟萃于苏州的历史地理原因，帝王苑囿承德避暑山庄建筑何以淡雅清素等。掌握这些相关知识，可以让学生较好地连接起地理和历史文化知识与现实生活之间的关系。

（五）风物特产的知识

中国是一个历史悠久的文明古国。在几千年的发展历程中，中华民族的先祖们以自己的勤劳和智慧，创造了大量闻名于世的风物特产。这些风物特产是中华民族优秀文化的重要组成部分，也是人类物质文明与精神文明的完美体现。中国的风物特产种类繁多，分布面广，研学旅行指导师要尽量了解下列风物特产：

（1）工艺美术品。其中含日用工艺品与陈设工艺品，前者是经过装饰的生

项目二　研学旅行指导师职业素养的培养

活实用品，后者是供欣赏的各类摆设，它们大都是地方特色显著的传统工艺品。我国的工艺美术品历史悠久，技艺精良，包括陶瓷、漆器、雕刻、编织、制花与剪纸等品种，如宜兴紫砂壶、景德镇瓷器、唐三彩、景泰蓝、福州脱胎漆器、苏州双面绣等。

（2）文化艺术品。包括文房四宝和乐器，如湖笔、徽墨、宣纸、端砚和玉屏箫笛等。

（3）特色面料。包括丝绸与有鲜明特色的布料，如杭州都锦生织锦、南京云锦、成都蜀锦、贵州蜡染、南通蓝印花布等。

（4）风味特产。包括质量优异并具有鲜明特色的各种名茶、名酒等，如茶中的西湖龙井、太湖碧螺春、祁门工夫红茶、安溪铁观音；酒中的茅台、五粮液、绍兴黄酒、烟台的金奖白兰地等。

需要注意的是，一般研学活动中不会引导学生购物，所以作为研学旅行指导师在讲述当地的风物特产时，重点让学生了解风物特产与本地的地理、历史、文化和经济的关系，而不是引发学生的购物热情。

资料二：通识教育与基础教育课程

（一）通识教育课程

通识教育是教育的一种，也称为普通教育、一般教育、通才教育等。这种教育的目标是在现代多元化的社会中，为受教育者提供通行于不同人群之间的知识和价值观。通识教育实际上是素质教育最有效的实现方式。在通识教育中，贯彻"博学与精专相统一的个性化素质教育"，把通识教育分解成哲学社会科学素养、人文素养、自然科学与技术素养、美学艺术素养、实践能力素养五大模块。

通识教育是现代教育理念中国化的实践过程。无论是国外与通识教育相关的博雅教育、全人教育、自由教育、能力拓展训练等教育方式，还是中国贯彻多年的素质教育和"德、智、体、美、劳"全面发展教育，以及传统文化教育、爱国主义、集体主义都涵盖在通识教育的范畴之中。这种包容体现了中国通识教育既有中国特色，又全面改革开放面向世界。用通识教育的理念可在相当程度上整合多样化的现代教育理念和模式，赋予通识教育以中国传统文化内涵，既体现时代性，又保持民族性，把现代科学技术与中国传统文化典籍结合起来，把现代信息文明与中华优秀文化历史统一起来。

教育部等11部门发布的《关于推进中小学生研学旅行的意见》指出："让

广大中小学生在研学旅行中感受祖国大好河山，感受中华传统美德，感受革命光荣历史，感受改革开放伟大成就，增强对坚定'四个自信'的理解与认同；同时学会动手动脑，学会生存生活，学会做人做事。"学校和研学机构可以从实际出发，与通识教育相结合，开发不同主题的研学旅行活动，鼓励学生结合自身实际跨学科、跨专业自由选择研学活动，充分发展个性，博学多识，从而增强学生学习的主动性，全面提高个人素质。

（二）基础教育课程

教育部等11部门发布的《关于推进中小学生研学旅行的意见》提出：根据小学、初中、高中不同学段的研学旅行目标，有针对性地开发自然类、历史类、地理类、科技类、人文类、体验类等多种类型的活动课程。因此，作为一名研学旅行指导师必须熟知基础教育课程知识。

2011年教育部印发了义务教育19个学科课程标准，九年一贯整体设置义务教育阶段课程，构建分科课程与综合课程相结合的课程结构。为培养学生的创新精神和实践能力，加强课程与社会、科技、学生发展的联系，从小学至高中设置综合实践活动为必修课，其内容包括研究性学习、社区服务、劳动技术教育和其他社会实践活动，发展学生解决实际问题的能力。

小学阶段以综合课为主。一、二年级设思想品德、综合实践活动、语文、数学、体育与健康、艺术6门课；三至六年级设思想品德、综合实践活动、语文、数学、社会、科学、体育与健康、艺术8门课。

中学以分科与综合相结合的课程为主，主要包括思想品德、语文、数学、外语、科学（或物理、化学、生物）、历史与社会（或历史、地理）、体育与健康、艺术（或音乐、美术）及综合实践活动课程。[①]

特别是综合实践活动课程，研学被归为此类，作为一名研学旅行指导师必须掌握。综合实践活动是从学生的真实生活和发展需要出发，从生活情境中发现问题，转化为活动主题，通过探究、服务、制作、体验等方式培养学生综合素质的跨学科实践性课程。综合实践活动是国家义务教育和普通高中课程方案规定的必修课程，与学科课程并列设置，是基础教育课程体系的重要组成部分。该课程由地方统筹管理和指导，具体内容以学校开发为主，自小学一年级至高中三年级全面实施。

---

① 教育部公布义务教育19个学科新课标［EB/OL］.［2022-07-22］.http：//www.eol.cn/html/jijiao/zt/xinkebiao/index.shtml.

资料三：教育教学知识

（一）教育学知识

教育学是一门研究教育现象、教育问题及其规律的社会科学。它广泛存在于人类生活中，通过对教育现象、教育问题的研究来揭示教育的一般规律。19世纪中叶以后，马克思主义的产生，近代心理学、生理学的发展，为科学化教育奠定了辩证唯物主义哲学和自然科学基础。现代生产和科学技术的发展，教育实践的广泛性、丰富性，更进一步推动了教育学的发展。教育学的研究对象是人类教育现象和问题，以及教育的一般规律，研究教育、社会、人之间和教育内部各因素之间内在的、本质的联系和关系，具有客观性、必然性、稳定性、重复性。教育学的任务就是要探讨、揭示种种教育规律，阐明各种教育问题，建立教育学理论体系。

（二）教育心理学知识

教育心理学是研究在教育情境下人类的学习、教育干预的效果、教学心理，以及学校组织的社会心理学。教育心理学的重点是把心理学的理论或研究所得应用在教育上。教育心理学可应用于设计课程、改良教学方法、推动学习动机及帮助学生面对成长过程中遇到的各种困难和挑战。教育心理学关注学生如何学习与发展，实务工作上特别关注有特殊教育需要的学生。

（三）教育改革知识

2019年6月，《中共中央 国务院关于深化教育教学改革全面提高义务教育质量的意见》提出坚持"五育"并举，全面发展素质教育，强化课堂主阵地作用，切实提高课堂教学质量，按照"四有好老师"标准，建设高素质专业化教师队伍，深化关键领域改革，为提高教育质量创造条件，加强组织领导，开创新时代义务教育改革发展新局面。①

教育改革包括高考制度改革、教育体制改革、课堂教学改革等多方面。教育改革一直在进行，有不少新的教育改革文件出台，研学旅行指导师要对此类政策和文件保持敏感，及时查找学习，用于研学指导实践。

---

① 中共中央 国务院关于深化教育教学改革全面提高义务教育质量的意见，2019-06-23 [2022-07-22]. www.gov.cn/zhengce/2019-07/08/content_5407361.htm.

（四）学生管理知识

学生管理知识包括班集体的基本特征、培养方法，班级管理的内容，班级突发事件处理，班队活动的类型，课外活动内容、组织形式等。研学旅行指导师在研学活动中，既扮演了班主任的角色，又扮演了导游、团长以及安全员等多重角色。研学旅行指导师要关爱学生、尊重学生，管理民主，能够以高度的责任心对待研学事务，能够耐心疏导学生个体或班级中出现的问题。

资料四：安全防护知识

研学旅行一般都是有组织的集体出行，学生人数规模庞大，基本都是未成年人，自我保护意识较差，给研学的安全管理带来很大的挑战。因此，做好研学过程中的安全保障工作是研学旅行的首要任务。

（一）研学旅行的主要风险因素

研学旅行风险因素主要包括管理因素、人员因素、交通因素、环境因素等，具体见表2-1。

表 2-1　研学旅行风险因素

来源	风险类型
管理	整个社会研学旅行管理体系、管理制度、管理机构、管理机制正在建设中，研学旅行服务企业监管体系不完善，研学服务企业内部风险管理欠缺
人员	研学旅行组织者、研学旅行指导师和提供辅助的有关人员安全管理意识不强、专业水平不高，学生、家长的安全意识不强，学生安全防护意识较弱、自救知识缺乏等
工具	新的交通工具未经试验，旧的交通工具检修不及时，教学工具安全性未经检测等
饮食	饮用水、饮料、食品的质量不达标，饮食菜品设计不合理，饮食搭配不符合季节变化规律和学生身体发育特点等
环境	研学目的地周围存在安全隐患，研学基（营）地的地理位置及设施设备存在安全隐患，高温、低温、暴风、暴雨等恶劣天气及其他非人力可控的自然灾害等引发安全风险

（二）研学旅行安全防护知识

鉴于常见研学旅行安全风险，研学旅行指导师应该系统掌握以下安全防护知识或技能。

项目二 研学旅行指导师职业素养的培养

1. 预防和应对社会安全类事故相关知识和技能

包括了解如何预防青少年犯罪，防盗措施和技巧，防骗知识和技巧，以及如何防止公共场合的各种骚扰等。

2. 预防和应对公共卫生事故相关知识和技能

包括认识和了解常见传染病，了解消化道传染病、呼吸道传染病，了解食物中毒的基本症状以及初步处理方法，了解水污染，能够通过标志查看食品安全等。

3. 预防和应对意外伤害事故相关知识和技能

包括现场急救基本方法和技能，掌握简单包扎、简单止血要领，知道如何处理猫狗抓伤咬伤，熟悉主要运动伤害的预防，熟悉各类实验室、实操的安全预防工作等。

4. 预防和应对网络信息安全事故相关知识和技能

包括安全上网有关知识和技巧，了解如何防止学生网瘾，如何防止学生登录不良网站，知道如何指导学生正确使用手机等网络和通信工具等。

5. 预防和应对各种灾害相关知识和技能

包括应对各种恶劣天气如暴雨、雷雨、冰雹、台风等的方法和技巧，以及各种自然灾害如地震、洪水、泥石流等的预防措施和应急处理程序，掌握火灾、电梯被困的自救方法等。

6. 预防和应对影响学生安全的其他事件相关知识和技能

包括了解学生青春期常见问题，能帮助学生进行情绪调节，对学生在研学过程中的抑郁、早恋、矛盾冲突、霸凌等现象应特别关注，能引导学生正确、宽容地看待社会，用积极心态去学习生活、珍爱生命等。

资料五：政策法规及标准知识

（一）教育类法律法规及政策

教育法律法规是调整教育活动和教育行政活动中发生的各种法律关系的规范性文件的总称，主要是指有关教育的专门法律、法令、条例、规则、章程等，也包括其他法规中调整有关教育的各种法律关系的规范性条文。在中国，由全国人大及其常委会制定和发布的教育法规，称为"教育法律"，由国家行政机关制定和发布的教育法规，称为"教育行政法规"；由省级人大及其常委会制定和发布的教育法规，称为"地方性教育法规"。作为研学旅行指导师我们要熟知教育法律法规，来指导我们更好地为研学事业服务。与研学相关的教育类法律法规主要有《中华人民共和国教育法》《中华人民共和国义务教育法》《中华人民共和国未成年人保护法》《中华人民共和国职业教育法》《中华人民共和国教师法》《学生伤害事故处理办法》等。

研学旅行指导师特别应掌握直接与研学旅行密切相关的政策。2016年11月30日教育部等11部门颁布《关于推进中小学生研学旅行的意见》，该意见明确提出将研学旅行纳入学校教育教学计划，与综合实践活动课程统筹考虑；2017年，教育部发布《中小学德育工作指南》《中小学综合实践活动课程指导纲要》，以及2020年3月26日，中共中央、国务院印发《关于全面加强新时代大中小学劳动教育的意见》等政策都应认真研究。

（二）旅游类法律法规及标准

在旅游类法律法规中，《中华人民共和国旅游法》（以下简称《旅游法》）是上位法，由全国人民代表大会常务委员会于2013年发布施行。《旅游法》共计十个章节，一百一十二条，其中"旅游者的权利和义务、经营者的权利和义务"对研学旅行指导师有很大的指导意义。另外，为提高公民的文明素质，塑造中国公民良好的国际形象，中央文明办和原国家旅游局联合颁布的《中国公民出境旅游文明行为指南》《中国公民国内旅游文明行为公约》，也与研学活动紧密相关。特别是2016年12月19日国家旅游局发布的《研学旅行服务规范》（LB/T 054—2016）行业标准，2019年3月中国旅行社协会和高校毕业生就业协会发布的全国首个团体标准《研学旅行指导师（中小学）专业标准》（T/CATS 001—2019），是研学旅行指导师必需掌握的内容。

（三）其他法律法规

除以上现行的法律法规外，能了解熟知越多的政策法规，就越有利于研学旅行工作，如《中华人民共和国民法典》《中华人民共和国预防未成年人犯罪法》《中华人民共和国环境保护法》《中华人民共和国野生动物保护法》《中华人民共和国道路交通安全法》《中华人民共和国自然保护区条例》《中华人民共和国文物保护法》等。

> **想一想，说一说**
>
> 实践：在某中学研学团行进期间，有几位同学利用晚上空隙，偷偷溜出去玩耍，被发现后找回。假如你就是这几位学生的带队指导师，你该如何处理？请用所学的学生管理知识，分组讨论，而后以组为单位进行课堂分享。

项目二　研学旅行指导师职业素养的培养

> **做一做**
>
> **调研基（营）地研学旅行指导师**
>
> 任务目的：深入了解研学旅行指导师这个职业。
>
> 任务内容：通过各种形式，走进基（营）地研学旅行指导师的实际工作场景。
>
> 践行渠道：实地调研。
>
> 任务方式：分组完成。
>
> 任务要求：对所在城市的基（营）地研学旅行指导师现状进行调研。主要调研旅行社近期接待的研学活动情况，基（营）地一般安排什么人员进行研学接待活动，在接待中一般主要存在哪些问题，基（营）地理想中的研学旅行指导师应该具备什么样的知识、能力和素质等。
>
> 任务成果：总结调研成果，做成PPT，在班上分享调研成果。

任务拓展

作为一名研学旅行指导师，不但要掌握旅游类相关专业知识，还需要掌握与教育类相关的专业知识，可见需要掌握和了解的专业知识相当广泛，但个人的时间和精力有限，也不可能做到样样都掌握才开始研学旅行指导师岗位工作。请思考，假设你即将投入研学旅行指导师这个职业，你将如何尽快做到让自己尽可能广泛地了解和掌握相关的专业知识？

任务三 研学旅行指导师的职业技能

任务目标

知识目标	1. 掌握研学活动策划能力的构建和提升技巧； 2. 掌握研学组织保障能力的构建和提升技巧； 3. 掌握研学教育教学能力的构建和提升技巧； 4. 熟悉研学心理辅导能力的构建和提升技巧。
能力目标	1. 能将研学活动策划能力的提升技巧运用于实践； 2. 能将研学组织保障能力的提升技巧运用于实践； 3. 能将研学教育教学能力的提升技巧运用于实践； 4. 能将研学心理辅导能力的提升技巧运用于实践。
素质目标	1. 养成坚持学习、善于学习的习惯； 2. 养成精益求精的匠心精神； 3. 养成不畏艰难、迎难而上的学习和工作态度。

任务导入

小张是一家研学服务机构的实习研学旅行指导师，虽然入职时间不长，但手勤脚快，又肯钻研，进步很快。因此，在业务繁忙时，公司就逐渐让她单独接待一些研学团队。随着工作的深入，小张感受到了压力。她发现，在自己独立接待研学团队时，无论是课程实施指导，还是管理组织学生，都需要掌握不少必备的技能，这是她目前欠缺的。因此，小张暗下决心，要加倍努力，去掌握这些专业技能。

1. 作为一名研学旅行指导师，需要掌握哪些职业技能？
2. 如果发现需要掌握的职业技能很多，又该如何做到有的放矢？

项目二 研学旅行指导师职业素养的培养

 **任务解析**

研学活动是一种独立的课程形态，同时也是一种经验型课程，注重学生多样化的实践性学习形式。研学旅行还关注学生与社会生活的联系，生活性课程强调的是以学生的社会实践和社会需要为核心，重在有效培养和发展学生解决问题的能力。所以要求研学旅行指导师不仅要有文化专业知识、教育知识，还要在探究、调查、访问、协作、劳动实践等方面有指导学生的能力。研学旅行指导师所具备的职业技能是落实研学课程的关键所在。

资料一：研学活动策划能力

策划能力是策略思考与策划编制等能力的统称。策略思考指的是为达成某种设计，编制具体行动计划的过程；或为达到某种特定目的，所需采用的方法论的思考与设计。研学活动策划编制是指按照已经确定的方法论，编制具体行动计划的过程，是将一个个研学活动单元进行精细组织。作为研学旅行指导师不仅需要组织实施能力，而且应该具备一定的策划能力。

（一）活动策划能力的构建

1. 活动策划基础能力

衡量一位活动策划人的能力标准，取决于能不能做好一份策划案，这份策划案应能满足研学主办方的要求，甚至超出主办方的预期值。而做好一份活动策划案的前提，需要学习以下四个方面的基础能力。

文案能力：包括活动主题、活动内容设计撰写、活动文案传播推广等。

策略能力：包括品牌策略、营销策略、传播策略、活动主题策略推导。

PPT 能力：包括视觉排版、逻辑梳理、软件操作、活动流程动线设计能力。

提案能力：包括商务礼仪、演讲能力、表达能力、沟通能力。

2. 活动策划进阶能力

学习能力：研学旅行指导师需要持续不断地学习，否则容易让思维固化，创造力、活动策划能力下降。研学旅行指导师需要多阅读政治、教育、哲学、历史、地理、心理学等相关书籍，因为策划艺术与时代文化紧密相关，中华上下五千年的文化底蕴与科学文化知识密不可分。同时还需要辅助专业知识，将各种理论——4P理论、4C理论、SWOT分析法、USP等熟练运用并由自身的策划经验整理出属于自己的一套知识体系。关注教育教学改革和各种先进思想，跟上时代节奏。

想象能力：想象力是帮助研学旅行指导师飞翔的翅膀，好的活动策划创意都要借助想象，在想象的过程中诞生出创意。想象力可以从研学活动的成功案例或者在研学旅行实施过程中灵感触发时获取。

资源整合能力：资源整合是策划过程中的资源管理技能，如研学基（营）地资源、景区及场馆资源、住宿和餐厅资源、名师资源等，还包括对跨部门之间的人力、物力及时间等资源进行合理的配置整合，并融入策划案里。

（二）活动策划能力的提升技巧

1. 分析研学主题

每一次的研学活动，研学主题是最能体现策划能力和水平的标志。因此，作为一名研学旅行指导师，不仅要充分理解研学主题，还要对研学主题进行深入的分析，从研学课程方案的总主题、单元主题、不同年龄段研学对象，到如何组织配置资源、如何实施等。只有多思考、多分析，策划能力才能逐步提高。

2. 善于总结规律

规律是事物内部固有、本质、必然的联系及其发展趋势。中小学生的学习规律和主要学习方法是不同于成年人的。中小学阶段的学习内容主要是基础知识、基本能力的学习和培养。虽然智力在学习中的作用日益明显，但非智力因素依然发挥着十分重要的作用。通过数次研学活动实施反馈后可以归纳出，在研学活动策划时应注意：一是要让学生轻松愉悦地参与各项研学活动，充分体验活动乐趣、激发学习兴趣；二是要培养学生的观察力、思维力、动手能力和养成习惯；三是要注重培养学生的情感价值观和集体合作精神等。

3. 加强与学校和教师的沟通

每所学校的办学理念、教育优势、师资特点、组织研学的目的也不尽相同，所以加强与学校和老师的沟通，熟悉学校的办学宗旨，了解学校的优势特长，厘清学科知识和校本教材的关系，与老师交朋友、虚心求教，是为学校定制研学课程的有效途径，同时也是快速提高策划能力的好方法。

资料二：组织实施能力

（一）组织实施能力的概念

组织实施能力是指组织人们去完成预定目标，保障各环节顺利实施的能力。良好的组织实施能力是研学旅行指导师的核心能力。研学活动是一个有明确教育目标的多环节活动，涉及多部门、多资源、多人员的协同保障。作为一名合格的研学旅行指导师，需要具备较强的组织协调能力，让所有参与研学的学生、相关人员和资源都能较好地协同一致，安全、顺利地完成研学活动。

（二）组织实施能力的构建

1. 协调关系的能力

第一，研学旅行指导师要积极沟通，重视且乐于沟通，愿意与人建立联系，在遇到沟通障碍时，能够以积极的心态和不懈的努力对待冲突和矛盾，而不是强权或回避。第二，研学旅行指导师要善于换位思考，打破自我中心的思维模式，尝试从他人的角度和立场考虑问题，体察对方的感受，促进相互理解。第三，研学旅行指导师要及时反馈，重视信息的分享，用心倾听学生和他人的意见，并根据实际情况及时做出调整和回应。

2. 领导团队的能力

研学旅行指导师作为研学团队的组织者，应具备一定的领导能力，进而得到学生和合作者的信任。在研学过程中，会遇到各种困难及无法预知的突发情况，研学旅行指导师应沉着冷静、积极面对，与团队一起解决问题，在困难面前体现出一名具备领导能力的研学旅行指导师的风采。

3. 统筹和控制能力

统筹能力是指洞察事物、工作谋划、整合协调等方面的能力。控制能力是指通过抽象思维和实际管控力进行自我控制和全局把控的能力。研学旅行指导师在研学过程中会面临大量的工作和压力，需要具备统筹和控制能力。

4. 安全保障能力

由于研学活动的形式多样，内容丰富，环节众多，在旅行过程中难免会出现交通、饮食、住宿、设备设施、学生健康、人员与物品等各类安全问题。因此，研学旅行指导师要本着"预防为主，安全第一"的总体思想，将安全问题放在首位，具备制订安全预案、指导学生进行安全防护、处理各类安全事故的能力。

5. 发现人才的能力

研学旅行指导师要善于发现研学中的人才，主要是指发现并发挥研学活动中小组长的作用，来促进研学活动的顺利开展。研学旅行指导师如何确定小组长，可以采用以下途径。

一是对于学校集体出行的研学团队，发挥班主任的作用，事先分组，选出学生小组长，提前制订小组长管理框架；二是对于研学机构或者家委会组织的研学团队，让研学机构老师或者家委会成员选出小组长，明确责任，配合完成研学旅行各项任务。

总之，无论是怎样的研学团队，研学旅行指导师都要与学校、研学机构的老师提前沟通，共同发挥好研学中的人才的作用，共同保障研学活动顺利开展。

（三）组织实施能力的提升技巧

1. 提升认知，谋划全局

提升组织能力应特别注重提升自己的协调能力和宏观把握能力。作为组织者，首先要考虑的不是在某个事件中的位置，而是作为一个领导者该如何使个体因素得到统一和协调，从而让每一个小小的因素为了一个大大的目标各尽其职。古人说的"成大事者不拘小节"，意思不是大大咧咧，而是要从大局着手，不因对细节的推敲而本末倒置。所以要学会根据研学活动的全局规划，凝聚人心、统一思想、统一意志、统一行动，而且还要让学生和参与者了解全局，知道自己应该做什么，不应该做什么。当接受任务时，既知其然，又知其所以然。这样组织起来，就会顺理成章，得心应手，从而统筹全局。

2. 深入实践，加强学习

要把学到的理论知识充分运用到研学实践中，提高分析和解决问题的能力，增强工作的预见性和创造性。在校可以先训练自己的语言能力，实际参加组织性活动，并让自己参与组织管理；可以竞聘班委干部和学生会干部等职位，这是组织能力提高最快的途径；在日常生活中，将自己的工作、学习先组织起来，养成组织的习惯。只有通过不断的学习与实践积累，才能提高自身的组织实施能力。

3. 勤于反思，不断总结

提升组织能力，要善于从全局观察和处理问题。不谋全局者，不足谋一域。这要求研学旅行指导师必须以宽广的眼界去思考、去观察，在事物的不断变化中掌握事物发展的内在规律，提高看问题的敏锐性，提高协调和处理各种矛盾的能力，真正做到在处理复杂问题时把握好度。在研学过程中遇到问题时，不要急于处理，要勤于思考，对问题进行分析，把握好度，以最佳的方法进行处理。另外，一定要善于总结工作中的得失，多与学生沟通，并取得学生的理解和支持。通过不断总结、改进来提升和完善工作，从而提高自身的组织管理能力。

资料三：教育教学能力

（一）教育教学能力的概念

教育能力是指研学旅行指导师在研学活动中展现出来的教育教学技能，具体表现为完成一定研学课程教学活动的方式、方法和效率，包括教育基础、学生指导和班级（研学小组）管理。

教学能力是指研学旅行指导师为达到研学教学目标、顺利从事教学活动所表现的一种行为特征，由一般能力和特殊能力组成。一般能力是指教学活动中所表现的认识能力，如了解学生学习情况和个性特点的观察能力，预测学生发展动态的思维能力等。特殊能力是指研学旅行指导师从事具体教学活动的专门能力，如把握研学课程方案、运用教法的能力；深入浅出的语言表达能力；教学的组织管理能力；完成某一学科领域教学活动所必备的能力，如音乐类研学旅行指导师对音高的辨别能力，科学类研学基（营）地中研学旅行指导师的科学实验能力等。特殊能力具体包括学科知识、教学设计、教学实施、教学评价。

（二）教育教学能力的构建

1. 钻研学科知识的能力

初级阶段的研学课程是学科课程的衍生和补充，学科知识也是学生研学旅行综合课程的基础。因此，研学旅行指导师应深入钻研中小学相关的学科知识、课程标准和教材，分析研学课程目标、研学课程内容和学科知识之间的内在联系，并找到与学科知识的连接点。研学旅行指导师对学科知识钻研得越深入，教育教学能力越强。

2. 研学对象分析的能力

研学旅行指导师在传递知识的同时，应针对学生的年龄段进行对象分析，这是研学旅行指导师进行教育教学工作的出发点，也是研学旅行指导师的一项基本功。要善于根据学生年龄段的共性规律和外部表现了解他们的个性和心理状态，如思想状况、道德水平、知识层次、智力水平以及兴趣、爱好、性格等。只有了解学生的实际情况，研究研学过程中教育性、参与性的有机结合，才能做到有的放矢，长善救失，因材施教。

3. 教学语言能力

教学语言是一种工作语言，它受教学规律的制约，受各学科性质的支配。在研学课程中，研学旅行指导师的语言表达方式和质量制约着学生的智力活动方式和效率。科学地使用教学语言，是实现研学课程教学控制的保证。

教学语言应具有科学性。研学课程的主要任务之一，就是向学生传授各种知识。因此，研学旅行指导师的教学语言必须具有科学性，做到准确、精练，有条不紊，合乎逻辑。

教学语言应具有启发性。在研学课程中，能否引发学生积极思考，打开学生的思路，引导学生独立、主动地去获取知识，是实现研究性学习的关键所在。因此，研学旅行指导师的教学语言必须具有启发性，通过启发性的语言激起学生的求知欲望，对学生想知道而不知道的内容予以恰到好处的点拨，既要把问题点到，又不把话说尽，给学生留有思考的余地。

教学语言要生动形象。研学旅行指导师要善于运用形象的语言，激发学生的创造性思维，引发学生丰富的想象。

4. 应变反馈能力

在研学课程中，对于学生接受知识的信息反馈要随时掌握，关注他们对课程是否感兴趣，并根据这些信息及时调整研学课程的节奏，使其适度；或迂回插入，慢慢导向中心；或更弦易辙，调整研学方案中原有设想，转换单元任务。特别是对研学过程中稍纵即逝的、有价值的信息，要及时捕捉、合理利用，生成课程及时反哺学生。

5. 现代信息手段的运用能力

在信息化时代，研学旅行指导师必须能够根据各种条件变化，灵活选用教学方法和先进的信息化手段提升教育教学能力，如采用电化教学手段、制作多媒体、利用传播媒体平台等，使研学课程更加生动直观。还可用现代信息手段（定位手环、智能评价）来进行学生管理，不仅可以提高研学课程质量，活跃气氛，而且利于研学课程现场控制，保障学生安全。

（三）教育教学能力的提升技巧

1. 在独立思考中培养

面对丰富的研学课程，研学旅行指导师要学会独立思考，即认真地反思及总结。反思可以分为以下三个阶段。一是研学课程前反思。此阶段为备课，预测学生的反应及学习状况，研学旅行指导师要不断训练自己的预测能力，使之更精准。二是在研学课程中省思。在课程活动中观察学生的反应，并迅速拟定应对措施，往往需要良好的临场经验，而这正是新研学旅行指导师最缺乏的。三是研学课程后反思。上完课后，针对之前的课做全盘反省，如提问是否适当、活动参与度如何、学生的接受程度怎样等，作为下一次研学课程安排的依据。

独立思考是研学旅行指导师教育教学能力提高的根本途径。如何将自己的教学设想转换成教学行为，如何利用研学资源促进学生的跨学科学习，研学旅行指导师只有通过独立思考，才能对研学目标、研学任务、研学过程有更深刻的理解，从而提高教育教学能力。

2. 在借鉴中感悟

借鉴他人经验是提高研学旅行指导师教育教学能力的重要途径，但借鉴不是临摹、效仿、照抄，而是从经验中悟出道理。借鉴不是借"标"，不是东施效颦，而是悟"本"。作为一名新研学旅行指导师，在研学课程上是新手，要虚心吸取经验，走进其他研学旅行指导师的研学课程和活动，听不同类型研学旅行指导师的课，虚心请教有丰富经验的同行指导师，感悟研学课程的真正本质，将所见、所悟融合在一起，形成自己的风格。

3. 在交流合作中提升

交流与合作是研学旅行指导师教育教学行为的主要组成部分。在教育教学中我们不仅需要具有竞争意识，还需要合作。随着研学旅行在我国的不断发展，对研学旅行指导师素质也提出了新的要求。能有效地与他人进行沟通交流、团结协作，主动参与社会活动，勇于承担责任是新时期对研学旅行指导师的基本要求。相互合作是研学旅行指导师提高自身教育教学能力的有效途径。

4. 在研学课程实践中获取

教育教学能力是后天获得并在实践中提高的，因此实践就成了研学旅行指导师形成和发展教育教学能力的重要途径。将自身所学的基础教育教学理论运用到实践中去是对已学理论的检验，再总结提升运用到实践，如此良性循环，勤加练习，从而促使研学旅行指导师的教育教学能力得到不断提高。

资料四：沟通协调能力

（一）掌握沟通协调能力的必要性

研学旅行指导师需要和研学旅行各利益相关方进行有效的沟通和协调，确保按研学方案组织实施研学活动。在研学旅行前，需要与家长和学生沟通研学旅行教育的目标和需求，与研学基（营）地确认研学活动的可行性，并确定研学旅行方案。在研学旅行中，需要协调各利益相关方有效执行研学活动，确保研学活动有序组织。在研学旅行后,需要收集和反馈各方评价,持续提升研学服务质量,为后续的研学活动做好总结。

(二)沟通协调能力的构建

1. 表达能力

研学旅行指导师需要具备清晰、简明地传达信息的能力,确保学生、家长、教师及各合作机构都能准确理解活动内容和安排。同时,还需要通过肢体语言、面部表情等非语言表达方式辅助沟通,增加信息传达的效果,这在面对面互动中尤为重要。

2. 倾听能力

研学旅行指导师在与学生、家长和其他利益相关方交流时,需要认真倾听他们的需求和意见,不打断对方,表现出对其关注。同时,通过重复或总结对方的关键点来确认自己的理解,同时给予适当的回应,增强沟通的有效性。

3. 理解能力

研学旅行指导师需要能够准确理解不同利益相关方传达的信息和意图,尤其是涉及活动安排、家长的担忧及学生的兴趣点。同时,能够敏锐地感知并理解各方的情感和态度,及时调整沟通策略,化解潜在的情绪冲突。

4. 协调能力

研学旅行指导师能够合理调配和利用各类资源,如场地、设备、人员等,确保活动的顺利进行。在面对各方的不同需求时,能够平衡和协调各方利益,解决冲突,确保活动顺利推进。

(三)沟通协调能力的提升技巧

1. 积极沟通,迎难而上

研学旅行指导师要有积极沟通的心态,重视且乐于沟通,能够有效倾听学生和其他人员的需求和问题,理解其意图和期望。愿意与人建立联系,在遇到沟通障碍时,能够以积极的心态和不懈的努力对待冲突和矛盾。

2. 表达清晰,积极反馈

研学接待服务过程中研学旅行指导师需要用准确、清晰、生动的语言传达信息,确保学生和其他人员能够明确理解。同时,在接待过程中也要做到及时反馈,重视信息的分享,用心倾听学生和他人的意见,并根据实际情况及时做出调整和回应。

3. 情绪管理,灵活应变

在沟通过程中还需要研学旅行指导师具备耐心和同理心,以友善和耐心的

项目二　研学旅行指导师职业素养的培养

态度进行沟通。尤其是遇到各种突发情况和问题时，不仅需要研学旅行指导师保持冷静和理智，更需要研学旅行指导师具备灵活应变的沟通能力，能够迅速做出反应，并与相关人员进行有效的沟通，及时解决问题。

4. 沟通礼仪，尊重差异

学生可能来自不同国家、地区，来自不同民族，拥有不同的宗教信仰，研学旅行指导师在提供接待服务时需要具备跨文化沟通的能力。需要了解不同文化背景下的沟通习惯、礼仪规范及文化差异，避免因文化差异而产生的误解或冲突。

资料五：技术应用能力

（一）掌握技术应用能力的必要性

研学旅行指导师在策划、制订和实施研学旅行方案，组织与指导研学体验过程中，需要掌握相关的软件和硬件设备的使用方法，了解网络资源的应用和管理，充分利用现代教育技术丰富研学旅行体验。这些技术包括在线学习工具、虚拟现实（VR）技术等，并能够灵活地将它们整合到研学旅行中，以提供更为优质的教育服务。

（二）技术应用能力的构建

1. 基础技能掌握

软件技能：熟练使用办公软件（如 Word、Excel、PowerPoint）、在线学习平台（如 Moodle、Google Classroom）等，进行方案设计和活动策划。

硬件技能：掌握多媒体设备（如投影仪、互动白板）、录音录像设备的使用，确保在活动中能够顺利操作。

2. 网络资源管理

资源收集：能够有效地利用互联网收集相关的教育资源、研学资料、活动案例等，为研学活动提供丰富的素材。

网络平台应用：熟悉并能够使用各种在线平台进行课程设计、活动安排和学生管理。

3. 现代教育技术整合

虚拟现实（VR）技术：了解并掌握 VR 设备的使用，通过虚拟现实技术为学生提供沉浸式的学习体验，增强活动的趣味性和互动性。

在线学习工具：能够使用各种在线学习工具，如电子书、教育 APP、在线测评系统等，辅助研学活动的开展，提升学习效果。

4. 持续学习与更新

技术更新：关注教育技术的发展趋势，及时学习和掌握新的技术和工具，确保技术应用的前沿性和有效性。

培训学习：参加相关培训和学习班，不断提升自己的技术应用能力和水平。

（三）技术应用能力的提升技巧

1. 系统学习，自主提升

参加教育技术相关的专业课程或培训班，系统学习相关知识和技能，夯实技术应用的基础。利用在线课程、自学书籍等方式，主动学习新的软件和硬件设备的使用方法，不断提升自身技术水平。

2. 实践操作，项目实践

通过模拟操作、情境演练等方式，熟练掌握各种设备和工具的使用，积累实际操作经验。在实际的研学活动中大胆应用所学技术，通过实践提升自己的技术应用能力。

3. 资源整合，技术提升

积极收集和整理网络上的优质教育资源，并将其整合到研学方案中，提高活动的丰富性和多样性。学会将各种技术工具有机整合，形成系统化的技术应用方案，提升活动的整体效果。

4. 问题解决，技术创新

掌握常见技术问题的排查和解决方法，确保活动中技术设备的正常运行。制订技术故障应急预案，确保在设备出现问题时能够迅速采取有效措施，保证活动的顺利进行。勇于尝试和应用新的教育技术和工具，不断探索和创新技术应用的方法和途径。结合实际需求和活动特点，创新设计技术应用方案，提升活动的趣味性和互动性。

> **想一想，说一说**
>
> 实践：参与研学实践的同学，往往在性格和行为上千差万别。假设在你所带的研学班级中，出现了"不愿意配合活动进行，甚至还出现有对抗情绪的同学"，你该如何处理？请结合所学，分组讨论，在课堂上进行分享。

项目二 研学旅行指导师职业素养的培养

做一做

调研学校研学旅行指导师

任务目的：深入了解研学旅行指导师这个职业。

任务内容：通过各种形式，走进研学旅行指导师的实际工作场景。

践行渠道：实地调研。

任务方式：分组完成。

任务要求：主要调研各大、中、小学校是如何开展研学旅行实践课程的。比如，主管研学旅行的一般是学校的哪个部门，学校有无培养自己的研学旅行指导师，学校主管领导又是如何理解研学旅行指导师这个岗位的，学校理想中的研学旅行指导师应该具备什么样的知识、能力和素质等。

任务成果：总结调研成果，做成PPT，在班上分享调研成果。

 **任务拓展**

结合研学旅行指导师的职业技能需求，每人通过咨询专家或查找资料的方式，为班级推荐一本与旅游、教育或心理学相关的且有助于从事研学旅行指导师职业的书籍，并讲出推荐的理由。

拓展知识

 **项目小结**

研学服务是随着社会生产力的不断发展而形成和发展的。如今，研学旅行服务已经形成完整的服务体系和服务规范，研学旅行指导师在研学旅行中的核心价值，以及研学旅行指导师的复合型技能的需求，都给其人才培养提出了更高的要求。

研学旅行指导师作为一个新兴职业，其核心的职业素养是专业人才培养的关键指标。在2018年全国教育大会上，习近平总书记强调："培养什么人，是教育的首要问题。"研学旅行指导师应该是什么样的人，应具备哪些职业精神和职业道德，这是研学旅行指导师培养的首要问题与核心问题。

本项目主要介绍研学旅行指导师应具备的职业精神，要求学生掌握研学旅行指导师的专业知识和职业技能，深刻理解成为一名合格的研学旅行指导师所需要的职业素养条件。

练一练

项目三

研学课程的设计

全国中小学生研学实践教育基地——广东韶关丹霞山国家级自然保护区

思维导图

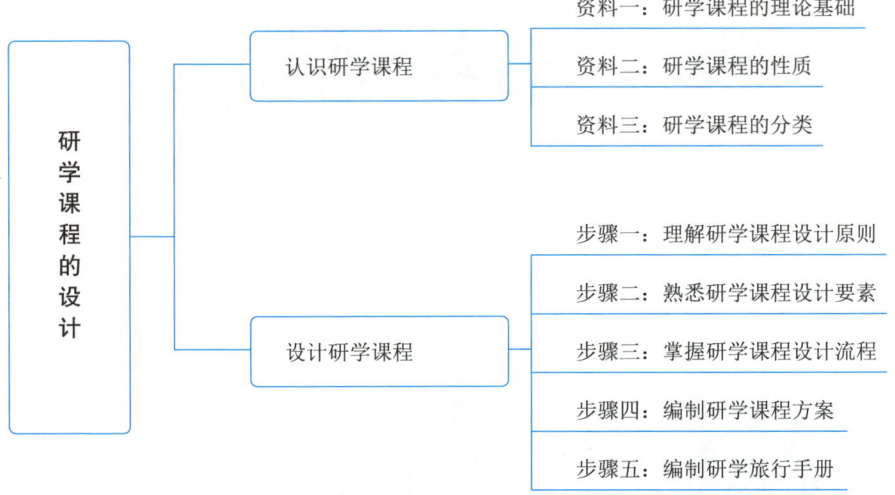

项目三 研学课程的设计

任务一 认识研学课程

 **任务目标**

知识目标	1. 掌握研学课程的内涵； 2. 掌握研学课程的分类； 3. 掌握研学课程的性质。
能力目标	1. 能在研学课程设计时正确运用研学课程的指导思想； 2. 能在研学课程设计时正确运用研学课程的理论基础； 3. 能在研学课程设计时正确把握研学课程的内在性质。
素质目标	1. 塑造符合社会主义核心价值观的家国情怀； 2. 养成坚定的道路自信、理论自信、制度自信、文化自信； 3. 塑造与时俱进、勇于创新、献身事业的工匠精神。

 **任务导入**

　　小王是一家大型旅行社亲子游接待中心的策划人员。近年来，随着研学旅行逐渐得到推广，公司的亲子游中心就改为研学拓展中心。小王的工作职责也就由策划亲子游活动项目改为研学课程设计。小王原以为只要在原来亲子游的活动项目中加入一些教育活动就是研学课程了，但最近她参加了研学旅行培训班的学习后得知：研学课程不是简单的亲子游活动加点教育，而是需要结合国家的教育政策、学校的教学理念、学生学情及研学资源等因素，并在校方的指导之下，或者与校方合作进行课程的设计，方能制作出规范的、有针对性的、有价值的研学课程。对此，小王陷入了沉思。

1. 我们应该如何理解研学课程的内涵？
2. 研学课程又能区分出哪些类别？
3. 怎样的课程才算是合格的研学课程？

任务解析

本节主要分为三部分。

第一，通过对研学课程指导思想、理论基础、主要特点和基本内容的详细诠释，提醒我们在设计研学课程之前，就应当深入体会研学课程的内涵。只有符合社会主义核心价值观，才不会偏离时代方向；只有以科学、全面的教育理论为指导，才能让课程设计实现最佳优化；只有充分把握课程性质，才能让课程设计落实到位；只有分清研学课程的基本类型，才能进行有针对性的课程开发。

第二，通过对研学课程从不同的角度进行分类，明白课程资源、不同设计主体在课程设计中所起到的不同作用，以及不同学段对课程设计的不同要求。

第三，通过对研学课程性质的详细分析，明了这门实践课程的独特性以及与课堂教学的关联性。尤其是研学旅行作为一种独特而富有创新性的实践教育方式，具有强大的生命力，但其潜力还有待我们进行充分开发。

资料一：研学课程的理论基础

（一）研学课程的指导思想

研学课程开发的指导思想，就是全面贯彻落实党的各项教育方针政策。为此，作为研学课程的设计者、实施者，必须深入学习贯彻习近平总书记系列重要讲话精神和治国理政新理念、新思想、新战略，始终坚持育人为本、德育为先，大力培育和践行社会主义核心价值观。以教育部等11部门印发的《关于推进中小学生研学旅行的意见》为抓手，落实教育部印发的《中小学德育工作指南》《中小学综合实践活动课程指导纲要》，中共中央、国务院印发的《关于全面加强新时代大中小学劳动教育的意见》等教育政策，坚持教育与生产劳动、社会实践相结合，坚持学校教育与家庭教育、社会教育相结合，把立德树人融入思想道德教育、文化知识教育、社会实践教育等各个环节当中。

研学旅行旅游对提高中小学生的核心素养，促进学生的全面发展，有着独特而深远的作用。学校和研学教育机构应当以研学课程的开发为契机，帮助中小学生更全面地了解乡情、市情、省情、国情，使广大中小学生开阔眼界、增长知识、端正三观，增强他们对中国特色社会主义的"道路自信、理论自信、制度自信、文化自信"，以此提升家国情怀。以研学旅行这种创新培养模式，引导学生主动适应社会，推动全面实施素质教育，以推进教育公平，培养德、智、体、美、劳全面发展的社会主义建设者和接班人。

（二）研学课程的理论基础

研学旅行是由教育部等 11 个部门联合推出的、被纳入中小学教育教学计划的一种新型育人实践课程，是与国家课程、校本课程、地方课程相融合的一门综合性课程。它倡导在实践中探究、在探究中运用、在运用中学习，有助于消除校内课程与现实社会的壁垒，打通知识世界和生活世界的联系，为研学旅行提供多姿多彩的探究情境、多种多样的学习机会、生动鲜活的课程体验，使校内课程回归到生活的本位和课程的起点。

作为一种实践性的校外教育课程，研学旅行的建立需要有其坚实的理论依据。结合中外教育研究材料和学校进行研学旅行的实践经验，以研学课程的宏观顶层设计、微观落地细节和实践教育理论构架三个角度为落脚点，以三者所对应的泰勒的现代课程理论、多尔的后现代课程理论和陶行知的生活教育理论三大要素为支撑，构成稳定而立体的研学课程理论基础。

1. 泰勒的现代课程理论

拉尔夫·泰勒（Ralph Tyler）是美国著名教育学家、课程理论专家、评价理论专家，是现代课程理论的重要奠基者、科学化课程开发理论的集大成者。由于对教育评价理论、课程理论的卓越贡献，他被美誉为"当代教育评价之父""现代课程理论之父"。其 1949 年出版的《课程与教学的基本原理》被誉为"现代课程理论的圣经"。因此，"泰勒原理"被公认为是课程开发原理中最完美、最简洁、最清楚的诠释，达到了科学化课程开发理论发展的新阶段。

"泰勒原理"的核心内容包括以下四个基本问题：一是学校应力求达到哪些教育目标？二是如何选择有助于达到这些目标的教育经验？三是如何有效组织教育经验？四是如何确定教育目标是否达到？泰勒的现代课程理论揭示了课程编制的四个阶段，可以概括为课程目标、课程内容、课程实施和课程评价。其四大课程要素不仅对我国的课程理论研究和实践工作具有重要的借鉴意义，也是当下研学课程设计中重要的理论基础之一。

2. 多尔的后现代课程理论

小威廉姆·E. 多尔（William E. Doll）是美国杰出的课程理论学家之一，在他所著的《后现代课程观》一书中，对以现代范式为思想基础的笛卡尔的方法论、牛顿稳定的宇宙观、泰勒原理等进行了反思和批判。他运用混沌理论、过程哲学观，结合自身多年在实际教学工作中所总结下来的经验，有针对性地提出了独特的后现代课程"4R"理论——丰富性（richness）、关联性（relations）、回归性（recursion）、严密性（rigor），并由此形成新的知识观、课程观、教学观和师生观。

多尔认为知识是动态的，课程计划应带有模糊性，课程目标不应预先确定，课程内容不应是绝对客观和稳定的知识体系，课程实施不应注重灌输和阐释。他提倡探索的课程氛围，认为所有课程参与者都是课程的开发者和创造者，课程是师生共同探索新知识的发展过程，教师要放下传统的权威角色，平等地与学生开展对话与交流。作为一位具有建设性后现代主义倾向的学者，以多尔"4R"课程标准为代表的后现代主义课程观，为我们进行研学课程的研究和开发提供了理论的指导。

3. 陶行知的生活教育理论

陶行知是我国著名的教育家，毕业于美国哥伦比亚大学，师从 20 世纪最伟大的教育改革者之一——约翰·杜威。1917 年秋，26 岁的陶行知回国，先后受聘于南京高等师范学校、国立东南大学等院校，由此开始了他富于创意而又充满艰辛的教育生涯。正是在老师杜威教育思想的影响之下，陶行知结合中国国情提出了"生活即教育""社会即学校""教学做合一"等教育理论。他的生活教育理论对我国教育事业的发展产生了重大影响，至今仍有重要的指导意义，尤其是对研学旅行这类实践性的课程具有较强的借鉴作用。

"生活即教育"，是指把生活本身当作一种教育来进行，生活中的一切事物都可以作为学习的对象，生活中的一切事物都可以教给我们知识，这是陶行知生活教育理论的核心。陶行知先生曾这样说过："过什么生活便是受什么教育，过好的生活，便是受好的教育，过坏的生活，便是受坏的教育"。

"社会即学校"是陶行知生活教育理论的另一个重要命题。为打破当时不是所有人都能接受教育的社会现实，陶行知提出了"社会即学校"这一概念，以此来推动面向大众的普及教育。而"社会即学校"的核心就在于要求扩大教育的对象和学习的内容，从而能让更多的人接受教育。

"教学做合一"是生活教育理论的教学论，陶行知认为：教学做是一件事，不是分开的三件事。我们要在做上教，在做上学。具体而言，教的方法要根据学的方法，学的方法要根据做的方法，以此强调要亲自在"做"的活动中获得知识。他以种田为例，指出种田这件事，是要在田里做的，便须在田里学，在田里教。在陶行知看来，"教学做合一"是生活法，也是教育法。

总之，研学旅行作为我国社会主义特色教育的一部分，其课程开发可以将"陶行知生活教育理论"作为核心理论基础。同时，也要充分运用泰勒的现代课程理论来进行课程的框架设计，突出课程的预设性、规范性、科学性和可操作性等方面的优点。此外，还需要活用多尔的后现代课程理论，该理论为课程开发微观化、模块化、个性化提供了新思路和理论依据，突出了研学课程的生成性、选择性、个性化等优点，并在课程细节上下功夫以确保课程可操作。以上三大理论相互支撑，可成为研学课程开发与实施的基础理论指导。

（三）研学课程及类型

从学校教学科目角度，研学课程属于活动课程，与之相对的课程类型是学科课程，是以中小学生为主体受众对象的兴趣、需求和能力为基础的活动总和。中小学生通过活动学习，经验得到丰富和增长，解决问题的能力得到提升。

作为一门实践课程，研学旅行被称为"行走中的课程"，既没有固定的教室，也没有确定的教材。每一次研学旅行依照研学目标和主题，串联起多个研学旅行目的地，将丰富的自然、社会、人文资源转化为教育资源，开展实践育人的活动。

根据课程设计层次和颗粒度大小，研学课程可以划分为课程体系、课程、课程单元、研学活动多个层次。研学活动是研学课程概念体系中最小的组成单位，是课程目标和内容落实的最基本的载体。为完成一个主题的学习目标的一组研学活动，这些活动形成一个学与教的闭环，组成了一个课程单元，课程单元是最小的课程结构。由一个或多个研学课程单元组成一个研学课程，多个研学课程可组成研学课程体系。以一次时长3天包含3~5个研学目的地的研学旅行为例。整次出行可以作为一个研学课程，每个研学目的地包含围绕1~2个主题的课程单元，每个课程单元时长大约是0.5天或1天。而组织此次研学旅行的学校可能已设计形成适合不同年级、不同主题的研学旅行线路，组成了一套分年级、分主题的研学课程体系。而作为研学旅行目的地的基（营）地、博物馆等，也会形成针对不同区域、不同年龄学生的主题不同、难度不同的研学课程体系。

1. 研学课程体系

研学课程体系是由每个开展研学旅行的学校或研学基（营）地或研学机构，根据各自的单位特点、工作特色、教育理念、教育资源等，所逐渐形成的各种风格迥异、主题丰富、形式多样、针对不同年龄人群、设计不同教育目标的研学课程整体，具有纲领性、系统性和独特性的特点。

研学课程体系对学校、基（营）地、研学机构的自身所有研学课程发挥着纲举目张的架构作用，明确了课程整体的目标与定位。该课程体系可能是一次规划建设而成，也可能是随着实践工作的开展逐步完善形成。该课程体系不是一成不变的，会根据反馈不断优化提升，也须随着机构的持续发展和社会需求的变化做与时俱进的调整。

简言之，研学课程体系就如同某学校的课程表，容纳呈现了该校所有的课程，而体系则进一步强调了这些课程之间的关系。研学课程体系会不断丰富拓展、迭代更新。

每个研学课程体系都会由不同的"课程类别"所支撑，以分门别类的方式，相对均衡地展示出本单位所有的研学课程、课程单元，乃至研学活动。其中，学校研学课程体系常以主题内容来分类（如人文类、劳动类等），研学基（营）地或研学机构的课程体系根据教育目的或教育方式进行分类更为适合（如军旅类、生存类、学农类等）。

课程体系可以用《课程体系实施纲要》来呈现，这是一个纲领性的文案，覆盖了所在单位的所有研学活动课程。特色鲜明、内容完整的《课程体系实施纲要》由符合各单位自身特点的课程背景、课程目标、课程设计策略（包括课程设计理念、课程设计原则等）、课程体系结构（包括课程内容、活动方式等）和课程评价系统等所组成。

《课程体系实施纲要》的作用在于发挥"上接天线（国家及地方相关政策），下接地气（区域文化及单位实际情况）"的作用，为单位制订研学课程和《研学课程计划》提供依据，为上级部门督查相关工作提供依据，为实现研学旅行目的、提高新时代中国特色社会主义觉悟提供保证。

2. 研学课程

研学课程泛指教育单位［或基（营）地或研学机构等］的教师（或研学旅行指导师）有组织、有目的、有计划地为特定学生达成研学旅行教育目标而设计的教学内容及其进程安排的总称。

研学课程最大的特点在于针对性，不同对象、不同年龄段、不同性质的人群，即便课程主题一致，其课程内容、组织形式等也会发生变化。就如同不同年级的语文课都应有不同的学科知识和教学方式一样。

研学课程的作用在于成为学校或基（营）地或研学机构所有实施实践育人活动的媒介，提供实践教育活动的基本依据，保证研学旅行实践育人目标的实现，为研学旅行指导师进行管理与评价提供标准，成为指导师与学生及其他相关参与者交流与互动的纽带等。

研学课程相关的文案包括研学旅行方案、学生学习手册（供学生使用）、研学课程指导案（作为研学旅行指导师的工作手册）等，学习手册和指导案以研学课程方案为设计依据。研学课程方案通常包括课程目标、实施对象、研学区域、教育原则、实施方式、评估方法等方面的内容。研学课程方案也是学校或基（营）地课程体系的主体组成部分，是面向不同研学旅行对象不同主题的课程单元集合，对研学旅行指导师设计研学课程单元和研学活动具有重要指导意义。

3. 研学课程单元

研学课程单元是为达成某个主题的学习目标而对多个相关的研学活动进行融合式设计，是目标—活动—评价最小闭环结构的课程单位，具有"一单元一主题"的基本特征，其内容具有鲜明的指向性、持续性、灵活性和多样性的特点。

研学课程单元可以理解为某年级某学科的相关知识点的集合，或者语文课本中包含几篇课文的一个学习单元。研学课程单元是将研学旅行若干或地点或主题或日期相同的实践活动，集中或分步实施。

研学课程单元的文案呈现方式称为研学课程单元方案，相应地也会配置学生使用的学习手册，或称"研学手册"或"任务单"，以及研学旅行指导师使用的工作手册。

面向不同使用场景和对象，研学课程单元方案的写法略有差异。以研学机构面向学校提供的研学课程方案中的课程单元为例，方案设计须做到：鲜明主题、适合学情、配置学时、配套学材、显著成效、多元评价等。

研学活动作为研学课程单元的组成单位，"麻雀虽小，五脏俱全"，一般包含学习目标、课前准备、教师指导、学生实践、实践评价等活动基本环节与相关内容。

资料二：研学课程的性质

（一）研学课程是学科教学内容的有机部分

教育部等 11 部门印发的《关于推进中小学生研学旅行的意见》中提出，"各中小学要结合当地实际，把研学旅行纳入学校教育教学计划，与综合实践活动课程统筹考虑，促进研学旅行和学校课程有机融合"。《关于推进中小学生研学旅行的意见》中一共提出了五项主要任务，其中的首要任务就是将研学旅行"纳入中小学教育教学计划"，这也是对中小学校做出的最基本要求。

确切地说，在课程时间上，研学旅行不应占用节假日，应安排在正常的教学时间内。在课程安排上，研学旅行被纳入"综合实践活动课程统筹考虑"的框架之内，这赋予了学校自主排课和开发校本课程的灵活处置权。不难看出，研学旅行最终将与学校学科课程实现有机融合，成为中小学课程体系的重要组成部分。

（二）研学课程是各门类学科在校外的延伸

在研学课程内容的设计初级阶段，应与学校各年级的课本知识相链接，各门学科知识就是研学课程设计的基本出发点。因此，无论是研学资源的选择、活动项目的开发，还是研学任务的确定、课程教案的撰写等，都应当围绕着这一个基本出发点来进行。

但是，研学课程也并非校内课程在校外的简单延伸。应当在校内课程的基础上，结合研学资源，进行跨学科的精心设计，而不是简单地赋予研学课程以单一的学科属性。如果只是简单地将校内课程搬到校外，目的只是完成校内的教学任务，只学不旅，那么研学旅行就失去了在广阔的社会中让学生亲身去体验、去研究、去感悟的独特功能，自然也就无法实现它的教育初衷。

（三）研学课程是课堂教学方式的一种革新

在《关于推进中小学生研学旅行的意见》中明确指出："通过集体旅行、集中食宿方式开展的研究性学习和旅行体验相结合的校外教育活动，是学校教育和校外教育衔接的创新形式。"从中我们可以看出，研学课程就是课堂教学方式的一种革新，而其中的研究性和体验性这两个特征，也决定了研学课程在设置上的新发展。强调研究性，是强调自主学习、合作学习、探究学习等方面的重要性。强调体验性，则强调的是只有亲身实践，才能获得更深刻的知识与技能。我们甚至可以说，研学旅行就是一种通过实践体验来达成教育目标的育人方式，没有旅行体验，就没有研学课程。

在课程实施上，研学线路上的每一个景点或每一个活动项目，就是一个教学单元，而每一个单元既是研学旅行总课程的组成部分，又对应校内各项学科知识。这种不同于传统的学科课程，既寓教于乐，又有体验感，是开展中小学生综合实践教育的有益补充。

（四）研学课程是一门内容丰富的综合课程

研学课程的开放性，决定了研学旅行是一门综合性较强的课程。语文、数学、地理、历史、科学、政治等几乎所有的学科内容，都可以被设计融汇到研学课程里面。虽然在某种程度上，这样会打破每一门学科内容本身的系统性，但研学旅行独特的散点展开方式，反而打通了各学科之间的壁垒，从而在实践体验中建立起相互贯通的桥梁，获得更为生动立体的感知。

研学课程的综合性，还体现在研学资源的选择上。因为没有学科内容的边界限制，所以任何有形的物质文化和自然风貌存在，以及任何无形的文化遗产和生存境遇等内容，在理论上都可以成为研学旅行的教学资源。而且，研学课程在实施过程中，还能灵活进行教学内容再创新、教学方式再修正。由以上特性可见，研学旅行这门课程具有很强的综合性。

（五）研学课程的主要特点

作为一门实践课程，研学旅行被称为"行走中的课程"，没有固定教室，更没有确定的教材，有着迥异于校内教育的鲜明特色。

1. 综合性

研学旅行是一门综合性鲜明的实践课程。首先是学科综合。研学旅行是一门跨学科的课程，不单属于某一学科，它超越学科领域，超越文理之分，形成了很强的学科综合属性。其次是资源综合。研学课程的设计，往往会整合各种教育资源，以发挥出课程的最佳效果。再次是手段综合。研学课程在实施过程中，还将综合利用各种教学手段和课程形式进行研学实践教育。最后是素养综合。研学课程要培养的是广大中小学生的综合素养，不仅要提高知识和能力，学会发现问题、解决问题的方法，还要在精神塑造上培养积极乐观的情感态度，树立起正确的世界观、价值观、人生观。

2. 复杂性

研学课程的复杂性体现在很多方面。首先是课程实施流程的复杂性。比起校内课堂教育的简明规整，研学旅行从出发到结束，将会经历各种变化，研学课程的行前、行中、行后操作流程和内容也非常繁杂。其次是课程实施环境的复杂性。研学课程的开展环境绝大部分都在室外开放的场景中，不论是旅游景区还是工厂田野都是真实的社会场所，远比封闭校园的教室情况要复杂。最后是突发情况的复杂性。一方面，学生离开惯常地，到了校外的社会环境，心态行为、身体健康都会发生变化而带来异常情况；另一方面，研学课程的实施情形复杂，人员迟到、汽车抛锚、天气变化等突发情况增加了处理的难度。因此，要顺利完成研学课程极具挑战性。

3. 灵活性

研学课程在实施过程中需有很强的灵活性。第一，研学课程的性质决定了它需要有一定的灵活性。作为一门校外实践课程，在实施过程中难免会有变动，从而打破原有计划，这时灵活调整实施方案，是课程继续进行的必要保证。第二，教学者灵活进行课程的二次创作，实现生成式的研学内容，是研学课程很重要的方面，这也是判断师资是否优质的一个重要体现。第三，学生作为研学课程实施中的教学对象，具有很强的能动性，对课程有着鲜明的个体解读。这就需要教学者灵活调整教学方式，因势利导，帮助学生收获更丰硕的研学成果。

4. 生动性

研学课程区别于校内课程的优点之一，就是课程的展示更富有生动性。首先，研学课程的设计要体现出生动性，这是研学课程的特性所决定的。多样化的内容，灵活的实施手法，更有利于吸引学生的兴趣和注意力，提高学生参与的积极性和主动性。其次，研学课程的展现形式具有生动性，可以采用多种多样的学习形式。例如，参与游戏、观看视频、亲身实践、小组交流等方式，这大大增强了学生的体验感，有助于学生深刻理解所学的内容。最后，研学课程的实施场所更富有生动性，教学场景具有校内课堂无法比拟的优势。也只有广大中小学生亲身体验、现场学习，才能收获校内课堂无法实现的教育目的。

5. 体验性

研学旅行作为一门综合实践课程，体验式学习是它最重要的学习方式，也是研学课程性质的必然结果。首先，体验式学习是"做中学"教育理论的具体展现，是研学旅行理论基础的重要源头。其次，通过体验式学习有助于学生获得直接经验，尤其对于小学生，通过动手、动口、动脑等实践活动可以积累起丰富的直接经验，有利于今后对间接经验的消化与掌握。最后，体验式学习既是研学课程开展的主要方式，也是研学课程设计时必须考虑的一个着力点。在中小学教育中，如体育、科学、艺术等课程，都包含着大量体验式学习内容，唯其如此，方能深化学生的学习效果。

资料三：研学课程的分类

（一）按研学课程的主题内容划分

课程内容是研学旅行实践活动的核心部分，决定着研学旅行实践教育质量的高低。在教育部等 11 部门发布的《关于推进中小学生研学旅行的意见》中明确指出："根据研学旅行育人目标，结合域情、校情、生情，依托自然和文化遗产资源、红色教育资源和综合实践基地、大型公共设施、知名院校、工矿企业、科研机构等，遴选建设一批安全适宜的中小学生研学旅行基地……根据小学、初中、高中不同学段的研学旅行目标，有针对性地开发自然类、历史类、地理类、科技类、人文类、体验类等多种类型的活动课程。"因此，参考《关于推进中小学生研学旅行的意见》给出的框架可以将研学课程的内容划分为以

项目三　研学课程的设计

下六种类型。

1. 地理类

地理类研学旅行内容包括地理位置与地名、地理要素与景观、地理环境、地理标志与地理审美等方面，主要体现地理、科学、艺术等学科在研学旅行中的作用，借助地图、地理信息技术等工具，依托自然和人文地理环境，通过自然考察、实验、社会调查等形式，探究地质地貌、气象水文、土壤植被等自然要素，人口、聚落、经济、文化、社会等人文地理现象，进而发现该区域存在的人地关系问题，并提出相应的解决方案。通过地理类研学课程的学习，培育学生的综合思维、人地协调观、地理实践力等核心素养。

2. 自然类

自然类研学旅行内容包括欣赏自然现象与景观、自然资源与灾害、自然生态、自然规律等方面，主要体现地理、生物、科学、艺术等学科在研学旅行中的作用，借助生态、林草、地质、水利等学科的科学研究方法，依托自然生态保护区、风景名胜区、地质公园、矿山公园、森林公园、湿地公园、水利风景区等自然保护地，深入了解自然环境与人类发展的关系，宣传保护环境的理念，参与和体验环境保护志愿者工作，从中培育科学精神、社会参与等素养。

3. 历史类

历史类研学旅行内容主要包括历史遗迹、文物与非物质文化遗产、历史聚落、纪念场所、历史题材艺术、家国情怀等方面，主要体现历史、思想政治、社会、语文、地理等学科在研学旅行中的作用，借助历史考证、社会调研、人文探究、文艺鉴赏等方法，依托历史遗迹、革命遗址、博物馆、纪念馆、文艺展馆等人文遗产，欣赏、体会中华优秀传统文化、革命红色文化、哲学智慧、道德伦理、文学艺术特色、传统科技工艺创造、历史名人名事等，引导学生坚定文化自信、传承和弘扬革命传统。

4. 科技类

科技类研学旅行内容主要包括科技发展、科技研发、科技建设、科技伦理等方面，主要体现数学、科学、物理、化学、生物、信息技术等学科在研学旅行中的作用，借助现代人工智能、VR、AR、3D 打印等技术、科学探究和实验方法，依托科技馆、科研机构、高等院校、现代产业园区等场所，通过参观、培训、实验等形式，进行科普教育，科技探索，培育学生的科学伦理、创新意识和劳动观念等素养。

5. 人文类

人文类研学旅行内容主要包括人文特色、社会发展、人居环境、文化建设等方面，主要体现思想政治、历史、社会、地理等学科在研学旅行中的作用。

· 075 ·

借助参观学习、社会科学调查、研究、评价、决策等方法，依托爱国主义教育基地、城乡聚落、民族聚居地、社会科学研究机构、高等院校、战略发展项目等社会研学基地，重点感知自中华人民共和国建立以来，尤其是自改革开放以来我国社会发展所取得的成就、国际地位的提升、人民生活水平的提高，探究当前我国转型发展的重大问题与发展战略，培育学生的家国情怀、世界眼光、社会责任感等素养。

6. 体验类

体验类研学旅行内容主要包括体育与拓展运动、劳动与创业、集体生活等方面，主要体现劳动技术、信息技术、体育、艺术等学科在研学旅行中的作用，借助现代生产方法和技术、身心发展理论和方法，依托综合实践活动基地、劳动教育基地、团队拓展基地、国防教育基地、军营、体育训练基地、现代生产企业等场所，通过从事生产劳动、军事训练、团队拓展、职业体验、体育培训等形式，达到身心体验、精神提升和团队协同等目的，培育自我发展、健康生活、勇于拼搏、团队合作等素养。

（二）按研学课程的资源属性划分

1. 优秀传统文化课程

优秀传统文化是指在中华民族历史中产生的各种优秀思想文化、精神观念形态的总和。传统文化课程也泛称"古色研学课程"，所谓"古"，则是指"有历史、有传统"的意思。优秀传统文化具有丰富的时代价值，也是我们取之不竭的强大精神动力之源头所在。很多此类研学课程突出中华优秀传统文化主题，充分利用各级文物保护单位、博物馆、非遗场所和优秀传统文化教育基地等资源进行传统文化类的研学课程设计，力求让学生在学习过程中培养起正确的情感态度和价值观，为祖国悠久的历史、灿烂的文化、中华民族的伟大感到自豪，树立强大的文化自觉和文化自信。

2. 革命传统教育课程

革命传统教育课程也称为"红色研学课程"，此类课程向来是学校爱国主义教育中的重要内容之一。它主要依托爱国主义教育基地、革命历史类纪念馆和革命遗址遗迹等资源开展红色教育，引导学生了解革命历史，增长革命斗争知识，学习革命斗争精神，培育新的时代精神。此类研学课程的形式多样，如红色研学事迹报告，参访爱国主义教育基地场馆，走访革命老人，军事化拓展体验，看革命历史题材的影视剧等。从而培养青少年忧国忧民、超越自我、奉献社会的崇高精神，激发学生的爱国热情，形成良好的道德情操。

项目三 研学课程的设计

3. 乡土文化教育课程

乡土文化是一个特定地域内发端流行并长期积淀发酵，带有浓厚地方色彩的物质文明、精神文明及生态文明的总和。乡土文化是中华民族得以繁衍发展的精神寄托和智慧结晶，是区别于任何其他文明的唯一特征，是民族凝聚力和进取心的真正动因。乡土文化教育课程也称"黄色研学课程"，乡土文化无论是物质的、非物质的都是不可替代的无价之宝，包含民俗风情、传说故事、古建遗存、名人传记、村规民约、家族族谱、传统技艺、古树名木等诸多方面。通过设计组合好乡土文化研学课程，让广大学生接受最真实立体的乡土乡情教育，既能在学生的内心烙下乡土印记，延续千年不变的乡愁情结，又能通过这种延续，让中国式的乡土文化得到最有效的保护。

4. 科研院所教育课程

科研院所教育课程也被称为"银色研学课程"，它以国防教育基地、科技馆、科技创新基地、科普教育基地、科研院所、高等院校等单位为根基，引导学生学习科学知识、培养科学兴趣、掌握科学方法，树立国家安全观，增强科学精神和国防意识。

科学技术的内容广泛，几乎涉及人类与自然界的每一个角落。而人类数千年来所积累的科技成果，更是一部科技发展的百科全书。通过本课程的学习，培养新时代中小学生的科学精神和实践创新素养。学习此类科普课程，一方面，可以大大丰富中小学生的知识领域；另一方面，则进一步拓宽了学生获取知识的乐趣和渠道，让科普及科技运用与学生的日常生活相连接、与"自然或社会热点问题相关"的科学知识相衔接，逐步培养中小学生从小热爱科学技术的兴趣，增强自己的学习意志，树立远大的学习和奋斗目标，增加科技后备力量。

5. 自然生态教育课程

自然生态教育是人们认识自然、了解自然、理解自然的有效方法，也是推动全社会形成尊重自然、顺应自然、保护自然的价值观和行为方式的有效途径。自然生态教育课程也被称为"绿色研学课程"，这一类课程主要依托自然景区、示范性农业基地、生态保护区、野生动物保护基地等资源，积极引导学生感受祖国的大好河山，树立爱护自然、保护生态环境的理念。

我国地大物博，幅员辽阔，地形地貌丰富，自然植被和野生动物种类繁多，非常适合中小学生在校内课堂学习期间穿插户外进行有针对性的自然探究和考察，以作为课堂教育的补充。这既有助于加深学生对所学知识的理解，也有利于学生深入思考关于自然生态方面的问题。比如，以寓教于乐的方式探索自然界中动植物之间的联系、保护生态平衡对人类长远发展的重要性等问题，从而培养学生珍爱自然万物、维护生态平衡、保护生存环境的意识，做到与大自然和谐相处。

（三）按研学课程的开发模式划分

1. 教育部门主导统一研发课程

《关于推进中小学生研学旅行的意见》中明确指出："中小学生研学旅行是由教育部门和学校有计划地组织安排，通过集体旅行、集中食宿方式开展的研究性学习和旅行体验相结合的校外教育活动。"由此可见，教育部门是进行研学课程开发的重要主导者。由教育部门主导开发课程的最大好处是既有巨大的整合优势，又有大局观。教育行政部门可以根据本区域的发展规划，指导区域重点研学实践基地，深挖资源优势，进行统一规划，引领研学课程体系化、差异化研发，对相关研学项目、措施和服务功能配套提出特定要求，做到统筹区域资源，进行有重点、有层次的研学课程递进研发。

例如，江西省教育行政部门统规研学课程计划，明确各级教育行政部门要以基地为重要依托，积极推动资源共享和区域合作，精心打造一批示范性研学旅行精品线路，逐步形成布局合理、互联互通的江西省研学旅行网络。具体线路有：围绕"红色之旅"，充分利用江西省红色资源，设计江西省特色研学旅行线路课程；围绕"绿色之旅"，充分利用江西省丰富的生态资源，打造"美丽中国"江西样板自然研学课程；围绕"古色之旅"，充分利用江西省深厚的历史文化积淀，设计优秀的传统文化课程。江西省教育厅还在官方网站开设"研学旅行"频道，促进由教育行政部门督导下的基地课程与学校师生间有效对接。

2. 学校主导自主研发课程

以学校为主导，自主研发研学课程，是目前在行业里较为常见的一种开发模式。依据各地不同的社会资源，参照学校各自不同的校园文化，在研学课程的开发上学校就有了更多的创新空间和自主实施的余地。

一般来说，本校研学课程基本由学校负责开展研学课程的德育校长或教务主任带领研学课程小组，根据本校的教科研目标及学生的学段特点和学科需求，结合教学计划和教学内容，依托课本自主开发设计研学线路课程。

以江苏省苏州市太仓实验小学研学课程为例："太仓实验"就是由学校主导，自主研发的一门校本综合实践课程，其课程内容的设计紧紧围绕着学生的发展目标展开，并根据学校可以开展研学旅行的时间节点和学生可以涉足的区域范围，设计不同的课程内容，体现课程整合的综合性和学生参与的自主性，关注学生活动的过程性和体验性，由点及面地拓展学生体验的范围，帮助学生不断突破认知边界，走向社会。该校自主研发的研学课程内容，结合学生的兴趣、学习动机、意志品质、认知能力和认知方式，考察周边的环境和社会资源，体现了融游、研、学为一体的综合学习方法。

3. 校企合作共同研发课程

研学课程的教育价值和育人效果，只有在学校充分发挥主导作用的前提下，才能得到极大保证。为此，"校企合作共同研发"这种研学课程研发模式广为应用。一般来说，这种课程研发模式，学校作为研学旅行实践实施的主体，在研学课程体系构建过程中，从主题的制订、课程的设计、研学旅行指导师的培训，到安全和经费的保障、效果评估等方面，校方都要发挥主导作用。通常来说，一个完整的课程制作过程，应该是由学校提要求，专业教师参与旅行课程项目研发，旅游或教育企业提供符合学校要求的个性化研学课程辅助设计，并在研学出行中做好研学旅行服务工作。

在合作研发研学课程时，作为校方需要做到在整体认识上定位明确，凸显教育性和公益性，引导合作企业在课程研发中贯彻教育性原则，立足于引导学生全面发展，按照培养目标、办学特色、学段特点和课程计划等要素，开发出层次分明而又衔接紧密的研学课程。同时，学校要构建公平公正、开放透明的招投标环境，探索建立研学实践课程合作准入标准、退出机制和评价体系，引导参与合作的企业开展良性竞争，遵照一定的服务规范，选择证照齐全、合法经营、信誉良好的企业合作。

校企合作开发，减少了学校的工作量，让学校和旅游或教育企业分工明确，学校做好研学目标、研学旅行方案的整体规划把关，旅游或教育企业根据学校的需求设计专业的研学课程，提供标准化研学服务。

4. 馆校结合专门研发课程

研学旅行实践课程是在中国社会发展要求、家庭教育期望、中小学生成长需求、学校从应试教育逐渐转变为素质教育等多方作用下应运而生的教育形式。

在2017年和2018年教育部公布的581个全国中小学研学实践教育基地中，就有160个博物馆（含科技馆、科学中心、自然博物馆、陈列馆），还包括具有博物馆、科技馆性质的61个纪念馆、11个科普中心、46个青少年活动中心（基地）和9个儿童活动中心，以及科研院所、文化景区、历史故居、科普基地中包含的各类场馆，博物馆在研学实践基地中的数量远超过总量的半数。因此，馆校结合的研学旅行实践课程将随之上升到新的高度。参与学校组织研学旅行实践课程的整个过程，将是馆校加深了解和增进合作的最有效手段。国家对研学旅行的大力支持和鼓励给了博物馆与学校加强沟通、深入合作的新机遇。

在馆校结合课程研发模式当中,博物馆将根据自身馆藏的特点,以实物教学、情景代入、自主学习、动手体验等方式开展研学实践,在现实中找到课本知识的鲜活例证,进一步巩固和强化校内课堂教学的知识点。通过博物馆独特的资源优势和学习模式,培养学生的核心素养,对学生进行情感教育、态度教育和价值观教育,进而对学校教育形成强有力的拓展和延伸。

当前,北京自然博物馆、上海自然博物馆、重庆科技馆、辽宁科技馆等场馆,在馆校合作开发研学旅行实践课程方面都比较成功。以上海自然博物馆为例,在研学实践课程研发中,合作双方能从"提升学校对学生科学素养的要求、满足学生知识的需求、实现博物馆本身教育功能与社会效益三位一体"的视角出发,依托上海自然博物馆场馆,对接中小学课标,运用先进的教学理念,深挖教学内容、提升教学方法,拓展研学实践课程设计思路,取得了良好的教学效果。

(四)按研学课程的学段年级划分

在教育部 2017 年 8 月发布的《中小学德育工作指南》中,明确指出:"把研学旅行纳入学校教育教学计划,促进研学旅行与学校课程、德育体验、实践锻炼有机融合。"组织研学旅行,要考虑小学、初中、高中不同学段学生的身心发展特点和能力,安排适合学生年龄特征的研学旅行。因此,我们可以相应地将研学课程按不同学段划分为以下三种:

1. 小学阶段研学课程

小学阶段研学课程,主要指的是针对小学 4—6 年级研发的、以乡土乡情为主的研学课程。一般来说,该学段的学生应以文化感受和熏陶为主,侧重于在全新环境中的旅行体验,帮助学生获取一些必要的常识和感性的情感认识。本学段课程要培养起学生的以下品质:"教育和引导学生热爱中国共产党、热爱祖国、热爱人民,了解家乡发展变化和国家历史常识,了解中华优秀传统文化和党的光荣革命传统,理解日常生活的道德规范和文明礼貌,初步形成规则意识和民主法治观念,养成良好生活和行为习惯,具备保护生态环境的意识,形成诚实守信、友爱宽容、自尊自律、乐观向上等良好品质。"

本学段的具体目标如下:

(1)价值体认。通过亲历、参与少先队活动、场馆活动和主题教育活动,参观爱国主义教育基地等,获得有积极意义的价值体验。理解并遵守公共空间的基本行为规范,初步形成集体思想、组织观念,培养对中国共产党的朴素感情,为自己是中国人感到自豪。

（2）责任担当。围绕日常生活开展服务活动，能处理生活中的基本事务，初步养成自理能力、自立精神、热爱生活的态度，具有积极参与学校和社区生活的意愿。

（3）问题解决。能在教师的引导下，结合学校、家庭生活中的现象，发现并提出自己感兴趣的问题。能将问题转化为研究小课题，体验课题研究的过程与方法，提出自己的想法，形成对问题的初步解释。

（4）创意物化。通过动手操作实践，初步掌握手工设计与制作的基本技能；学会运用信息技术，设计并制作有一定创意的数字作品。运用常见、简单的信息技术解决实际问题，服务学习和生活。

2. 初中阶段研学课程

初中阶段研学课程，主要指的是针对初中1—2年级研发的、以县情市情为主的研学课程。一般来说，这一学段的学生应以文化熏陶和引导价值认同为主，在课程中做到研学与旅行并重。通过丰富多彩的课程活动，体验生活，开阔视野，拓展知识，形成自律自觉的观念。本学段课程要培养起学生的以下品质：教育和引导学生热爱中国共产党、热爱祖国、热爱人民，认同中华文化，继承革命传统，弘扬民族精神，理解基本的社会规范和道德规范，树立规则意识、法治观念，培养公民意识，掌握促进身心健康发展的途径和方法，养成热爱劳动、自主自立、意志坚强的生活态度，形成尊重他人、乐于助人、善于合作、勇于创新等良好品质。

本学段的具体目标如下：

（1）价值体认。积极参加班团队活动、场馆体验、红色之旅等，亲历社会实践，加深有积极意义的价值体验。能主动分享体验和感受，与老师、同伴交流思想认识，形成国家认同，热爱中国共产党。通过职业体验活动，发展兴趣专长，形成积极的劳动观念和态度，具有初步的生涯规划意识和能力。

（2）责任担当。观察周围的生活环境，围绕家庭、学校、社区的需要开展服务活动，增强服务意识，养成独立的生活习惯；愿意参与学校服务活动，增强服务学校的行动能力；初步形成探究社区问题的意识，愿意参与社区服务，初步形成对自我、学校、社区负责任的态度和社会公德意识，初步具备法治观念。

（3）问题解决。能关注自然、社会、生活中的现象，深入思考并提出有价值的问题，将问题转化为有价值的研究课题，学会运用科学方法开展研究。能主动运用所学知识理解与解决问题，并做出基于证据的解释，形成基本符合规范的研究报告或其他形式的研究成果。

（4）创意物化。运用一定的操作技能解决生活中的问题，将一定的想法或创意付诸实践，通过设计、制作或装配等，制作和不断改进较为复杂的制品或用品，发展实践创新意识和审美意识，提高创意实现能力。通过信息技术的学习实践，提高利用信息技术进行分析和解决问题的能力以及数字化产品的设计与制作能力。

3. 高中阶段研学课程

高中阶段研学课程，主要指的是针对高中1—2年级研发的、以省情国情为主的研学课程。一般来说，这一学段的学生应以处理问题的能力和塑造正确的三观为主。因此，课程的实施要侧重于研学，引导学生用所学的知识去解决眼前的实际问题，或较为全面地认识身边的世界，培养自己的综合能力。本学段课程要培养起学生的以下品质：教育和引导学生热爱中国共产党、热爱祖国、热爱人民，拥护中国特色社会主义道路，弘扬民族精神，增强民族自尊心、自信心和自豪感，增强公民意识、社会责任感和民主法治观念，学习运用马克思主义基本观点和方法观察问题、分析问题和解决问题，学会正确选择人生发展道路的相关知识，具备自主、自立、自强的态度和能力，初步形成正确的世界观、人生观和价值观。

本学段的具体目标如下：

（1）价值体认。通过研学旅行等实践活动，深化社会规则体验、国家认同、文化自信，初步体悟个人成长与职业世界、社会进步、国家发展和人类命运共同体的关系，增强根据自身兴趣专长进行生涯规划和职业选择的能力，强化对中国共产党的认识和感情，具有中国特色社会主义共同理想和国际视野。

（2）责任担当。关心他人、社区和社会发展，能持续地参与社区服务与社会实践活动，关注社区及社会存在的主要问题，热心参与志愿者活动和公益活动，增强社会责任意识和法治观念，形成主动服务他人、服务社会的情怀，理解并践行社会公德，提高社会服务能力。

（3）问题解决。能对个人感兴趣的领域开展广泛的实践探索，提出具有一定新意和深度的问题，综合运用知识分析问题，用科学方法开展研究，增强解决实际问题的能力。能及时对研究过程及研究结果进行审视、反思并优化调整，建构基于证据的、具有说服力的解释，形成比较规范的研究报告或其他形式的研究成果。

（4）创意物化。积极参与动手操作实践，熟练掌握多种操作技能，综合运用技能解决生活中的复杂问题。增强创意设计、动手操作、技术应用和物化能力。形成在实践操作中学习的意识，提高综合解决问题的能力。

搜一搜，说一说

实践：通过互联网等渠道查询相关资料，结合个人生活经验：
（1）说说如何理解"教育来自生活，无生活便无教育"这句话？
（2）辨析研学旅行实践活动和课堂教育的异同之处以及各有何优缺点。做成摘要，供课堂上分享交流。

做一做

收集研学课程方案与学习手册

实训目的：收集研学课程方案与学习手册，通过学习真实样本，为将来自己制作学习手册打下基础。

实训步骤：

第一步：分组收集各种研学课程方案与学习手册，每组至少一份。

第二步：对照本任务所学的内容，讨论并分析本组收集的研学课程方案与学习手册有哪些亮点值得学习和借鉴。

任务成果：研学课程方案与学习手册。

任务二 设计研学课程

 **任务目标**

知识目标	1. 理解研学课程的设计原则和要素； 2. 理解研学课程的设计流程； 3. 掌握研学课程的方案编制； 4. 掌握研学旅行手册的编制方法。
能力目标	1. 能编制研学旅行方案； 2. 能编制研学旅行手册。
素质目标	1. 塑造认真细致、勇于钻研的学习态度； 2. 建立课程设计和实施的系统观念。

 **任务导入**

小李是一家旅游企业研学部的部门主管，最近公司接到一所初中的邀请，需要帮该校初中1—2年级学段的学生设计几条研学课程，时间2~5天，内容可以围绕着《不忘初心、牢记使命，弘扬红色精神》《拥抱美丽乡村，体验劳动之美》《寻访非遗项目，普及优秀传统文化》《走进科技馆，探究明天生活的模样》等主题展开。如果你是小李，你觉得应如何开始研学课程的设计？

1. 研学课程设计有哪些注意事项？
2. 研学课程设计有哪些流程？
3. 如何制作出规范可行的研学旅行手册？

任务解析

本节由五部分构成，是研学旅行指导师必需掌握的核心知识和技能。

第一，应深入理解研学课程设计的原则和要素，为打造规范科学的研学课程做好理论上的指引工作。

第二，掌握研学课程的设计流程，理解每一个环节的要点，学会撰写研学课程的主题和目标、能落实对应的研学资源及科学设置学习内容和确定学习方式，并且制作应急预案、编制研学手册。

第三，掌握研学课程方案的编制，理解"活动有方案，行前有备案，应急有预案"的必然要求。

任务资料

步骤一：理解研学课程设计原则

研学旅行的课程设计依托于丰富多彩的研学实践活动。面对不同年龄的人群，根据其需求不同，侧重点也各不相同，需要研学旅行指导师在设计课程时去精心设计、巧妙构思，做到立意高远、目的明确、活动生动、学习有效。

随着研学文件的颁布实施，当前研学课程设计的主体不仅是教育部门与学校，还延伸到相关的基（营）地和研学旅行机构等。研学旅行的课程范畴也因此涵盖了校本课程、基（营）地课程和机构课程等。

研学旅行的课程设计是以当前意识形态取向与育人目标要求，按照课程内部各要素、各成分之间的必然联系而设计的研学课程体系、课程、课程单元，设计成果的呈现方式可以是研学旅行方案、学习手册、课程指导案、研学产品等，是课程建设系统工程的重要组成部分。

研学课程设计是一项非常复杂的教育教学工作。目前，较为公认的课程设计原则的理论包括：史密斯的"五大准则"、克尔的"三原理"、伊藤信隆的"五原则"和课程专家会议的"三原则"等。我们吸纳这些理论的精髓，探索形成符合研学课程自身特征的设计原则。

1. 目标性导向原则

研学的课程设计要贯彻目标性原则。第一，课程目标要发挥立德树人的实践育人作用，适应社会发展，符合社会主义核心价值观，其实践要求也要合法合规；第二，课程目标要发挥好目标的导向，预设好预期的结果，对研学内容的选择、资源和方法的选用等做出明确意向。

2. 主体性发展原则

研学的课程设计应以学生的发展为主体，关注学生的兴趣、能力和发展需求，促进学生的全面发展。第一，要研究学生的基本情况，包括学生的身心特点、知识结构、生活经验、接受能力和实际需要等，研学的课程设计要符合学生的基本学习与生活的需要，有效地提供学生个性发展的平台；第二，要遵循教育心理学原理，加强课程设计的针对性，采用有效的指导策略，激发学生实践的兴趣，为学生的全面发展提供良好的成长空间；第三，要体现安全性原则，坚持安全第一，完善课程的安全保障措施，确保研学课程实施的全员、全程、全方位的安全。

3. 系统性架构原则

研学的课程设计是系统化过程，往往其整体架构的过程是从简单到复杂，或是从特殊到一般、从一般到细节等，符合建构主义教学观。第一，与课程相关的知识要系统、科学，还要有连续性，才能保证学生经验的深化与知识的拓展；第二，研学课程中所涉及的知识要注重跨学科的统合，体现囊括、融合、互补等特点，强调多学科知识的综合运用，有利于学生创造性才能的发挥；第三，与课程相关的实践技能培养，须通过反复、连贯、均衡、准确的淬炼，提升学生掌握的效率；第四，鉴于研学的课程具有循环往复的特点，每次结束都要善于反思、总结，不断破除瓶颈、解决问题，不断加以完善和调整。

4. 开放性实践原则

研学的课程设计要遵循开放性原则。第一，学生走出校园，引导学生在不同的环境中拓宽视野、丰富知识、了解社会、亲近自然、参与体验，实施研学课程的地域更广阔，为课程设计拓宽空间；第二，课程设计要因地制宜，善于运用地域文化特色、环境资源等，为课程设计提供丰富的主题与内容，增强学生的实践体悟；第三，研学的课程设计要善于创设真实的生活化场景或在真实的情境下，解放学生的头脑与双手，点亮学生的智慧之光，培养学生面向未来的核心素养。

5. 适切性设计原则

研学这类实践的方式深受学生的欢迎，如能增强课程设计的适切性，其教育效益将极大提升。第一，通过实践方式的多样性，追求最佳的教育效果；第二，课程的设计要考虑到指导师研学的能力适合范围，确保课程的可行性，确保实践活动达成课程目标的设计；第三，适切性还体现在教育效益上，即关注投入与产出的合理性；第四，在选用设施、设备、工具、材料等方面，要考虑到适用性，高效地促进学生通过实践达成预期目标。

项目三 研学课程的设计

6. 科学性评价原则

科学地运用评价作为载体，将有利于研学课程自身及其教育目标的达成。第一，建立有利于课程发展的科学评估体系，建立良好的课程反馈机制，是促进该课程可持续发展的必备条件；第二，通过对学生的实践成效进行公正、公平、公开的多元评价，促进评价体系客观、科学，对学生核心素养、综合能力的提升具有积极而深远的影响。

步骤二：熟悉研学课程设计要素

（一）研学旅行相关政策

研学课程的设计，首先要考虑的是国家的教育方针，特别是相关的国家政策。例如，教育部等 11 部门印发的《关于推进中小学生研学旅行的意见》，中共中央、国务院印发的《关于全面加强新时代大中小学劳动教育的意见》，教育部印发的《中小学综合实践活动课程指导纲要》《中小学德育工作指南》为依据设计课程，贯彻实行理想信念教育、社会主义核心价值观教育、中华优秀传统文化教育、生态文明教育和心理健康教育五个教育理念，是研学课程开发的基本要素。

其次，以新课标设定的三维教育目标是研学课程设计时需要参照的重要指导。新课程三维教育目标指的是知识与技能、过程与方法、情感态度与价值观这三个合而为一的维度，它们不是三个目标，而是一个问题的三个方面，是不可分割的一个整体。三维教学目标集中体现了素质教育在学科课程中培养的基本途径，以及学生全面和谐发展、个性发展和终身发展的客观要求。这对于研学旅行引导学生在获取知识和技能的过程中探究出丰富的学习方法，实现知识向情感态度和价值观的转化，具有深刻的指导意义。

再次，以《中小学综合实践活动课程指导纲要》为依据设计课程，实现与中小学课程标准融会贯通、拓展延伸，从学生的真实生活和全面发展需要入手，通过探究、体验、服务等方式，培养学生的综合素养，改变一味由教师将现成知识或结论，通过单向灌输的教学方式，直接传递给学生的模式。研学旅行的课程设计就应当鼓励学生从自身成长需要出发，选择活动主题，主动参与并亲身经历实践过程，体验并践行价值信念。

最后，应及时关注国家、各省市新发布的教育改革及与研学旅行相关的政策意见，力争课程的设计既与时代的脉搏同步，又与国家和地方政策相呼应，做到与时俱进，具有地方特色。

（二）学校教育教学理念

《关于推进中小学生研学旅行的意见》在关于"研学旅行"的定义中明确指出："中小学生研学旅行是由教育部门和学校有计划地组织安排，通过集体旅行、集中食宿方式开展的研究性学习和旅行体验相结合的校外教育活动，是学校教育和校外教育衔接的创新形式，是教育教学的重要内容。"可见，学校作为研学旅行的主办方，开展研学活动，不仅是落实国家教育方针，而且也将形成学校自身特色。

首先，学校是研学课程设计的主要发起方。研学旅行作为教育教学的重要内容，是学校进行综合实践育人的有效途径。各中小学要结合当地实际，把研学旅行纳入学校教育教学计划，与综合实践活动课程统筹考虑，促进研学旅行和学校课程的有机融合，要精心设计研学活动课程。

其次，在设计研学课程时，每一所学校必然都会在课程中融入自己的教学理念。学校的办学宗旨、育人目标、校园文化等，都会贯穿到研学课程的各个要素和各大环节当中。研学课程就是学校课程系统当中的一个分支，是学校教育的有机组成部分。因此，不能脱离学校的教育教学理念来设计研学课程。

最后，具体到每一块研学课程内容的设计，都可以对应学生所用学科教材的进度，融合该门学科任课教师的教学理念和教学计划，找到与研学课程相适应的结合点，从而让研学课程的设计可以无缝对接校内教学，而不是机械地将研学课程与学校课程断裂分割。

（三）研学资源分析

开展研学旅行教育活动，学校应当根据学段特点和地域特色，逐步建立小学阶段以乡土乡情为主、初中阶段以县情市情为主、高中阶段以省情国情为主的研学课程体系。研学课程的设计，不能脱离不同学段所对应的区域范围，而应当在规定的框架之内，进行有针对性的资源搭配。

首先，学段越低，可出行的范围越小，可选择的研学资源相对也就越少。尤其在小学阶段的研学旅行，是以乡土乡情教育为主，不适宜出行太远，这同时也就带来资源利用上的局限性。如果恰巧学校所在地又缺乏可用来开发成研学旅行的资源时，就会遇到研学资源不足的问题。因此，如何利用现有资源，开发出一批有效可行的精品课程，就成为研学课程设计者的重要职责所在。

其次，根据不同学段需要，尽可能寻找多种多样的资源。针对低年级的学生，可以多选择基（营）地和各种博物馆，这样既方便管理，又能接受综合性的能力锻炼，为今后的研学旅行做好准备。高年级的同学则可以选择距离较远的自然资源和名胜古迹，在祖国的大好河山中接受精神的洗礼和文化的熏陶。

最后，在资源的开发利用上，应最大限度地挖掘其潜在的效用。同一个资源，可以设法开发出多种学科的课题内容；也可以让同一个课程主题，体现在每一个现有资源中。这就需要提前对资源进行调查分析，在开发研学课程之前，尽可能多途径收集资源信息，并对资源中所蕴含的历史、科技、自然、文化等进行深入全面的了解，再通过现场勘察、团队讨论分析等过程，提炼出最适合研学旅行的资源内容。

想一想，做一做

请认真查看下列湖湘文化宣传片，对照中小学教学内容，进行分析讨论。

1. 视频中哪些旅游资源可以用于开发研学课程？
2. 思考自己的家乡还有哪些资源可以用于研学课程开发？

湖湘文化宣传片

（四）学生学情分析

研学旅行作为一门综合实践课程，是校内课堂教育的有机延伸。因此，在研学课程的设计上，也需要有针对性的学情分析，才能做到学有所重，学有成效。

所谓学情分析，又称为"教学对象分析"，包括对学生的年龄特点、学生已有的知识经验、学生的学习能力和习惯等进行科学全面的分析，从而为学生设计出更有针对性的研学课程，这既优化了教学过程，也有助于教学目标的有效达成。学情分析的切入点有很多，除了前面所述之外，还有学习方法、学习成绩、学习兴趣等，应根据实际情况进行分析。

《关于推进中小学生研学旅行的意见》指出："学校根据教育教学计划灵活安排研学旅行时间，一般安排在小学四到六年级、初中一到二年级、高中一到二年级，尽量错开旅游高峰期。"可见，在研学旅行的课程设计中，应当重点分析小学4—6年级、初中1—2年级、高中1—2年级这三个阶段的学生学情。不同学段的学生有不同的学科内容、不同的学习方法、不同的学习目标以及不同的认知规律，我们只有做到全面了解，才能让研学课程设计得更为科学合理，符合不同学段学生的学习需要。

进行学情分析可以采用不同的方法,如问卷调查法、当面谈话法、教师座谈法、考核摸底法等。

> **想一想,做一做**
>
> 案例分析:小毛是某研学机构的一名员工,他所在的部门随着业务的拓展,越来越繁忙,老板王总就安排小毛参与研学课程的设计工作。但小毛之前并没有直接参与过研学课程的设计,所以千头万绪不知从何下手。如果让你给小毛一些关于研学课程设计的建议,那么在课程设计之前,小毛应该先了解一些什么样的信息是比较合适的?

步骤三:掌握研学课程设计流程

在《关于推进中小学生研学旅行的意见》中,对研学课程的设计要求是:要精心设计研学活动课程,做到立意高远、目的明确、活动生动、学习有效,避免"只旅不学"或"只学不旅"现象。这一要求不但将研学课程定性为"活动课程",还对课程的立意、目的、形态和效果等提出了明确要求。因此,为了让研学课程能达到预期中的效果,就需要建立一套切实可行的设计流程,我们结合各大研学机构实践操作的事实,总结归纳出研学课程设计"13步法"流程(见图3-1)。虽然研学课程设计流程不尽相同,如有的是先根据研学资源再确立课程主题和课程目标,有的则是先确立课程主题和目标再落实研学资源,但无论如何,只有将课程的设计流程化繁为简,才能提升其可操作性和实用性,进而提升研学课程设计流程的规范性和有效性。

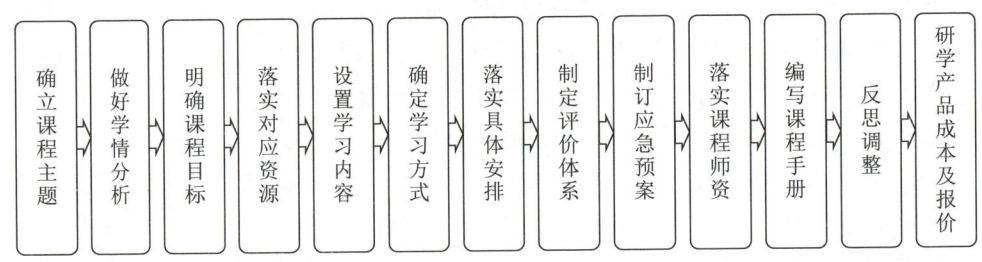

图3-1 研学课程设计流程

(一)确立课程主题

研学旅行的课程主题和课程目标,就像是一张纸的两面,无论是在课程设计上，还是在研学手册中，都应该放在最前面。主题和目标就是纲，后续的流程就是目，确定好主题和目标，自然也就做到了纲举目张。

研学旅行这一实践教育课程，不但在空间上得到了大大的拓展，而且在一定时间内，还可以将不同形式、位于不同地域的研学资源，如基（营）地、博物馆、名胜古迹等，组成一次研学课程。但如果不将零散的教学资源，通过主题连接，就很容易让学习失去焦点和重心。为此，必须先确立一个核心主题，然后紧紧围绕着核心主题来整合资源、优化课程，并搭配不同层次主题和目标，通过任务单元和课程实现，也才能有效避免"只旅不学"或"只学不旅"的现象。

课程主题通常是用简明扼要的语言来直接陈述，一目了然，一般都是以课程名称的方式，呈现在研学旅行手册上。例如，研学课程主题为"追寻红色记忆，传承红船精神"，从名称中就可以看出，这次课程要学习的核心就是红色文化，而"红色"也就是当中最为关键的主题词。在这次研学课程中所使用的课程资源也都是紧紧围绕着"红色文化"这条线来整合。

确立研学旅行的主题，还需要重点考虑一个问题，那就是课程的设计需紧紧抓住研学旅行的特性，不只是学科教育的一种丰富，更重要的是拓展校内教育不能有效实现的综合素质提升目标。比如，坐落在杭州富阳的洞桥营地，借鉴国内外营地建设经验，自主研发了100多项主题活动课程，其中包含青少年学习生活自理、训练生存技能、接受国防教育三个方面的系列拓展活动。而所有这些活动教育的核心理念是"五自"精神（见图3-2），即自学、自理、自护、自强、自律五大板块。这些课程设计就很好地弥补了中小学生在素质教育上的短板。

图3-2 "五自"精神

（二）做好学情分析

学情分析可以从学生已经具备的知识基础、认知能力、生活经验及身心特征和情感特点等方面来进行。

一是学生原有的基础知识。可以通过了解学生在学校设置的国家课程、地方课程、校本课程、实践课程、特色课程中学到的基础知识做出初步的判断，最简单的办法就是依据他们所使用过的教材、教案等。二是学生现有的认知能力。不同年龄段学生的基础学习能力是不同的，这个基础学习能力指在学习过程中能够获取知识的能力，包括收集、处理信息的能力和动手操作的能力等。三是学生的身心特征。不同年龄段的学生身体和心理都有其各自的特点，这些特点直接影响他们在研学课程实施过程中的表现和研学课程学习目标的实现。四是学生的情感因素。情感因素是伴随着知识经验的掌握、观念的形成及内部智力的成熟而发展起来的。小学生积极活泼，乐于参与活动，比较容易调动；初中生往往是开始比较羞涩，但是容易调动；高中生比较自我，更多地要靠研学课程内容本身的吸引力、研学旅行指导师的个人魅力及活动实施者的组织能力来调动。

（三）明确课程目标

立德树人、培养人才是研学课程设置的根本宗旨，其核心在于如何更有效地培养出德、智、体、美、劳全面发展的社会主义建设者和接班人。这一核心理念在新课程改革的背景下得到了进一步的强化和明确，三维教育目标的提出不仅集中体现了新课程的基本理念，还明确了素质教育在学科课程中的基本培养途径，更提出了学生全面和谐发展、个性发展和终身发展的客观要求。

基于这一框架，研学旅行的课程目标可以明确划分为三个层级：知识目标、能力目标和情感态度与价值观目标。这三个层级涵盖了研学课程学习的核心要素，即通过研学课程获取知识，通过研学课程培养和提升能力，以及通过研学课程对思想、观点、立场和情感等方面的塑造和提升。

作为综合实践活动课程的重要组成部分，研学在课程设计上更多地从"价值体认、责任担当、问题解决和创意物化"四个维度出发，以全面实现课程目标。

1. 价值体认

这一维度侧重于引导学生通过研学活动，深入了解和体认具体事物和物件中蕴含的先进观念、思想和精神。通过内化这些价值观念，并与自己的世界观、人生观和价值观产生共鸣，学生能够形成更加坚定的文化自信和精神追求。例如，通过京剧表演艺术体验之旅，学生可以增强对国粹经典的文化自信；通过与劳动模范的面对面交流，他们可以深刻理解并把握劳模精神、劳动精神和工匠精神的内涵，从而获得勇往直前的精神动力。

2. 责任担当

这一维度强调通过研学活动，引导学生体会具体活动中的责任担当，理解责任对于个体、群体和社会的意义与价值，并将其内化为自己的行动。例如，在搜寻古村落历史遗迹的过程中，学生能够深刻理解文化遗产保护的重要性，并积极参与保护行动；在集体乘坐交通工具的过程中，他们能够强化规则意识和法治意识，通过互相帮助体现责任担当。

3. 问题解决

这一维度侧重于引导学生通过研学活动，经历在真实生活中发现问题、解决问题的过程，从而形成独立思考、质疑批判、有效表达、主动合作等解决问题的思维和方法。例如，在实地考察北京奥林匹克森林公园龙形水系的研学中，学生可以通过行前文献学习、实地观察、小组讨论等方式，发现并提出与环境保护相关的问题，尝试形成解决方案并在一定范围内交流分享。

4. 创意物化

这一维度强调在问题解决的过程中产生创意或灵感，并将其转化为实际的作品、产品或服务等可视、可用的事物。例如，在实地考察古建筑或城市公共服务的研学活动后，学生可以针对不同客户需求设计研学路线、文创产品或城市公共服务使用者指南等，从而实现创意的物化。

通过这四个维度的综合设计，研学课程能够更有效地实现其立德树人、培养人才的根本目的。

> **做一做**
>
> 假设你所在地区的××小学5年级，计划在当地开展为期2天的研学活动，请开动脑筋，根据所学为其设置课程主题和相应的课程目标。
>
> 建议：
>
> （1）收集各地各校研学课程主题和目标作为参考。
>
> （2）收集校内各学科的教材内容，了解课程内容，让主题和目标有针对性。
>
> （3）收集当地研学资源，结合学校学科内容，完善课程主题和目标。

（四）落实对应资源

研学旅行的课程资源有狭义和广义之分，狭义的研学旅行课程资源主要是指各类可用来开发成研学旅行具体课程的场景，诸如博物馆、自然景观、文化古迹、基（营）地等。而广义的研学旅行课程资源，除了狭义的理解之外，还包括师资资源、承办方资源、辅助方资源等。本节对研学课程资源仅从狭义上进行解读。

在学校确定好研学旅行的主题和学习目标之后，就需要寻找合适的资源来进行匹配和设计。一般来说，学生出行的时间越久、线路越长、主题越丰富，需要整合在一起的资源也就越多。因此，通常一条研学旅行的线路，往往是在一个大主题之下，由一系列的资源组成单元子主题，并以一定的内在逻辑串联在一起而形成的。当然，要找到丰富合适的资源来整合课程，就需要通过各种渠道来收集资源。学校既可以借助旅行社等研学服务机构的力量，来共同落实研学旅行资源，也可以自行组织研学旅行筹备小组，进行前期的资源整合工作。本着"安全第一、预防为先"的原则，研学旅行线路的组织和对应资源的寻找，以选择较为成熟的资源和线路为宜。对于尚在开发或开发还不完善的资源，由于不确定的因素较多，应慎重选择。成熟的资源大多有以下特征：首先，经营时间较长，已经形成了一定的品牌效应，认可度也较高。其次，基础设施已经比较完善，安全、运营等保障的条件也已经有了标准体系。再次，课程的开发已经比较丰富，且具有自身特色。最后，接待人员也已经有了比较高的业务技能和素质，能保证研学旅行的课程质量。

在落实研学旅行资源这一流程中，最为重要的一点是：参与课程编制的人员，必须沿着设想的线路，前往各资源地进行实地考察。考察之前尽可能做几条样板线路，预设一些课程内容，这在考察进行时，就会更有指向性和对比性。在现场考察过程中，要特别关注细节的把控，如区间的行车时间、道路的具体情况、研学资源点的环境和规模、资源点的接待能力、资源点适合开发成哪些课程、课程可以在资源点的什么位置展开、是否具有安全隐患等，凡是与研学课程相关的细节，应该在考察过程中尽可能地加以甄选和完善。在必要的时候，对确定的线路和资源点还可以进行二度考察，或者与资源方进行深入沟通，以确保研学课程开展的安全和顺畅。

经过考察之后，根据课程设计需要，组合课程资源，整合成一条完整的研学旅行线路，最后再逐一与各资源点做好确认工作。资源落实五大环节如图3-3所示。

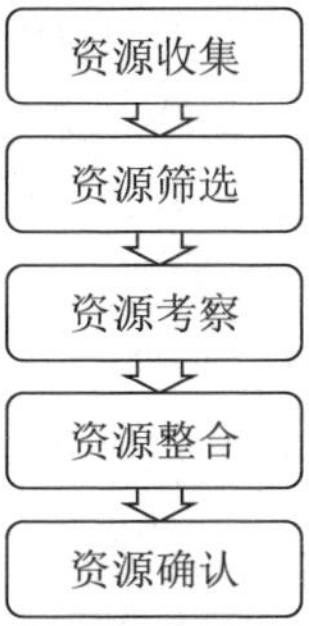

```
资源收集
   ↓
资源筛选
   ↓
资源考察
   ↓
资源整合
   ↓
资源确认
```

图 3-3　资源落实五大环节

做一做

基于××小学 5 年级已设置的研学主题和课程目标，请根据所在地的研学资源情况，分成若干小组进行头脑风暴，通过各种渠道为其落实合适的研学实践资源。

建议：

（1）通过网络搜索，并结合自己的经验，初步掌握本地研学资源的情况。

（2）通过走访企业、请教专业人士等方式，细化对本地研学资源的了解。

（3）通过实地考察，选择更有助于实现课程主题和目标的研学资源。

（五）设置学习内容

将学习内容设计得丰富、饱满、有意义，可以按照确定基本知识—发掘理论、确定形式—升华情感、培养价值观的从抽象到具体的过程来进行：

（1）确定基本知识。确定基本知识指通过设计和实地考察，确定能够在研学资源地习得的知识。比如，在绍兴鲁迅故里，学生能够亲身感受少年鲁迅生活和成长的空间，了解其家庭兴衰故事，从而为理解鲁迅作品奠定良好基础。

（2）发掘理论、确定形式。发掘理论、确定形式指通过对研学课程资源的研究，发掘出研学资源所承载的历史文化、反映的科学道理、蕴含的社会规律等，将其作为体验式学习课程里的理论内容部分，在理论的指导下，确定最适合表现的形式。例如，在绍兴鲁迅故里，通过让学生重现鲁迅在三味书屋开蒙时候的片段生活，背诵"三字经"和对课，达到穿越时空与少年先生对话的目的。

（3）升华情感、培养价值观。升华情感、培养价值观指学生通过研学场景，在学习和比较分析中，获得情感的升华和正确的观点。比如，通过互动体验，让学生了解鲁迅的读书经历和绍兴旧时的私塾文化，感受鲁迅当年读书的意境，深度解读鲁迅的生平与其作品的联系，感受鲁迅的文学作品对于民族精神解放的巨大作用，培养爱国主义，树立正确的人生观和价值观。

通过这样的逻辑基本可以完成体验式研学单元课程内容的设计。

课程内容是研学旅行手册的核心部分，也是研学旅行得以开展的依据。课程内容可以有不同的展现方式，表3-1所示即研学服务机构以日程表的方式展现的课程内容。

表3-1 研学课程内容安排示例

时间	地点	课程内容	注意事项
第1天 6月 3日 星期三	火车	南京—杭州东 G1667次 08:35抵达（约1小时40分钟）	进出站节点把好关
	巴士/餐厅	06:57~08:35 抵达杭州东站，下车站台集合，集体出站 08:35~09:00 对接地接社，统计人数，引导上车 09:00~09:20 乘车赴早餐厅，熟悉地接社研学指导师 09:20~10:00 有序用餐	出站注意秩序，确保安全；用餐注意秩序，节约粮食
	运河	10:00~10:30 乘车前往运河码头，途中教学京杭大运河的变迁史 10:30~11:30 乘大运河画舫，考察运河杭州段遗迹，组织进行模型画舫船的拼搭比赛 11:30~12:00 靠岸，登拱宸桥，聆听大运河风光风情介绍	注意上下船安全
	餐厅	12:00~12:30 前往中餐厅，提前放置桌号牌 12:30~13:30 享用中餐，用餐有序	注意维持进出秩序
	博物馆	13:30~14:00 前往中国京杭大运河博物馆 14:00~16:00 考察大运河博物馆，聆听专家讲座，完成小组研究小课题	爱护馆区物品，保持安静
	手工馆	16:10~17:00 参观运河活态手工艺馆，聆听非物质文化遗产专题讲座	听从安排，做好笔记
	餐厅	17:00~17:30 前往餐厅 17:30~18:30 享用晚餐	保持良好秩序
	宾馆	18:30~19:00 返回宾馆 19:00~19:30 安排入住 19:30~21:00 整理考察资料，讨论学习成果，完成任务 21:00~21:30 熄灯提醒，休息，指导师查房确认	做好入住环节，保持有序；做好住店安全提醒和查岗

项目三 研学课程的设计

在上述例子中,研学服务机构选择了人文类的世界文化遗产"京杭大运河杭州段"这一独特资源作为一天的主要研学内容,深入剖析大运河对杭州乃至我国经济、文化、社会等方面的深远影响,并在不同环节布置了不同的研学任务。学生分为若干小组,每组可以根据自己的兴趣爱好,选择其中的一项作为自己的钻研对象,进而总结成一篇专题小论文。

(六)确定学习方式

如果说学习内容是确定了要"学什么",那么学习方式就是确定要"怎么学"。学习方式和学习内容是密不可分的,是"一体两面",它们共同组成了研学旅行手册的重点内容,占据的篇幅也最长。学习方式一般都会备注在每一节课程内容后,不同的课程内容就会有不同的学习方式。具体来说,课程内容决定了学习方式的采用,学习方式应能最大限度发挥出课程内容的教育功能。

研学旅行是综合实践育人的有效途径,具有很强的实践性。因此,在研学课程的实施过程中所采取的学习方式应该更注重理论与实践的结合,应当多安排学生进行体验性、可操作性、探究性、实验性等比较强的活动,能尽量引导学生进入深度的学习状态,学会辩证地思考问题。

在具体的学习形式上,可以采用阅读、座谈、讨论、视频、讲座、演讲、游戏、实践操作、小论文(报告)、汇报演出等方式,具体应当根据课程内容的需要而定。表 3-2 是在表 3-1 的基础上稍做修改,并在对应的课程内容后,增加"学习方式",可供参考,以便灵活运用。

表 3-2 杭州一日研学课程学习方式安排示例

时间	地点	课程内容	学习方式
第1天 6月 3日 星期三	火车	南京—杭州东 G1667 次 08:35 抵达(约 1 小时 40 分钟)	阅读
	巴士/餐厅	06:57~08:35 抵达杭州东站,下车站台集合,集体出站 08:35~09:00 对接地接社,统计人数,引导上车 09:00~09:20 乘车赴早餐厅,熟悉地接社研学指导师 09:20~10:00 有序用餐	实践操作+小组配合
	运河	10:00~10:30 乘车前往运河码头,途中教学大运河的变迁史 10:30~11:30 乘大运河画舫,考察运河杭州段遗迹,组织进行模型画舫船的拼搭比赛 11:30~12:00 靠岸,登拱宸桥,俯瞰大运河风光	1.讲解+视频+比赛 2.实践操作+小组配合

续表

时间	地点	课程内容	学习方式
第1天 6月 3日 星期三	餐厅	12:00~12:30 前往中餐厅，提前放置桌号牌 12:30~13:30 享用中餐，用餐有序	实践操作+小组配合
	博物馆	13:30~14:00 前往中国京杭大运河博物馆 14:00~16:00 考察大运河博物馆，聆听专家讲座	讲座+视频+讨论+小组作业
	手工馆	16:10~17:00 参观运河活态手工艺馆，聆听非物质文化遗产专题讲座	讲座+视频+交流+实践操作
	餐厅	17:00~17:30 前往餐厅 17:30~18:30 享用晚餐	实践操作+小组配合
	宾馆	18:30~19:00 返回宾馆 19:00~19:30 安排入住 19:30~21:00 整理考察资料，讨论学习成果，完成任务 21:00~21:30 熄灯提醒，休息，指导师查房确认	实践操作+讨论+小组配合

做一做

根据××小学5年级已设置的研学主题、课程目标和对应资源，分为若干小组进行头脑风暴，以表格的形式，为其设置为期两天的研学课程内容和相应的学习方式。

建议：

（1）收集同主题下各种已有研学课程内容和学习方法以作为参考。

（2）以本地现有资源为核心，根据本地实情编制课程内容。

（3）根据研学课程内容选择合适的学习方式，优中选优。

（七）落实具体安排

如果落实好研学课程的内容和学习方式是给整个课程搭好了框架，那么与车队、基（营）地、考察点、景点、餐厅、宾馆等第三方供给企业进行具体环节的确认落实，则相当于给课程添砖加瓦，最终形成一个完整可执行的课程体系。

1. 确认交通

交通的确认可以分为两部分内容：一是确认火车票、飞机票的预订或出票情况，确保没有遗漏，票务信息准确一致。二是确认旅游客车，一般宜选择有

项目三　研学课程的设计

品牌、信誉好、服务有保障的正规旅游车队。在确认用车环节当中，还应对驾驶人员和车况有一定的要求，如对驾驶员驾龄、服务态度、停车休息时间等方面可以提出具体要求，以便从源头上保证研学课程的顺利实施。

2. 确认餐厅

中小学生在研学过程中，采用的往往是大批量的集体用餐模式，这是特别需要预先筹划的环节。尤其在餐厅的选择上，应该慎之又慎。第一，所选餐厅必须能保证食品安全，必须选择正规批准营业的餐厅，需确认餐厅持有工商营业执照、食品卫生安全许可证等证明，并保留这些证件的复印件。第二，餐厅环境应该干净卫生，过道通畅安全。第三，餐厅应有一定的规模，且有接待大型团队的经验和能力。第四，餐厅位置的选择还应考虑交通和停车的便捷性。

3. 确认宾馆

一般来说，如果学校选择的是前往某一处营地开展研学课程，那么基本都有统一配置的食宿安排，确认起来相对比较简单。如果学校选择的是多天多点位的研学旅行线路，那么对途中宾馆的选择就相对比较复杂，需要加以仔细甄选。第一，必须选择有资质的宾馆，消防安全通道畅通，安保设施符合要求。第二，住宿条件不一定奢侈，但应整洁干净，常规的设施设备齐全，应选择没有敞开的阳台房间。第三，宾馆应有接待大型学生团队的能力，服务有保障。第四，宾馆位置的选择，还应考虑停车、交通上是否方便等。

4. 确认场地 / 景点

不同于常规的旅游随时去现场购票参观游览，开展研学课程无论是基（营）地还是景点馆区都应提前电话或传真加以确认，除了明确抵达场地或景点的时间，还应该说明需要在哪些场地开展哪些活动，以便得到场地 / 景区的大力支持。否则，很容易因为场地紧张或景区不允许学生进行集体性的课程活动而造成教学事故，从而耽误或者影响研学课程的正常进行。

5. 确认其他信息

研学旅行是离开校内环境去往陌生的地域，且是集体出行，涉及的环节多、具体的细节多。因此，课程设计人员在确认团队时还应该提前确认容易被忽视的细节信息。例如，为开展研学活动，各课程使用的物料是否准备妥当，是当地提供还是自备，如果是直接联系当地租用服装供学生使用，则应当在出行之前找好商家，与其确认好服装使用的时间、件数、款式等信息。

（八）制定评价体系

研学课程作为一项校外综合实践课程，最终的目的是立德育人。在每一次的课程实施之后要达到预期目标不得而知，这就需要建立一套科学的评价体系，以便尽可能地检测出课程实施效果。

在教育部发布的新课程标准中，对教学内容、学习方式、课堂模式等多方面都进行了大幅度的改革，自然也对教学评价进行了改革。课程标准把"建立学习结果与学习过程并重的评价机制"作为一个基本理念，着重强调在对学习进行评价时，既要关注学习结果，也要关注学习过程，以及情感、态度、行为的变化。评价的目标要多元化，手段宜多样化。因此，可以从评价时机、评价主体、评价对象等不同角度，将评价体系区分为以下四类：

1. 过程性评价和终结性评价

以评价的时间不同来划分，可以将研学旅行评价分为过程性评价和终结性评价。所谓过程性评价指的是在研学过程中伴随课程开展而进行的评价。在研学课程完成之后，再回头对课程实施过程和结果进行的评价，即为终结性评价。过程性评价是对终结性评价的一种弥补，它的优点在于：可以通过不同过程中的持续评价，实现对课程目标的全覆盖。这种评价的最大好处，就在于可以关注到学生在研学过程中的发展变化，从而能及时反馈激励或修正问题，让后续课程的实施更有针对性。

在具体方法上，过程性评价采用的方式是多种多样的。比如，为了解学生的知识掌握情况，可以采用检测法、调查法、竞赛法等。过程性评价伴随学生的学习过程和指导师的教学过程，这种评价得出的结果，也往往是最为鲜活生动的，为课程的及时优化起到了很大的帮助，从而让过程评价本身也成为研学过程中的一个重要组成部分。

2. 多元主体评价和单一主体评价

以参与评价的主体数量不同来划分，可以将研学旅行评价分为单一主体评价和多元主体评价。所谓多元主体评价，就是参与研学过程的学生、老师、家长等相关人员对课程进行评价。如果只是让某一方进行评价，就是单一评价。

一般来说，建议使用多元主体评价方式，它可以更为全面准确地描述出学生的学习效果、课程设计的优劣等状况，从而避免单一评价可能产生的片面性。此外，只有当课程的参与者都参与学习评价，评价的结果才可能最大限度地为各方所接受。学生可以利用评价结果促进自我发展，指导师可以利用评价结果改善教学技能，企业可以利用评价结果改进课程设置，学校可以利用评价结果提升管理手段等。

3. 自评和他评

根据评价的主体不同，还可以将研学旅行评价划分为自评和他评。在研学旅行的评价中，不但需要对别人或对课程的品质做出评价，还建议学生、指导师等参与者对自己在参与研学过程的表现做出评价。自我评价有利于引导学生和教学工作者进行必要的自我反省，从而总结得失成败，吸取经验，增强学习或工作上的责任感和使命感。

4. 师生评价和课程评价

依据评价对象的不同，还可以将研学旅行评价划分为对学生、老师的评价和对研学课程的评价，前者评价师生在教和学当中的表现，后者是对课程从设计到执行过程中的一系列实施效果进行评价。对学生和指导师进行评价，有助于提升教与学的积极性。对研学课程进行评价，则可以找出课程实施操作中的漏洞，细化并完善操作流程，为下次研学课程的设计和实施积累经验。

在制作研学旅行评价表时，各企业或学校应当综合考虑以上不同的区分角度，力争从多种角度进行评价，丰富评价体系，让评价对研学课程的开展、对学生的健康成长起到重要作用。

如果让你为初一学生设计两天的研学课程，请编制一份对学生的过程性评价表和终结性评价表。

建议：

（1）通过互联网收集评价表。

（2）通过研学类教材收集评价表。

（3）通过走访研学企业收集企业常用的评价表。

（九）制订应急预案

所谓应急预案是指面对突发事件，如自然灾害、重特大事故、环境公害及人为破坏的应急管理、指挥、救援计划等。研学旅行中的应急预案，则是指在研学课程实施过程中，针对可能出现的交通安全、食品安全、住宿安全、活动安全等方面的问题，而预先拟订出的应对方案。开展研学活动时，制订应急预案是非常重要的环节。

在应急预案的操作中，必须成立一个应急小组，小组内明确分工，当中的组长则是处理突发事件的总指挥。处理突发事件还应坚持下列原则：一是要保持冷静不慌乱；二是先人后物有秩序；三是报警求援需抓紧；四是就地抢救不耽误；五是维持秩序快疏散。

应急预案一般包括以下内容：

1. 标题

例如，《××学校×年级研学旅行应急预案》。

2. 组织构架和职责

组织构架和职责是应急预案当中最为重要的部分，应急预案能否有效就看组织构架能否在第一时间起作用。一旦事故发生，应急小组的领导就应当及时出面维持现场秩序，指挥小组成员积极采取措施应对突发情况，保护学生的安全，将损失尽可能降到最低。

3. 应急事故处理流程

有流程才能更为高效地采取补救措施，降低因为突发事故而造成的损失。

4. 行前应急预案

行前应急预案主要是列出行前常见的突发情况，并写出解决方案。例如，学生迟到、指导师迟到、司机迟到等情况如何处理，出发前突然下雨如何处理等。

5. 行中应急预案

行中应急预案的制作涉及研学途中的各类突发情况，我们应当就常见或容易发生的出行事故做出明确的预案，如交通事故如何处理，学生食物中毒如何处理，学生烫伤、摔伤处理，住宿饭店发生火灾如何应对等。

6. 附录

比如，沿途的应急联系通讯录、备用的餐厅名录等。

（十）落实课程师资

师资团队是研学课程顺利开展的核心因素，也是研学课程设计流程中的一个重要环节。目前，实际操作中的研学师资安排，主要包括学校教师、承办机构专业人员、导游、研学旅行指导师、行业专家等成员。

根据《研学旅行服务规范》（LB/T 054—2016）规定，在主办方人员配置中：应至少派出一人作为主办方代表，负责督导研学活动按计划开展；每20位学生宜配置一名带队老师，带队老师全程带领学生参与研学旅行各项活动。在承办方人员配置中：应为研学活动配置一名项目组长，项目组长全程随团活动，负责统筹协调研学旅行各项工作；应至少为每个研学旅行团队配置一名安全员，安全员在研学过程中随团开展安全教育和防控工作；应至少为每个研学旅行团队配置一名研学旅行指导师，研学旅行指导师负责制订研学旅行教育工作计划，在带队老师、导游等工作人员的配合下提供研学旅行教育服务；应至少为每个研学旅行团队配置一名导游，导游负责提供导游服务，并配合相关工作人员提供研学旅行教育服务和生活保障服务。在实际操作中，导游与研学旅

项目三 研学课程的设计

行指导师合二为一的情况越来越普遍。

有时为了获得良好的研学效果，也会聘用临时专业师资，一般由科研机构的专家、文化遗产保护专家、民间民俗专家等构成。他们并没有经过专业的研学旅行指导师培训，但是他们所拥有的专业知识和技能以及对专业的热爱和执着，可以让学生收获特别的教育内容。不过，在邀请此类专家老师时，学校或承办机构应该提前与他们做好协调工作，要帮助他们提前准备好课程内容，所准备的课程内容在难度和深度上应该适中，课程的形式尽量符合中小学生的认知特点和已有的知识结构。

做一做

根据已为××小学5年级设置完成的两天研学课程，假设该校5年级共有8个班出行，请根据实际需要，为此研学课程安排必要的师资。

建议：

（1）通过搜索资料，了解各校研学出行时常规的师资安排情况。

（2）通过请教专家、走访研学企业等方式了解实际操作中的师资安排情况。

（3）对比《研学旅行服务规范》中规定的师资配备要求，你能得到哪些启发？

（十一）编写研学旅行手册

研学旅行手册，既是学生，也是研学旅行指导师在研学课程中必不可少的"教材"，而且是一本融教科书、旅游指南和行为规范为一体的综合性指导手册。按照使用者身份的不同，在具体课程手册的编制上，需分为学生用的学习手册和研学旅行指导师用的工作手册。

关于这两类课程手册的具体编写方法，请参考本章"步骤五：进行研学旅行手册编制"。

做一做

实践：分为若干小组，寻找一个熟悉的基地或博物馆等研学场所，并以此为中心，设计一个完整的研学课程，进行组内讨论，并进一步完善课程各个环节中的细节。随后在课堂上分享，选出最佳课程设计。

（十二）反思调整

研学旅行具有循环往复、多次开展的特点，会留给参与设计与实施的研学旅行指导师更多设计后的反思，留下更多课程迭代升级的机会。但该阶段往往容易被参与课程的设计师所忽略。在设计后可以采用经验调整、实验探究等方法来完善设计。

经验调整是一种主观判断的方法，带有随机性和随意性的特点。研学的课程设计是指导师依据已有课程实践的教育教学经验教训中所获得的某种结论、认识或原则来做出选择或决定的结果。这些经验教训通常来自学生、家长、带队教师和社会，我们将这种经验称为"专业素养"。所以，在研学旅行的课程设计后，可以通过试教反思、伙伴互助、团队合作、专家指导等方式，以不断形成的经验教训和他人的经验教训来快速提升课程设计的品质，更有利于指导师专业素养的提升。

每一个研学课程的设计都可被看作一个实验探究的过程。最初的设计可被视作一种假设，然后由一些人群去尝试，开展基于证据的研究，形成一定的成功经验与有效做法。经过一段时间多次尝试的积累，将会对课程设计的优劣进行保留和修改。

（十三）研学产品成本及报价

研学产品的成本主要由课程、餐饮、交通、住宿、门票及其他成本组成。其中，研学过程中产生的餐饮成本主要是学生及相关人员的餐费成本，不仅要考虑餐饮营养与安全，还要格外考虑到特殊餐饮要求如过敏和宗教信仰产生的额外成本及风味餐、生日宴等特别安排的成本。交通成本主要有前往研学地点所乘坐的大巴、火车、飞机、轮船等交通工具的租赁成本、司机的工资成本，在特定情况下需要乘坐的出租车、公交车的费用和过路费等，以及接送机等其他交通服务所产生的费用。住宿成本主要是房间费用，通常根据选择的住宿类型和人数来计算。常见的住宿类型包括研学基（营）地、酒店、旅馆、民宿等，成本会有所不同。研学中的门票成本通常是由于研学行程安排中涉及博物馆、景区的参观游览，此类成本中需要区分成人票、团体票、学生票的成本。学生票通常有折扣，组团还可能享受更多优惠，但需要注意的是，景区内的二次收费项目可能折扣不高甚至没有，需要事先沟通确认。研学行程中一般还会涉及为学生和相关人员购买保险的成本，以及行程中产生的人员费用成本和物料耗材等成本。一般可以采用历史成本法、作业成本法及标准成本法进行成本核算与报价。

项目三 研学课程的设计

步骤四：编制研学旅行方案

研学旅行方案是为了完成研学计划、实现研学目标、遵循研学规律而制定的指导性、契约性的研学课程规划［《研学旅行指导师（中小学）专业标准》（T/CATS001—2019）］。在教育部印发的《关于推进中小学生研学旅行的意见》中指出：各地教育行政部门和中小学要探索制定中小学生研学旅行工作规程，做到"活动有方案，行前有备案，应急有预案"，即"三案"。这"三案"的要求简明扼要，其实就是研学旅行方案编制的基本框架，也是对研学课程顺利实施的基本要求。因此，编制研学旅行方案既是"掌握研学课程设计流程"在内容上的细化，也是为满足这"三案"要求而进行的深化。

（一）研学旅行方案编制

研学旅行方案一般包括以下主要内容：研学主题、研学目的与意义、研学时间、研学对象、研学地点、研学内容、组织分工、安全措施等。研学旅行方案的编制，基本要素应当齐全，且突出重点，既能为上级领导提供可靠的判断依据，又能为研学旅行准备工作的开展提供指南。具体见以下示例：

××学校研学旅行方案

为了贯彻落实教育部等 11 部门印发的《关于推进中小学生研学旅行的意见》（教基一〔2016〕8 号）精神，结合我校教学工作的开展实际情况，经研究决定，我校将在本学期组织一次研学实践活动，现将活动方案设计如下：

一、研学意义

贯彻《国家中长期教育改革规划和发展纲要》，以及党的二十大以后的各级重要教育措施。

（1）学校教育与校外教育共同培养的重要方式。

（2）培育和践行社会主义核心价值观的重要载体。

（3）全面推进中小学生的素质教育的重要途径。

二、研学对象

4—6 年级学段所有班级

三、研学时间

10 月 16~19 日

四、研学内容

杭州三日研学课程学习方式安排示例表

时间	地点	课程内容	学习方式
第1天 10月16日	火车	南京—杭州东 G1667 次 08:35 抵达（约 1 小时 40 分钟）	实践操作＋小组配合
	巴士/餐厅	06:57~08:35 抵达杭州东站，下车站台集合，集体出站 08:35~09:00 对接地接社，统计人数，引导上车 09:00~09:20 乘车赴早餐厅，熟悉地接社研学指导师 09:20~10:00 有序用餐	实践操作＋小组配合
	运河	10:00~10:30 乘车前往运河码头，途中教学大运河的变迁史 10:30~11:30 乘大运河画舫，考察运河杭州段遗迹；组织进行模型画舫船的拼搭比赛 11:30~12:00 靠岸，登拱宸桥，俯瞰大运河风光	1. 讲解＋视频＋比赛 2. 实践操作＋小组配合
	餐厅	12:00~12:30 前往中餐厅，提前放置桌号牌 12:30~13:30 享用中餐，用餐有序	实践操作＋小组配合
	博物馆	13:30~14:00 前往中国京杭大运河博物馆 14:00~15:30 考察大运河博物馆，聆听专家讲座	讲座＋视频＋交流
	手工馆	15:30~17:00 运河活态手工艺馆，聆听讲座，动手制作杭州著名的非物质文化遗产，如西湖绸伞等	讲座＋视频＋交流＋实践操作
	餐厅	17:00~17:30 前往餐厅 17:30~18:30 享用晚餐	实践操作＋小组配合
	宾馆	18:30~19:00 返回宾馆 19:00~19:30 安排入住 19:30~21:00 整理考察资料，讨论学习成果，完成任务 21:00~21:30 熄灯提醒，休息，指导师查房确认	实践操作＋讨论＋小组配合
第2天 10月17日	略	略	略
第3天 10月18日	略	略	略

五、研学安全措施

（1）学生安全教育培训。

（2）工作人员安全教育培训。

（3）研学旅行安全应急预案等。

项目三 研学课程的设计

六、组织分工

1. 成员构成

组长：×××校长

副组长：×××经理

执行成员：×××　×××　×××

2. 职责分工

年级责任人：负责统筹年级教师、指导师等之间的工作安排。

班级责任人：负责自己班级的管理工作，配合好旅行社/基地研学旅行指导师。

安全责任人：全程监控研学过程，及时提醒潜在问题。

七、其他安排

（略）

××学校
××××年××月××日

（二）研学课程方案编制

　　一个优秀的研学旅行方案从设想到成形，直至实施结束，可以说是历经千锤百炼，里面倾注着设计者的智慧和心血。特别是研学课程的编制是研学活动中的灵魂，决定着整个研学教育的品质。由于实际情况不同，研学课程方案的编写各有风格，内容格式也各有侧重，不过核心要素不变，包括课程主题、课程目标、课程对象、课程时间、师资配置、课程内容、课程评价、课后服务等方面。研学旅行手册是在研学旅行方案的基础上进行细化的结果。

步骤五：编制研学旅行手册

　　研学旅行手册的编制是研学旅行方案设计的成果物化。研学旅行手册既是研学课程设计理念的具体体现，又是凝结了课程设计者经验和智慧的果实。一方面，研学旅行手册为学生提供了实践课程中的行动指南；另一方面，又为研学旅行指导师等教学团队提供了教学脚本。所以，我们将研学旅行手册的编制分别从学生和研学旅行指导师这两个角度进行编制示例，以利于研学课程在实际操作中的顺利开展。

（一）学生学习手册编制

1. 学生学习手册的设计要求

学习手册是学生研学活动的教材和指南，不但可以帮助学生从整体上认识研学活动，还可以从细节上引导学生具体实施，从而达到让学生在学中悟，在悟中行，收获校内课堂所学不到的东西。

学习手册是面向学生群体设计的研学教材，在设计上需要注意美观性和实用性。

（1）学习手册的美观性不仅可以提升学生的阅读体验，还能增加学生对学习内容的兴趣。美观性可以从以下三个方面着手努力：

设计风格。学习手册的设计风格应与研学主题和目标契合。例如，如果研学主题是关于历史文化的，那么手册的设计风格可以偏向于复古、文艺的风格；如果是关于科技探索的，那么设计风格可以偏向于现代、简约的风格。

色彩搭配。学习手册的色彩搭配应和谐、舒适，避免使用过于刺眼或压抑的颜色。同时，色彩也可以与研学主题相呼应，增强手册的美观性和识别度。

图文搭配。学习手册中应使用清晰、美观的图片和文字。图片可以帮助学生更好地理解研学项目的内容，文字则应简洁明了，易于阅读和理解。

（2）实用的学习手册可以帮助学生更好地完成研学任务，提高学习效果。实用性的体现可以从以下三个方面着手努力：

信息清晰。学习手册中的信息应清晰、准确，避免出现误导或模糊不清的情况。学生可以通过手册快速找到所需的信息，提高学习效率。

任务明确。学习手册中的任务应明确、具体，包括任务目标、任务内容、任务步骤等。学生可以根据手册的指导完成研学任务，避免出现遗漏或错误。

易于操作。学习手册的设计应易于操作，方便学生随时查阅和使用。例如，学习手册可以设计成便携式的小册子，方便学生携带和使用；同时，学习手册可以体现新技术应用如扫码链接资源库、拓展资源或者学习平台，方便学生在移动设备上查阅和使用。

2. 学习手册的基本内容

由于主办方的教育理念和教学目标不同，学习手册的设计内容也各有不同。但是，部分基本内容会包含在每一本规范的研学手册当中，从而避免研学旅行成为漫无目的的游玩。

通常来看，学习手册的基本内容包括以下11个方面：

（1）封面。封面的设计大多简洁明了，看似各有不同，但元素组成大同小异，一般都会标注学校或研学机构的名字和标志、研学旅行的主题、学生的名

项目三 研学课程的设计

字和年级等信息。

（2）前言。这是开启研学旅行的召唤，也是激励学生认真投入此次研学课程的进行曲。内容大多是以说明课程性质、建议学习方法、鼓励学生参与等为主，形式也可以多种多样，如有的学校或研学机构就是以一封信的形式作为前言。语言风格轻松活泼，以拉近学校与学生、教材与学生之间的距离。如下所示：

致参与研学同学们的一封信

亲爱的同学们：

欢迎大家加入我校今秋的研学课程，从四年级开始，按照国家发布的相关教育政策，你们每学期就有了研学实践课程。可以说，学校每一年，每一个学期，都会根据不同的实际情况编制不同的研学课程。负责编制课程的老师们呕心沥血，只为了争取让每一次的研学课程都能精彩纷呈，都能让大家在快乐中获得综合能力上的提升。

【课程内容篇】

这次我们将利用四天的时间探访杭州的三大世界遗产，即西湖文化景观遗产、大运河文化遗产和良渚文化遗产。我们的研学旅行指导师会带领大家，抽丝剥茧、层层深入，从杭州的地理地貌、自然景观到沉积在这座城市中的深厚人文沉淀，肯定可以让我们从中享受到一场丰富的精神盛宴。

【课程项目篇】

所谓研学，就是带着问题，在研究中学习新知识，感受新领悟。而发现问题，提出问题，解决问题，这些正是需要我们在研学中磨炼的技能。所以，在研学过程中，建议大家成立小组，设定小组项目，找出课程中让自己感兴趣的学科，进行更为深入的挖掘。为此，大家在研学过程中还要借助各方力量，想办法学会如何收集资料和规划方案，通过不断的实践探究，总结出学习成果，并能撰写成文。通过这样的学科项目研究，一定可以让你自己收获到成长的惊喜。

【人生感悟篇】

研学旅行是一次学习的过程，也是一次克服困难，接受挑战，不断让自己的精神世界得到升华的过程。通过研学实践，我们应该给自己一个更清晰的做人目标，那就是做一个有智慧、敢担当的人。在参与研学的过程中，我们应该学会自律，学会配合，学会遵守规则，保证安全，努力让自己成为学习中的标兵，更有意愿帮扶同学，与同伴一起直面挑战的勇气。

同学们，研学出行的时间虽然并不长，但只要我们带着一颗真诚的心来参与，并用心体会，定可以让这次研学旅行成为你人生道路上一道美丽的风景。

校研学中心
××××年××月××日

（3）目录。由于学习手册一般内容都较为丰富，信息量也较大，因此设计有层级的目录很有必要。一方面，学生可以通过目录页就对手册内容有较为全面的了解；另一方面，也方便学生快速查询手册的详细内容。

（4）课程目标。研学课程的目标分为总目标和每日学习目标，小目标支撑总目标，每日学习目标则与每日的学习任务放在一起。

（5）安全事项。研学旅行的实施，安全是第一要务。因此，务必制作相对完整的安全提醒事项以及处理预案，让学生在出行之前就将各种行动的规范牢记在心，从而起到安全预防的作用。

（6）行前准备。研学旅行开展得是否顺利，学生能否有所收获，很大一部分取决于行前的准备工作是否充分到位。事实上，一次研学旅行的开展，行中的时间是有限的，真正需要花精力准备和花时间消化的，则是在行前。因此，我们一定要特别重视行前的各项准备工作。行前的准备一般包括知识准备（阅读推荐、资料搜索、课堂专题讲座等）、用品准备（各类证件、生活用品、学习工具）、交通准备（车票信息、乘车座位安排）等。行前准备单如表3-3所示。

请认真检查，确认携带之后，在空格处打钩。

表3-3 行前准备单

证件准备			
身份证		身份证复印件	
指导师证		导游证	
教学用品准备			
话筒及充电器		对讲机及充电器	
笔		笔记本	
日记本		相关物料	
生活用品准备			
换洗衣服		运动鞋	
睡衣裤		双肩包	

续表

拖鞋		毛巾肥皂	
牙刷牙膏		雨衣雨伞	
洗浴用品			
药品准备			
晕车药		防蚊药	
肠胃疾病药		外伤药	

（7）课程内容。第一，研学手册中的课程内容要注意其基础性。中小学教育的基本任务是要使学生有效地掌握人类文化遗产中的精华，培养德、智、体、美、劳全面发展的人。因此，所选择的课程内容应该包括使学生成为社会中一名合格公民所必备的基础知识和基本技能，同时也要包括学生以后继续学习所必需的技能和能力。在选择课程内容时要注意学科知识的广度与深度之间的平衡。第二，研学手册中的课程内容应贴近社会生活，课程内容应该考虑到让学生了解社会、接触社会，掌握解决社会问题的基本技能。即使在选择学术性学科的内容时，也应该尽可能地联系社会的需要，以便学生所掌握的知识技能可以较好地发挥社会效用。第三，研学手册中的课程内容要与学生和学校教育的特点相适应，课程内容是为特定教育阶段的学生而选择的。因此，选择课程内容时要注意到学生的兴趣、需要和认知规律，这不仅有助于学生更好地掌握科学文化知识，而且还有助于他们对研学活动保持积极性。

此外，如果出行时间较长，课程中的行程线路较多，那就将课程内容先整体呈现在手册上，以方便查阅和开展工作。如果出行时间短，课程中的行程线路也不多，那就可以将课程内容与课程实施结合在一起，成为一个整体来设计手册。

（8）课程实施。课程实施就是将研学课程的内容分块陈述，逐级落实。每一块内容还可以包括背景材料、学习目标、学习任务、学习时长、学习地点、相关学科材料推荐和拓展、研学手账（日记、心得、笔记、感悟）等。

（9）课程评价。研学旅行的课程评价是课程中的重要组成部分。如果课程比较短，那么评论的设计可以相对简单；如果课程内容多，时间比较长，那么评论也应该多样化，促进提升教学效果。在时间上，一般可以结合使用过程性评论和终结性评论；在评价主体上，可以结合自评、互评、他评三个角度；在评价方式上，可以设计具体分数的量化评价和主观描述的质性评价；在评价对象上，也应尽量全面，不但可以评价人，还可以评价课程本身以及落实课程的过程等。

（10）成果展示。学习成果其实也是一种评价，而且更具有可靠性。不同的年级、不同的课程、不同的任务，就会产生不同的成果。一般来说，在研学手册上能直接呈现出来的，小学生大多以感悟、答题、小作文、小画报等方式；初中生可以用小论文、日记、总结等方式；高中生则可以采用研究报告、手账等方式。在成果展示的形式上可以多样化，鼓励有创新。

（11）附录。附录主要是附与课程相关的资料文件，如安全事故预防处理知识、学科阅读材料等。

（二）指导师工作手册编制

指导师工作手册主要是研学课程单元指导案的编制。研学课程单元指导案是研学旅行指导师为顺利而有效地开展研学旅行活动，根据课程单元方案，及学生的实际情况，以课程单元为单位，对研学内容、步骤流程、方式方法等进行具体设计和安排的一种实用性手册。研学单元指导案类似于教师的教案。研学单元指导案的编制力求做好以下几点：

1. 结构清晰

指导案必须具有清晰的结构，要完整地呈现上述指导案基本结构中列出的全部模块的内容。每个模块的内容呈现也要有清晰的结构，每个段落只具体阐述一个内容，不混杂其他内容一起阐述。

2. 可操作性强

指导案应该具备高度的可操作性，即涉及具体操作的每一个环节都应该是可执行的，并且指导案中提供的信息应足够详尽，使得实施者能够按照指导案进行操作。要关注的内容有：提供具体指导，对于每一个活动步骤给出明确的操作指南，包括执行程序、方法、要点、时间安排和注意事项等；提供详尽的资源清单，提供完整的资源列表，包括活动所需的所有物品和材料，以及它们的获取途径；清晰的时间管理，对于每个活动环节都要预设一个时间表，充分估计活动所需要的时间，并留有一定的余地以应对突发情况。

3. 持续优化

研学旅行是在育人理念、人和环境等持续变化的基础上开展的，所以指导案本身也需要持续变化。要根据新的教育理论、方法、技术手段等进行持续的更新和优化，以应对不断变化的外在世界。为促进指导案的持续优化，需要建立反馈机制，鼓励实施者、参与者及其他利益相关方提出意见和建议；定期对指导案进行评估，根据评估结果进行必要的修正和改进。

详细的编制方法参考项目六任务一步骤三：编写研学课程指导案。

项目三 研学课程的设计

（三）课程评价方案编制

课程评价是研学课程设计中相当重要的一个环节，也是课程研究领域最为棘手的一个难题。因此，在教育部等11部门发布的《关于推进中小学生研学旅行的意见》中特别强调："各地要建立健全中小学生参加研学旅行的评价机制，把中小学组织学生参加研学旅行的情况和成效作为学校综合考评体系的重要内容。学校要在充分尊重个性差异、鼓励多元发展的前提下，对学生参加研学旅行的情况和成效进行科学评价，并将评价结果逐步纳入学生学分管理体系和学生综合素质评价体系。"结合上述建议，我们可以将研学评价需要把握的原则归结为以下四条：

第一是过程性原则。研学课程是一门在行走中生成的课程，学生的学习态度和学习效果如何就体现在研学课程实施的整个过程当中。因此，要重视对"学生在课程实施过程中的表现"做出评价。

第二是多元性原则。研学旅行评价特别强调评价标准和评价主体的多元化，这是因为每一个学生的内心世界和外在表现都是充满个性的，是丰富的；同时，研学旅行的参与者都是生成课程的重要元素，也都应该参与课程的评论。

第三是反思性原则。评价的最大功能，就是让师生（也包括家长）通过问题讨论、方法交流、成果分享等流程，达到自我反思、自我提升的目的。

第四是激励性原则。评价，是发现问题，也是找出优点，并引导学生走向更为优秀的过程。因此，多用正向的评价，善于用各种手法积极鼓励学生，进而培养出学生的强大自信和处理问题的能力。

结合以上原则，我们在实际操作中就应该特别重视课程评价的设计，多设计多角度、多维度的评价方式，努力发挥出评价的潜在功能。表3-4、表3-5、表3-6提供部分评价示例，目的在于抛砖引玉，引发思路。

表3-4 研学旅行学生/老师评价表

过程评价（50分）					终结评价（50分）				
评价项目	评价细节	表现状态	分值	得分	评价项目	评价细节	表现状态	分值	得分
纪律意识	是否守时		5		课程内容	是否生动		5	
	是否守规		5			是否理解		5	
	是否守信		5			是否有益		5	

续表

评价项目	评价细节	表现状态	分值	得分	评价项目	评价细节	表现状态	分值	得分
学习态度	参与程度		5		课程形式	是否有趣		5	
	专注程度		5			是否多样		5	
	任务情况		5			是否有益		5	
过程评价（50分）					终结评价（50分）				
评价项目	评价细节	表现状态	分值	得分	评价项目	评价细节	表现状态	分值	得分
团队意识	服从管理		5		老师表现	是否专业		5	
	懂得配合		5			是否认真		5	
	给予帮助		5			是否耐心		5	
文明礼仪	礼仪情况		5		课程效果	总体情况		5	
合计得分					合计得分				

表3-5　研学旅行评价表

（学校老师评价研学教育机构用）

> 尊敬的老师：
> 您好！感谢贵校选择我公司来共同实施这次研学课程。为了能更加全面地了解本次研学的情况，麻烦您抽取几分钟时间，帮填写本表格。您的想法和建议，定能促进我们企业为学校提供更好的研学旅行服务，再次感谢。
>
> 1. 您所带的年级是：
>
> 2. 您所在车辆的带队研学旅行指导师是：
>
> 3. 请问指导师是否提前一天联系您并落实相关情况？
>
> 4. 您对本班研学旅行指导师的讲解服务感觉如何？
>
> 5. 本班研学旅行指导师的综合能力如何？您有何建议？
>
> 6. 请问旅游巴士是否提前到达学校？您对车辆和司机的服务情况有何建议？

项目三 研学课程的设计

续表

| 7.您觉得本班通过这次研学旅行的学习,收获如何? |
| 8.如果以 10 分为满分,您对本次研学课程的总评分是多少? |
| 9.请您对下列项目分别打分（10 分为满分）
（1）行前沟通的效果：
（2）行中的课程安排：
（3）行中的食宿安排：
（4）行中的校企合作情况： |
| 10.最后请您对本次研学课程提出宝贵的意见和建议,我们会不断总结,不断完善,力争在今后的研学旅行实施当中做得更好。 |

××研学机构

表 3-6 研学旅行学生自评表

姓名　　　　班级　　　　组名　　　　指导师

序号	评价内容	很好	较好	一般	改进
1	在研学过程中你的纪律情况如何?				
2	你完成老师布置的任务的情况如何?				
3	在学习讨论中你的发言情况如何?				
4	你与同学或小组成员的合作情况如何?				
5	你在学习时积极性怎么样?				
6	你处理困境的能力怎么样?				
……	……				

（四）研学旅行相关工作表格

在研学旅行手册的编制过程中，使用各类工作表格是确保活动顺利开展的重要手段。团队信息概况表用于记录和管理团队成员的基本信息，确保所有参与者的联系和紧急情况处理。工作流程表明确各阶段的任务和负责人，保障活动按计划进行，并便于进度跟踪。物资材料清单表列出活动所需物资，确保采购和准备工作无遗漏。食住行工具表，一般统称为"三分表"：分房表、分车表、分餐表，详细安排食宿和交通，避免在活动过程中出现混乱，提高组织效率。成本核算表记录和监控各项费用的支出，确保财务透明和预算控制，为活动后的财务结算提供依据。

做一做

某校6年级西溪湿地研学方案

为积极响应国家新时代大中小学生劳动教育政策，让广大学生体会劳动创造美好生活，培养学生热爱劳动、尊重普通劳动者的意识，以及塑造奋斗、创新、奉献的劳动精神，假设你所在城市的××初中决定对全校7—8年级学生（共18个班）开展研学劳动教育课程，请你结合本地研学资源，为该校编制一份为期一天的研学劳动教育方案。

做一做

设计研学课程方案与学习手册

实训目的：通过三个案例的综合实训，学会设计制作研学课程方案与学习手册。

实训案例：

1. 北京朝阳区A小学计划在秋季进行一次研学活动，由学校自行安排研学课程和方案，并直接对接研学基地，具体要求如下：

研学时长：一天

研学对象：4年级学生（12个班，每班45名学生）

研学地点：故宫博物院

2. 北京B初级中学计划在春季进行一次研学活动，并委托北京X旅行社具体承办，具体要求如下：

研学时长：两天

研学对象：初中2年级学生（14个班，每班45名学生）

研学方向：自然生态教育课程

项目三 研学课程的设计

3.杭州C高级中学计划在秋季进行一次研学活动,并对外公开招标,具体要求如下:

研学时长:五天

研学对象:高中1年级学生(9个班,每班40名学生)

研学总目标:希望通过对北京的深入了解,培养学生的家国情怀

杭州Y旅行社委托北京Z旅行社,结合C学校的具体情况,制作一份详细的课程方案,最后顺利中标。

实训步骤:

第一步:模拟A小学的学校研学指导师与基(营)地指导师,共同收集资料,设计制作一份研学课程方案,在方案中需确定你认为合适的主题、目标、教学内容、教学方式、师资配备及教学任务等节点。

第二步:全班分为两组,一组模拟X旅行社的研学旅行指导师,一组模拟B学校的研学旅行指导师,共同收集资料,设计制作一份研学课程方案,并有针对性地制作一份简要的研学手册。

第三步:全班分为三组,一组模拟C学校的研学旅行指导师,一组模拟Y旅行社的研学旅行指导师,一组模拟Z旅行社的研学旅行指导师,共同收集资料,设计制作一份研学课程方案,并制作一份详尽的研学手册,供此次研学活动使用。

实训成果:设计精巧,制作完善,能实际使用的三套研学课程方案及研学手册。

特别说明:

1.本综合实训练习贯穿全书所有章节,本章实训成果将成为以后章节实训的基础。

2.任课教师可以根据实际情况,把研学目的地调整为学校所在城市。

项目小结

要成为一名合格的研学旅行指导师,需要有一定的知识储备,并掌握必要的专业操作技能,但如果要做到优秀,那必不可少的就是研学课程的设计能力。研学课程设计,正是衡量一名研学旅行指导师软实力高低的关键技能。因此,本项目既是全书的核心内容,也是作为研学旅行指导师要学习的重点。

本项目旨在帮助研学旅行指导师初步熟悉研学课程的内涵、分类和性质，从理论上明确研学课程的基本概念。重点阐述提供了研学课程设计的原则、要素和流程，以及研学课程方案编制和研学旅行手册编制，进而从实践角度让研学旅行指导师掌握研学课程设计的基本操作环节。

练一练

项目四

学校研学旅行指导师操作

全国中小学生研学实践教育基地——国家图书馆

思维导图

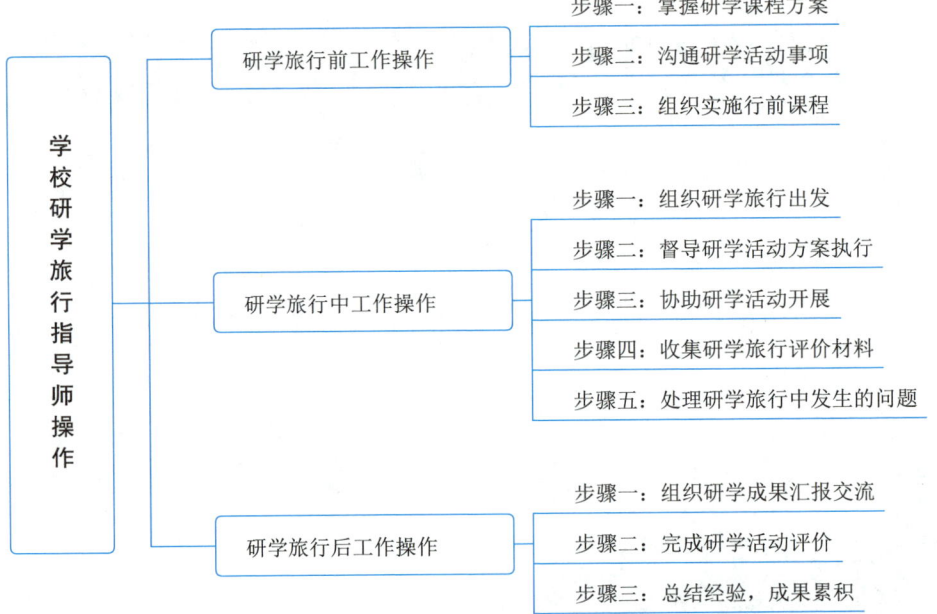

项目四　学校研学旅行指导师操作

任务一　研学旅行前工作操作

 任务目标

知识目标	1. 掌握研学课程方案和研学手册包括的内容和方法； 2. 熟悉研学活动前需要沟通的人群和内容； 3. 掌握行前课程的分类及组织实施的内容和方法。
能力目标	1. 能解读研学活动工作方案和研学手册； 2. 能针对不同情况草拟家长通知书； 3. 能根据不同年龄段进行学生动员和分组； 4. 能根据不同需求模拟实施行前课。
素质目标	1. 通过研究研学课程方案，培养精益求精的工作态度； 2. 通过行前沟通，掌握沟通方法，培养沟通能力； 3. 通过开设行前课，培养安全意识和文明旅游行为。

 任务导入

小伍是某小学的综合实践老师，开学后，学校通过招投标方式，确定了本学期五年级学生研学方案。为了让研学旅行能更契合本校需求和培养师资，领导要小伍作为学校研学指导师与中标旅行社及研学基（营）地进行对接，根据本校五年级学生情况，尽快完善、细化研学活动方案。

小伍愉快地接受了这项任务，可是面对这项责任重大的任务，小伍应该从何处着手呢？

 学校研学指导师要完成哪些研学旅行前的准备工作？

·121·

任务解析

在任务导入中,学校确定了研学方案,该研学方案一般由投标方提供。学校研学指导师需要先熟悉该研学活动方案,其中最重要的是模拟研学手册的相关内容,以明确每个研学课程活动的内容、关键环节、实施环境、食宿交通以及如何评价总结等。

与此同时,学校研学指导师还需要与旅行社研学指导师、基(营)地指导师及家长进行沟通。而且现在学校研学出行一般人数众多,需要自己组建一个学校研学指导师团队,这也需要进行良好的内部统筹与沟通。在沟通中,最重要的是与家长进行沟通,学校都会建立常规家校合作机制,在此基础上,还要针对本次研学活动,写一封家长通知书(含安全要求告知),并建立本次活动的联络通道。

完成上述任务后,学校研学指导师还要针对本次研学活动的内容组织开展行前课教育,提前做好知识和物品准备以及学生分组等事项。

步骤一:掌握研学课程方案

(一)理解研学课程主题和目标

研学活动中,根据小学、初中、高中不同学段,以及自然类、历史类、地理类、科技类、人文类、体验类等不同内容,有不同的研学课程目标,以爱国主义教育、社会主义核心价值观教育、中华传统优秀文化教育、革命传统教育、国防科普、生态文明教育、劳动教育、行为习惯养成教育等为主。而每次的研学课程目标也并非单一的,需要学校研学指导师研究研学活动工作方案,根据不同课程安排,研究理解研学课程主题和目标。

研学活动必须有明确的教育目的,由于研学旅行没有课程标准和教材,因此活动主题和目标显得非常重要,这决定了整个活动的内容和方向。研学的过程发生在旅行中,体验和研究不是孤立展开的,整个过程是个体经验、社会生活和自然体验的融合过程,所以主题是包容和综合的。例如,某地野外生态科普研学活动,既涉及地理学科中的地形地貌、地质灾害的认识与考察,也涉及生物学科的植物、动物、生态环境的研究,还涉及语文、历史、美术等学科范畴的相关问题。

（二）了解研学活动流程

研学活动以旅行作为载体。这就要求学校研学指导师熟悉整个旅游活动流程，包括每一项活动的地点时间、先后顺序等。学校研学指导师既可通过与承办方进行沟通，也可以通过网络进行相关信息查询，提前做好攻略，写好时间计划表，须对研学活动行程规划进行认真细致的查阅，注意招标时约定的行程是否有调整、流程步骤是否合理、活动中是否安排购物活动及自费项目等。

（三）熟悉研学活动内容

学校研学指导师要熟悉研学旅行每一项活动的内容，特别是行前课程、行中课程、行后总结评价是如何组织实施的，在交通、食宿上需要学校如何配合等。只有熟悉每个环节的关键内容，学校研学指导师才能更好地组织和动员学生，更好地进行研学课程内容相关专题讲座，更好地让学生清楚研学课程的学习方式；在研学过程中，才能更好地指导学生；在研学旅行完成后，才能更好地评价学生；在整个研学活动中也才能更好进行安全保障工作。

（四）研究研学旅行手册

学校研学指导师在熟悉研学活动方案后，首先，需提前查找并提炼研学目的地和课程的相关资料，制作多媒体演示文稿以备行前课使用。其次，需逐一落实课程方案中涉及的教具、预备知识及学生需掌握的方法。模拟研学手册中的重点活动，明确内容、步骤、时间记录与总结方式。最后，对研学手册中的模糊之处进行完善细化，确保每个环节的知识要点、重难点突破、活动安排及安全保障等心中有数。

仔细阅读以下研学旅行手册（课程部分）及解读内容。

1. 如何在还未出发前模拟以上研学手册相关活动？
2. 请你细化以上研学手册该课程的环节，讨论设计的活动怎样安排才最有效，最容易出问题的环节在哪里？

研学课程：世界奇观 秦武峥嵘

（五）联系研学活动相关人员

学校研学指导师要及时与承办方和接待方沟通协调，建立沟通联系渠道，包括电话联系渠道微信或QQ群，以便在课程准备期间就各类问题随时讨论解决。学校研学指导师要通过此类沟通联系渠道，提前熟悉研学活动人员，明确每位研学旅行指导师的工作职责，以便在研学活动过程中对其进行检查和督导。

 案例分析

仔细阅读以下某研学公司真实的课程实施方案——北京市××学校"人文徽州——寻源徽文化"研学课程实施方案及解读内容。

北京××学校"人文徽州——寻源徽文化"研学课程实施方案

熟悉研学旅行活动工作方案

1. 讨论熟悉研学活动工作方案的重要性。
2. 研学活动工作方案分为几部分，其中哪些是需要重点熟悉的内容？

步骤二：沟通研学活动事项

（一）学校研学团队进行内部沟通

《研学旅行服务规范》（LB/T 054—2016）规定，在主办方人员配置中：应至少派出一人作为主办方代表，负责督导研学旅行活动按计划开展；每20位学生宜配置一名带队老师，带队老师全程带领学生参与研学旅行各项活动。

一般学校研学出行的每一条线路，都要组建一个学校研学旅行指导师团队，其中包含一位总负责人，通常由学校中层及以上领导担任。如果某一条线

项目四　学校研学旅行指导师操作

路人数较多，需要分批出行，则应再配备一名负责人，带领后一批学生出行。每10~25名学生组建一个研学小组，配备一名学校带队老师（学校研学旅行指导师），一般每辆车要配备两名或以上学校研学指导师，并与旅行社研学指导师一起组成一个研学旅行指导师小组，全程随车随队组织教学、进行管理。学校研学指导师团队在总负责人的带领下，分工协作，共同完成研学实践活动和研学课程相关任务。

（二）与旅行社研学团队沟通

《研学旅行服务规范》（LB/T 054—2016）规定：在承办方的人员配置中，应为研学旅行活动配置一名项目组长，项目组长全程随团活动，负责统筹协调研学旅行各项工作；应至少为每个研学旅行团队配置一名安全员，安全员在研学旅行过程中随团开展安全教育和防控工作；应至少为每个研学旅行团队配置一名研学旅行指导师，研学旅行指导师负责制订研学旅行教育工作计划，在带队老师、导游员等工作人员的配合下提供研学旅行教育服务；应至少为每个研学旅行团队配置一名导游人员，导游人员负责提供导游服务，并配合相关工作人员提供研学旅行教育服务和生活保障服务。

因此，在确定研学出行后，学校研学指导师与旅行社项目组长、旅行社研学指导师、导游等成员确定后，就应在研学出发前召开联席会议，建立团队工作机制，分工合作，建立管理架构。

（三）与基（营）地研学团队沟通

如果是由承办方直接与基（营）地联系的，基（营）地人员可以不参加行前联席会议，由承办方具体落实，但如果是学校直接联系研学基（营）地进行研学实践活动的，必须在行前与基（营）地负责人员进行详细沟通，甚至现场查看，落实各项事宜。

（四）与家长沟通

1. 建立家校合作机制

在研学活动中，家校合作基于如下两点：一是家校之间有共同的教育愿景。学校组织学生开展研学旅行，离开家庭到校外进行学习，每位家长都会特别关注，特别是有的家长甚至愿意参与孩子的研学过程。二是学校和家长资源优势互补，家长资源的开发可以丰富研学课程的内涵。因此，开展研学旅行建立与家长的合作沟通机制特别必要，做好在研学旅行行前、行中、行后的沟通，也可以尝试吸纳有能力的家长参与研学课程的开发与实施，承担不同的角色，发挥不同的作用。

2. 写好家长通知书（含安全要求告知）

学校开展研学旅行，其中一项不可缺少的工作就是写好《致家长的一封信》，这封信里要说明研学旅行的意义、研学旅行的时间、学生应注意的事项、对家长的要求、收费情况的公示等内容。

还可以包括下列内容：

（1）提醒学生和家长要了解学校研学课程方案，研究学校发布的课程信息。有多个研学活动可选择时，要根据学生的兴趣和家庭实际情况，选择适合自己的研学活动。

（2）学生和家长要认真研究相关要求，按照学校提供的信息完成报名和缴费工作。

（3）学生和家长一起做好研学攻略，提前查阅资料或预习研学手册，对研学地点的自然特征、人文背景进行了解，做好课程实施的知识储备。

（4）学生和家长在行前还要准备好行李物品，根据研学物品清单逐项检查，特别是要根据学生自身的情况准备必要的药品以及生活用品，准备好身份证、学生证等证件，研学旅行手册，必备文具等学习必需品以及手机、相机等通信和摄影摄像器材。

（5）在线缴费的，可以在家长通知书中公布收费二维码进行在线收费，提醒家长在缴费时要按要求做好备注。

 **案例分析**

××中学将于××××年××月××日在×年级开展研学活动。为此学校草拟了一份"关于开展研学活动《致家长的一封信》"。

各位家长：

你们好！

为贯彻《国家中长期教育改革和发展规划纲要（2010—2020年）》中提出的全面实施素质教育的要求，深化基础教育课程改革，让学生能在旅行的过程中陶冶情操，增长见识，体验不同的自然和人文环境，提高学习兴趣，全面提升中小学生的综合素质。根据教育部等11部门印发的《关于推进中小学生研学旅行的意见》，经区教育主管部门批准，我校决定在××××年××月××日在×年级开展研学活动。

研学旅行是由学校根据区域特色、学生年龄特点和各学科教学内容，需要

项目四　学校研学旅行指导师操作

组织学生通过集体旅行集中食宿的方式走出校园，在与平常不同的生活中拓宽视野，丰富知识，加深与自然和文化的亲近感，增加对集体生活方式和社会公共道德的体验，培养中小学生的自理能力、创新精神和实践能力。本次我校组织的研学活动课程是××××活动，目的地是×××。

一、活动原则

1. 坚持公开透明的原则

学校开展研学活动，应先公布活动的详细计划和收费标准，由学校和家长签订协议，费用收取和支出公开透明。本次研学旅行收费×××元。

2. 坚持食、宿、学统一的原则

研学旅行的根本目的是让学生接触社会和自然，在体验中学习和锻炼，培养学生刻苦学习、互勉互助、艰苦朴素、吃苦耐劳等优秀品质和精神。开展研学旅行，需安排集体就餐、集体住宿、集体学习等活动，保证卫生安全，适用节约，不追求豪华舒适，杜绝铺张浪费。

3. 坚持安全第一的原则

在组织研学活动前，学校会针对活动内容专门对参加的学生进行安全教育，并制订相关应急预案。在研学活动全过程中，根据学生数量、活动需要安排校领导和学校专业研学旅行指导师具体负责和组织。

二、时间安排

集合时间：××××年××月××日 上午8点

返回时间：××××年××月××日 下午5点

三、注意事项

1. 家长应要求孩子遵守研学旅行纪律，服从老师和带队指挥，讲究文明礼貌，遵守交通规则，并对孩子进行勤俭节约教育，重视饮水和饮食卫生，防止食物中毒，确保研学旅行安全。

2. 家长一定提醒孩子注意人身财产安全，不要携带贵重物品。孩子如有重大身体疾患如心脏病、癫痫等请勿参加。

3. 学生统一着校服，穿运动鞋，只允许带普通双肩背包，准备随身携带的垃圾袋，养成良好的卫生习惯。不得携带火柴、打火机、刀具等危险物品。

4. 家长要教育孩子遵守活动纪律，不得独自行动或自由结伴擅自离队，有事应及时向学校研学旅行指导师汇报。

5. 活动结束后按时回家，请家长关注孩子的到家时间，并且反馈给班主任老师。

6. 指导孩子及时完成《学习手册》，以班级为单位上交政教处。

7. 旅行社为每位学生购买了安全保险，配备专人对学生的活动进行统一管理，请家长放心。

学校的每项教育教学工作都离不开各位家长的支持和合作，在此我们向您表示衷心的感谢！

（请家长和孩子一起认真阅读以上内容，并由家长填写以下回执单）

※※※※※※※※※※※※※※※※※※※※※※※※※※※※※※

孩子姓名		班级	
确认内容	您是否同意自己的孩子按要求参加学校研学活动？ □同意　　□不同意		
其他意见			
家长签名	年　月　日	联系电话	

1. 讨论研学活动前学校《致家长的一封信》的重要性。
2. 列举《致家长的一封信》应该包括哪些方面的内容。
3. 请老师指定某研学活动目的地、主题及研学对象，同学们按照示范和要求拟出一份《致家长的一封信》，要求缩减到一页纸。

3. 建立联络通道

各个班级可以借助各种平台建立网上社群，可以利用之前已有的班级网上社群进行家校联络沟通，也可以加入旅行社研学指导师和基（营）地指导师新建立的社群。

除此之外，还可以建立家长志愿者社群，这是在学校研学指导师牵头下形成的相对宽松的组织。家长可在工作之余根据兴趣和特长自愿参与，分为专家引领、安全保障、参与评价等小组，分组既可以相对固定也可以灵活调整，在互助合作中完成家校共育的目标。

4. 妥善安排未参加活动的学生

对贫困生、残障学生制订帮扶措施，尽量让研学旅行"一个都不能少"。但研学旅行是自愿参与的活动，部分学生由于各种原因不能参加研学活动，校方不应强制参与。对于这部分学生，学校应重新安排落实，学校研学指导师也可以通过线上方式对其进行指导，帮助其查找资料、模拟操作等，尽量让留校学生也能学习到研学旅行知识。

步骤三：组织实施行前课程

（一）理解行前课程类别

1. 按照涉及内容分类

按照涉及内容可以将行前课程分为以下三部分：第一部分是研学课程专题课，包括研学旅行意义及目标、课题研究选题、课题研究的常用方法、研究计划的制订、研学任务的实施、研究报告的撰写和研学成果汇报等。第二部分是研学行程安排与安全专题课，包括详细的研学旅行行程安排以及交通、住宿、饮食、活动安全注意事项等。第三部分是文明旅行、绿色出行德育规范课，包括在不同场所的文明旅行行为和环保低碳行为等内容。

2. 按照课程表现形式分类

按照课程表现形式一般将行前课程分为理论专题讲座、实践演示示范两大类。

3. 按照讲解人员分类

按照讲解人员可以将行前课程分为学校研学指导师讲解的行前课、旅行社研学指导师讲解的行前课和基（营）地指导师讲解的行前课。

一般来说，学校研学指导师负责研学课程相关内容、研学研究方法、德育规范课和安全专题，旅行社研学指导师主要负责研学旅行行程安排、文明旅行和安全专题。由于地域限制，基（营）地指导师一般不会参与行前课，偶有参与，一般负责基（营）地研学课程相关内容。

（二）行前课程实施

1. 行前课程实施意义

组织实施行前课程，能够端正学生对研学课程的学习态度，理解研学旅行的意义，做好思想准备；可以让学生对所要接触的研学资源有一个基本的了解，对相关知识和文化的内容和背景有一个整体的印象，做好研学实践课程的知识准备；让学生初步学会课题研究的基本规范，科学研究的常用方法，了解研究报告的基本内容和结构规范，为在研学过程中开展研究性学习、培养科学研究能力做好研究准备；还能让学生掌握各类安全旅行、户外活动和文明旅行知识，了解出行应该做好的准备工作。做好课程实施的行动准备。

2. 行前课的内容

（1）研学课程专题。为了激发学生对研学实践活动的学习兴趣，让学生对所要学习的研学课程相关内容有初步了解，有必要安排与研学实践活动主题及研学课程内容有关的专题讲座。特别是针对高年级的学生，研学旅行是带着研究任务的旅行教育活动，学生在行前必须掌握一些研究的知识。例如，研究的选题、研究的常用方法、研究计划的制订、研究过程的规范、研究报告的撰写等。年龄较小的学生应适当降低讲座的知识难度，参照研学课程学习目标中关于问题解决的相关要求安排讲座的内容。

（2）行程安排与安全专题。详细介绍研学旅行行程安排以及生活物品的准备知识，分组安排学生。学生平时接触户外旅行的机会不多，缺乏相关的安全知识，所以给学生系统地开设安全知识讲座非常有必要。安全知识包括交通安全知识、饮食安全知识、住宿安全知识、户外活动安全知识、自然灾害及突发事件的紧急应对措施、个人财务安全知识等。

（3）文明旅行、绿色出行德育规范专题。针对不同场所的文明旅行行为规范，结合具体的案例组织专题讲座，包括乘坐飞机与火车的文明行为规范和相关法律规定，景区入口排队入场的秩序规范，分组跟随指导师参观游览时的注意事项，博物馆、纪念馆等室内场馆中参观的行为规范，就餐时的行为规范，住宿的行为规范，人际交往的行为规范等，还可以包括少数民族地区与民族风俗相关的注意事项。

案例分析

小J是某小学的研学旅行指导师，老Z是某旅行社的研学旅行指导师，在一次交流会中，双方展示了自己最近几次研学行前课做的多媒体演示文稿。请仔细查阅下列行前课PPT，并思考下列问题。

植树节行前课

云南行前课

游泳安全教育行前课

南京行前课

项目四 学校研学旅行指导师操作

1. 哪些行前课是小J的，哪些行前课是老Z的？为什么？
2. 行前课需要讲些什么内容呢？请说一说，小J和老Z的行前课PPT各有什么优点，什么不足？
3. 请分组按要求做出一个行前课PPT，并模拟实施。

3. 行前课的常见教学方法

（1）以语言形式获得间接经验的方法。讲授法，包括讲述法、讲解法、讲读法和讲演法，这是最经常使用的一种教学方法；谈话法，通过问答的形式来引导学生获取或巩固知识的方法；讨论法，在教师的指导下，在学生独立思考后，共同进行讨论、辩论的方法；读书指导法，指导学生通过阅读获取知识或巩固知识的方法。

（2）以直观形式获取直接经验的方法。演示法，把实物或直观教具展示给学生看，或做示范性的试验，通过实际观察获得感性知识；参观法，组织学生到一定的校外场所，使学生通过对实际事物和现象的观察研究获得新知识的方法。

（3）以实际训练形成技能技巧的教学方法。练习法，在研学指导师的指导下，依靠自觉的控制和校正，反复完成一定动作和活动的方法；试验法，在研学指导师的指导下使用一定的设备和材料，通过控制条件的操作过程，引起实验对象的某些变化；实习法，在校内外组织学生实际的学习操作活动，将书本知识应用于实际的一种教学方法。

在研学课程中大量使用演示法、参观法、练习法、实习法，行前课中更多的是运用讲授法、谈话法、讨论法和读书指导法。

（三）研学动员和分组

在对学生进行研学旅行动员时，首先应全面阐述课程开设的政策背景，让学生理解研学活动对个人学业发展和未来发展的重要作用。

1. 研学动员

从学业角度来看，研学旅行的学习结果将是个人《学生综合素质评价报告》的重要内容，是未来高等院校招生的重要参考依据，尤其在高校自主招生和综合素质评价招生等招生途径中，是高校评价考生是否具备自主招生或综合评价招生资格的重要条件之一。

从个人未来的发展角度来看，实践学习永远是书本学习无法替代的学习方式，在研学旅行中开阔眼界、增长知识、提高技能、学会分析问题、掌握研究规范是未来学习和工作的重要基础。

2. 研学分组

一般来说，每个年级按班级分为大组，每一大组坐一辆旅游客车。每个班级中10人为一小组，每一小组在用餐时坐同一餐桌。例如，研学课程有需要亦可分为5人一小组，每组可确定一位同学作为组长，在组织纪律和清点人数上成为研学旅行指导师的助手。在分组时，学校研学指导师应注意均衡性，先进与后进同学的搭配、男生与女生的搭配、班干部和非班干部的搭配等。

有时，一个研学目的地可以分为多个研学主题，由学生根据兴趣爱好进行自主选择，各小组学生来自不同的班级，如果组织协调不到位，很多活动都难以顺利开展。建立团队中互相帮助、互相监督的机制尤为重要。机制的建立不应仅源于学校研学指导师和其他研学旅行指导师，更重要的是应来自学生内部的自我约束与管理。因此，学校研学指导师应当引导学生在内部主动建立管理制度，通过设立小组长、小团长、记分员、摄影师等职位来组建一个小型团体。这种组织管理方式的创新突出了学生的主体地位，为研学旅行的顺利开展创造了条件。最后还应注意住宿、高铁火车等旅行途中的分组，以保障安全为第一原则。

 **案例分析**

北京某校组织学生赴厦门进行研学旅行，出发前学校研学指导师就做好了"三分表"（分车表、分餐表、分房表）。

火车座位信息表

研学人数：学生 × 人 + 学校研学指导师 × 人 + 旅行社研学指导师 × 人 = × 人								
××月××日，北京西—厦门，Z307次（16:00~次日10:49），火车硬卧								
××月××日，厦门—北京西，Z308次（17:25~次日12:06），火车硬卧								
请尽量安排一个车厢，套着出票，谢谢！								
序号	姓名	班级	身份证	性别	Z307次	Z308次	备注

项目四 学校研学旅行指导师操作

分车信息表

一号车45座（学生38人＋研学旅行指导师3人）			
学校研学指导师	1：		2：
旅行社研学指导师			
学生名单及座次			

司机		过道	车门	
			旅行社研学指导师	学校研学指导师1
……	……		……	……
学校指导师2（车厢过道顶端座位）				

分餐信息表

桌号	学校研学指导师	学生名单（排第一个的为学生组长）
1		
2		
3		
4		

分房信息表

性别	序号	姓名1	姓名2	D1房号	D2房号	D3房号	D4房号	备注
男生51人＋研学旅行指导师3人	1							
	2							
	3							
	4							
女生46人＋研学旅行指导师4人	1							
	2							
	3							
	4							

1. 请讨论分车表、分餐表、分房表必要的元素有哪些？
2. 每次研学旅行"三分表"根据行程都可以进行调整，请讨论当什么情况不同时，"三分表"需要进行调整？

任务实践

任务准备	全班分为三个小组，分别模拟 A 小学、B 初中、C 高中的研学旅行指导师。
任务要求	1. 请以各自学校研学指导师的身份，仔细研读 A 小学、B 初中、C 高中研学活动的课程方案和研学手册，查找课程方案相关资料，落实课程方案相关内容，模拟研学手册相关活动，细化研学手册相关环节。 2. 请以各自学校研学指导师的身份，为 A 小学、B 初中、C 高中的研学活动分别拟一份家长通知书（含安全要求告知），并比较不同学段、不同天数、不同主题的研学活动的家长通知书有什么异同。 3. 请以各自学校研学指导师的身份，为 A 小学、B 初中、C 高中的研学活动设计制作行前课 PPT，并进行模拟宣讲。学有余力的同学，可以从多角度就不同的专题内容设计制作一套行前课 PPT，并分角色进行宣讲。
任务成果	1. 针对不同学段的家长通知书。 2. 针对不同学段、不同主题的行前课 PPT。
评价方式	学生自评、互评与教师评价相结合，条件允许可采用真实案例，让研学机构进行评价。分组安排时，注意小组成员分工到位，确保每位同学都有一定的任务。

特别说明：

1. 本实践任务贯穿全书所有章节，承接项目三的实践成果，同时本任务的实践成果将成为以后的项目和任务的实践基础。
2. 任课教师可以根据实际情况，把研学目的地调整为学校所在城市。

项目四　学校研学旅行指导师操作

 任务拓展

　　在各地的研学实践中，有些地方的学校研学指导师会主导设计研学课程、确定研学方案，而有些地方的学校研学指导师参与性较弱。请思考，为什么学校不能直接使用由旅行社或研学基（营）地提供的研学课程？学校研学指导师如果完全不参与研学旅行前工作，将会有什么后果？

任务二 研学旅行中工作操作

 **任务目标**

知识目标	1. 熟悉研学旅行出发的要点和要求; 2. 理解维持研学活动纪律的方法; 3. 掌握指导学生完成研学任务的内容; 4. 掌握研学旅行发生问题时的处理方法。
能力目标	1. 能协助组织研学旅行出征仪式; 2. 能理解把握研学旅行方案执行关键环节; 3. 能根据要求设计研学课程观察表; 4. 能指导学生完成研学任务,处理研学旅行中发生的问题。
素质目标	1. 通过研学旅行中的工作操作,培养质量意识; 2. 通过处理研学过程中的各种难题,培养解决问题的思维。

 **任务导入**

小吴是某中学新进的初一(3)班的数学老师兼班主任。学校组织初一学生到当地博物馆进行研学旅行。在行前沟通会上小吴说:"我是数学老师,博物馆什么的压根就不懂,顶多配合一下数个人数就行,反正这次研学旅行是学校通过旅行社安排的。"初一(5)班的班主任范老师说:"小吴,带学生们出去研学旅行可不是自己去玩,我们作为学校研学指导师要做很多工作,督导研学活动方案执行,确保研学活动顺利进行,还要处理研学旅行时发生的各种问题。"

 学校研学指导师在研学旅行中主要负责的工作有哪些?

 **任务解析**

研学旅行出发伊始，一般会举行出征仪式，作为学校研学指导师要核对人数、参加或协助主持动员大会、组织学生集合登车并进行特殊情况登记。

在整个研学过程中，学校指导师要检查和监督承办方执行研学活动方案的情况。为了确保研学活动顺利进行，学校研学指导师还要主动维持纪律，辅助指导学生完成研学任务，全程参与研学活动各环节，并采用各种方法收集研学旅行评价材料。当研学旅行发生问题的时候，要按照流程和标准进行处理，对于特殊学生也要予以充分的关注。

步骤一：组织研学旅行出发

（一）核对人数

出发当天学校研学指导师应提前抵达集合地点，做好充分准备。学生陆续抵达集合地点后，应根据名单表迅速核对人数。如果学生人数众多，为了防止清点困难，可以将学生划分为已核对区和待核对区，每清点核对一名学生后，应安排其到指定区域等候。

（二）动员大会

有的学校在出发当天还会召开一次动员大会，动员大会一般由校领导致辞，阐明研学的意义和本次研学主题；学生在研学旅行指导师的带领下宣誓励志研学活动口号；学校研学指导师团队的项目负责人老师发言，预祝老师们、同学们顺利出行，平安归来等内容。

出发当天的动员大会要简短有力，一般不要超过半小时。如果研学日期较短，或在行前课时已经进行过动员大会，也可免除此项。

 **案例分析**

某中学今日将进行为期两天一晚的××主题研学活动，早上八点，所有学生都已经在学校操场集合，准备进行出发前的动员大会了。

请观看相关研学旅行出发动员大会视频，并回答下列问题。

1. 研学出发动员大会一般要设置哪些环节？
2. 作为学校研学指导师如何带领学生宣誓研学活动口号，如何在宣誓活动中提高学生的热情度和积极性？

（三）集合登车

动员大会后，各班级各小组按照已经制订好的分组名单、乘车名单集合登车。登车时，学校研学指导师应向旅行社研学指导师迅速交代班级情况。学校研学指导师和旅行社研学指导师应共同清点人数，帮助学生摆放好行李，待学生坐稳后，要协助并检查学生是否拉起座位扶手，是否系好安全带。

（四）特殊情况登记

学校研学指导师还应该做好各种特殊情况登记，包括当天临时请假的学生情况、突发受伤或有疾病学生需要特殊照顾的情况、学生忘带必要行李或超带限制性行李等。

步骤二：督导研学活动方案执行

研学旅行整个实践活动以旅行社研学指导师贯穿，课程实施大多以基（营）地指导师为主，学校研学指导师配合对学生进行管理，并对课程实施进行全程监督。在研学实施过程中与承办方签订的合同不一致的行程或研学课程内容及服务标准的调整，必须经过学校项目负责人的同意，如有重大调整，学校项目负责人须请示学校领导同意方可执行。

对于不违背合同的行程以及研学课程实施的具体安排，学校研学指导师应尊重旅行社研学指导师、基（营）地指导师的工作安排。如有分歧可以提出自己的意见和建议，如果确实认为对方的工作情况有问题且不能达成一致，在不侵害学生权益的前提下，可以保留意见并在工作评价中予以记录。

（一）检查督导人员

旅行社应在研学服务团队确定后，将成员资质证明提交学校审核，包括项目负责人（总控）、旅行社研学指导师、基（营）地指导师、安全员、随队医生等，所有团队成员必须符合国家关于研学旅行从业人员要求的相关标准，必

项目四　学校研学旅行指导师操作

须符合招标公告或双方合作协议中关于团队成员的相关约定，对于不符合要求的从业人员，学校应要求替换。

在研学活动过程中，还要督导旅行社研学指导师严格按照合同进行行程安排，督导基（营）地指导师严格按照课程方案进行研学指导。

（二）检查督导车辆

在招标协议或合同中，旅行社应标注研学活动使用的车辆类型，学校研学指导师应在研学出发当天提前到达集合地点，此时预定的研学出行车辆也应该提前抵达，便于学校研学指导师提前检查车辆。

检查车辆时应注意车辆是否有运营资质、车辆座位数是否符合需求、车况是否良好等，必要时还可以检查话筒、车载电视等附属设施设备。

在行车过程中，要注意车辆是否按照正确路线行驶，杜绝部分司机为节约高速公路费而绕道或为了节约停车费将车辆停在较远的地方等情况。同时，还应监督车辆驾驶人员在工作时禁止喝酒。

（三）检查督导接待方

到达研学目的地后，学校研学指导师还需要留意接待方是否有相应资质，研学课程内容是否符合研学工作方案和合同内容，研学课程实施质量是否达标，研学活动环境是否存在安全隐患等。

步骤三：协助研学活动开展

（一）维持纪律

由于学校研学指导师熟悉学生情况，在研学活动过程中承担着主要维持纪律的责任，同时应注意方式方法。

1. 维持纪律的路径

（1）进行研学纪律培训。在研学课程开始前，学校研学指导师应向学生强调研学纪律的重要性，包括行为规范、安全规定、环保要求等，以确保活动的顺利进行，与学生达成纪律共识。

（2）制定研学纪律管理制度。学校研学指导师应与承办方一同制定详细的研学课纪律管理制度，包括纪律、安全、应急等方面的规定，以确保活动的顺利进行。针对不同年龄段的学生，制定不同的纪律管理制度，分别从行前、行中、行后三个环节和课程实施、课程保障等维度制定研学纪律管理制度。

（3）设立纪律监督员。在研学团队中设立纪律监督员，负责监督和管理团队成员的纪律遵守情况，及时纠正违规行为。同时，应熟悉应急预案，处理突发情况。

2. 维持纪律的方法

（1）采用鼓励性的语言来强调纪律。现代教育提倡自主合作性的灵活教育，研学活动要让学生在兴趣中轻松学习，但纪律一旦松懈，学生的注意力就很难收回集中。例如，低年级学生在分组讨论结束后，还很难立即停下来，这时可以用鼓励性的语言强调纪律：老师最喜欢和你们一起上课，因为上课时你们微笑的样子真是太可爱了，特别是××、××等同学总是睁大眼睛认真地看着老师，老师的每一句话他们都记在了自己的小脑袋里，所以他们的进步非常大！看，这节课某某的表现最棒，坐得最端正！

（2）态势语传达管理信息。许多研学课程中主讲的并不是学校研学指导师。出现了纪律问题，学校研学指导师不方便打断整个活动进行纪律管理。这时可以用态势语传达管理信息。手势具有状物、言志、召唤、传情的特殊本领，可以成为辅助纪律管理的非语言的外部表现形式，这样既巧妙地解决了学生自己的问题，又不至于影响其他人的注意力。学校研学指导师的面部表情也有一定的潜在控制作用，表示理解的微笑和思考式的点头，则流露出对学生的鼓励和期待；表示满意的微笑和赞许式的点头，则流露出对学生的热诚与喜爱，可以达到移情传神的功效。甚至学校研学指导师的站姿、与学生的空间距离和行间巡视等体态活动，也具有吸引学生注意力，达到维持纪律管理的作用。

（3）及时制止不良行为。在研学活动中，为确保秩序与效果，须及时制止不良行为，如接话茬、喧闹等。为此，应首先加大宣传教育力度，通过多种方式让学生了解课程的重要性和目的，增强纪律意识和责任感。其次，加强与学生的沟通与教育，引导他们认识到遵守纪律的重要性，提高自律意识。同时，建立反馈机制，鼓励学生及时反映违规行为，以便迅速采取措施纠正。最后，面对不良行为，学校研学指导师应迅速且慎重处理，考虑学生的情感和自尊心，采用恰当的方式使学生意识到行为问题并立即纠正。

（二）指导学生完成研学任务

在研学活动中，学校研学指导师的作用不再以教授知识为主，而是引导学生融合跨学科知识，展开自主学习，激发学生的学习兴趣，优化知识习得过程，从而增加自主学习体验，提高自主学习能力。在研学旅行中，学生的自主学习活动应该占有主要地位，学校研学指导师应当引导学生进行有效的自主学习。

项目四　学校研学旅行指导师操作

1. 做好充分准备

研学前的准备工作不仅要求学校研学指导师熟悉研学活动工作方案、掌握课程方案和研学手册，还要备学生、备内容、备方法。根据研学课程内容及学生的实际，灵活采用各种方法，认真细化研学手册相关环节，确保每个研学活动都做到"有备而来"。

作为学校研学指导师，要熟悉相关的新课程标准。因为课程标准是教学的依据，其他研学旅行指导师并未在学校工作，可能不甚明了。课程标准指明了教学的方向，规定了教学内容的深度、广度、体系和对教学的基本要求。学校指导师只有熟悉学生，了解他们对本研学旅行的兴趣程度、理解能力，不同能力学生所占的比例、年龄、个性特点等，才能在研学活动时从学生的实际情况出发，面向全体学生，使不同能力的学生学得进、学得好、学得有兴趣。

2. 注重提升学生的自主学习能力

研学旅行为学生提供了更丰富的学习方式、更直接的知识来源。学校研学指导师在研学旅行中要在小组合作探究、实地体验、调查研究和综合实践四个方面帮助学生，而顺利完成这四项训练的前提是学生自主学习能力的提升，从提出问题、研究问题到解决问题，学生应是各个环节的主体。

在提出研究问题的环节，学校研学指导师需要引导学生进行讨论，发表看法，激发学生的自主思考行为。学校研学指导师可设立小组讨论的机制，如要求小组中的每位同学提出一个问题，并对组员提出的问题至少发表两次看法。

研究性问题的提出不是简单的口头叙述，而是要求学生进行详细的阐释。例如，某地高中的研学旅行在问题提出环节采用的是开题报告的方式，学校研学指导师引导学生以小组为单位确立一个研究课题，然后引导学生自主查阅资料、设计报告，并从选题的依据及意义、研究目标和主要内容、研究方法和手段等方面进行开题报告的撰写。整个开题报告准备过程由学生主导，学校研学指导师只需在必要时提供指导，确保开题准备工作顺利进行。学生自主学习的能力通过研学旅行得到提高。

平时在学校的学科学习中，由于学科内容多的原因，学生学习的时间多是碎片化的，而碎片化的自主学习时间并不能给予学生充足的时间进行思考。而研学旅行的过程给学生提供了充分的自主思考时间与空间，学校研学指导师可辅助学生合理利用时间与空间，提高其自主学习的有效性。

3. 注重提高学生整合运用知识的能力

学校研学指导师在行前要引导学生确定研学主题，利用各种方法查找资料，指导学生合理分工合作；在行中要指导学生自主完成实践探究活动；在行后要指导学生进行资料的归类整理、研学日志的编写以及对研学的总结与反思。学校研学指导师在研学旅行中要注重引导学生将校园里学到的知识运用起来，将知识活化，为实践活动打好理论基础；还要指导学生将不同学科的知识融合起来，有条理地整合学科知识，为同一个研究课题服务。

例如，某中学准备到厦门和永定研学旅行，学校研学指导师在行前首先引导学生阅览此次研学旅行的目的地材料，围绕研学主题的资料缩小学生资料查阅的范围，减轻学生海量阅读资料的压力。确定学生熟悉目的地信息后，学校研学指导师开始引导学生对目的地的地理人文、社会科学方面的知识进行广泛的涉猎，目的是让学生扩大知识面，让学科知识充分融合，并根据自己的兴趣与特长选择合适的研究课题。最终，学生确定的主题是关于厦门鼓浪屿钢琴文化的研究、永定土楼的建筑历史研究、闽南特色食物及烹饪方式研究、闽南方言的初探四个方面。

接下来，学校研学指导师要求组内学生自行进行任务分工，大致分为资料采集、现场采访、全程记录、整理统筹四个方面，并根据研学旅行的日程安排将分工细化到每一天、每一个时段、每一个人。学生经过文献阅读和媒体资料阅览后，将研究面不断缩小、具体化，最终确立研究主题。例如，闽南语初探小组的研究紧扣在对方言的传承与保护方面。该小组的同学们整合了语文、政治、地理、历史等不同学科的知识，浅尝了方言学的研究过程。

在团队到达厦门的第一刻，同学们自主的实践探究活动便开始了。研究闽南语的小分队行前在学校研学指导师的指导下自行准备好了问卷，到达后便开始四处寻觅可以调查的对象；而研究闽南美食的小组，也准备好了摄影摄像设备准备进行调查与记录；另外两组则在收集地图资料、旅游宣传册等本地材料，为接下来两天的实地考察做准备。在每一天的实践结束后，学校研学指导师会组织学生分小组进行资料的归类整理、研学日志的编写以及对当天研学的总结与反思。每天的总结形式分小组进行，由学生相互分享心得体会。

4. 注重创新组织学习的方式

研学旅行不仅旨在提高学生的资源整合力、自主学习力，还注重创新学生的学习方式，由课堂中单一的教师教授知识到研学旅行中的学生自主学习知识，相互引导学习。

例如，当研学团队到达著名的永定土楼承启楼之前，学校研学指导师在前一天便对本小组学生进行了更为细致的分组，并且为每一位同学安排了具体的任务，分别去查阅资料，为第二天的行程做准备。次日，团队到达目的地之后，学生两两分散到土楼的各个位置去进行考察，最后将同伴的信息汇总，共同讨论研学报告撰写。

合理分工能极大地激发学生的自主学习能力与学习兴趣，将课堂中的任务型学习搬到实践活动中。学生在任务的驱使下积极进行资料的收集，并及时向学校研学指导师反馈实践过程中遇到的问题，解决问题后继续进行探究。学习的过程变成环环相扣的活动，生生互动频繁、高效，从抽象概念到文字阅览最后到实地接触，这样的学习形式既激发了学生的学习积极性，又能提高学生的自主学习与小组合作的能力。

5. 掌握学生研学任务的完成情况

了解学生是否在要求的时间内认真完成研学任务，对不按要求完成研学任务的学生进行提醒教育。在课程学习前学生需要预习，在前往研学课程资源地的大巴车上，开展前一天学习内容的有奖问答活动，提升学生的学习热情。一天的研学课程结束后，学生需要完成与当天课程有关的学习研学任务。指导学生保管好研学手册。

除了引导学生研究课题、分享知识以外，学校指导师还要注重引导学生协调组内关系。在研学旅行途中，做好小组建设也是学校指导师在研学旅行中的一项重要工作。

（三）辅导关注特殊学生

1. 对特殊学生的辅导关注

这里的特殊学生指在学习态度、习惯、心理等方面，存在较为严重的问题，而且用常规教育手段不能解决其问题的学生。

对于这类学生，学校研学指导师要根据其以往在学校的表现，建立特殊学生档案，明确特殊在哪里，加强学校与家长及其他监护人的联系，与承办方相关人员共同形成以学生为中心的关爱网络。具体来说，须做到"三个优先"实现重点真情关爱。

（1）研学课程优先辅导。要从学习方面对特殊学生逐一进行分类、分组，每一位都落实到带队的学校研学指导师。由学校研学指导师具体分析学生的学业情况，制订学习帮扶计划，明确帮扶时间、内容和阶段性效果。每个特殊学生由学校研学指导师牵头确立一名学习帮手，随时掌握结对帮扶的效果。

（2）生活上优先照顾。对特殊学生，要多看一眼、多问一声、多帮一把，使学生开心、家长放心。特殊学生患病时，要及时诊治，悉心照料。

（3）活动上优先安排。要高度重视并认真组织特殊学生参加研学活动，根据特点单独开展活动，既使其身心愉悦，又培养独立生活能力。不要忘记发现特殊学生身上的优点，给他们提供在其他同学、老师面前为同学或者学校服务的机会。

2. 对贫困生的辅导关注

教育部等 11 部门印发的《关于推进中小学生研学旅行的意见》明确，研学旅行坚持公益性原则，不得开展以营利为目的的经营性创收，对贫困家庭学生要减免费用。全国各地采取了多种形式、多种渠道筹措研学旅行经费，探索建立政府、学校、社会、家庭共同承担的多元化经费筹措机制，保障研学旅行可持续、常态化发展。

学校研学指导师除了在费用上对贫困生进行关注，还要注意通过心理辅导工作的开展，让学生增强心理健康意识，增加自我心理调节能力，消除自卑心理，增强人生自信，重新认识自我，逐步充实贫困学生的精神世界，树立正确的人生观和价值观，健康快乐地成长。

步骤四：收集研学旅行评价材料

（一）收集方法

1. 观察法

学校研学指导师根据研学课程评价标准或评价表、观察表，用自己的感官和辅助工具去直接观察被研究对象，从而获得资料。科学的观察具有目的性和计划性、系统性和可重复性。常见的观察方法有核对清单法、级别量表法、记叙性描述。

2. 调查法

学校研学指导师通过各种途径间接了解学生心理活动。调查法总体上易于进行，调查的方法与途径是多种多样的。在教育心理学的研究中，最常用的调查方法主要有问卷法、访谈法、个案法与教育经验总结法等。对研学旅行中的特殊事件，如学生之间的冲突、个别学生未完成研学课程要求等，可采用这种办法。

3. 统计法

学校研学指导师收集、整理、分析和解释统计数据，并对其所反映的问题做出一定结论。统计法是适用于所有学科领域的通用数据分析方法，有数据的地方都会用到统计法。在研学过程中，针对大批量出行的学生，在出勤率、完成项目率等需要数据统计时，可以使用这种方法。

4. 行为研究法

行为研究法是指在实际情景中，由学校研学指导师与基（营）地指导师共同合作，针对实际问题提出改进计划，通过在实践中实施、验证、修正，从而得到研究结果的一种研究方法。

总的来说,在收集研学旅行评价材料的时候,要提前研究评价标准,提前做好各种评价记录表,可以多种方法配合,注意无论使用哪种方法,都要做好记录。以下一套研学课程观察表示例(见表4-1、表4-2、表4-3、表4-4)供参考,可以根据不同学情、不同主题进行调整。

表4-1 学生活动等级量表

时间		地点		研学课程	
观察者资料:		姓名:		单位:	
观察中心:		研学课程中学生的学习方式 ——自主学习、探究学习、合作学习			
观察记录	学生的表现				评分
	1. 学习兴趣是否浓厚				
	2. 学习情绪是否高昂				
	3. 能否积极参与研学课程活动				
	4. 对基(营)地指导师和相关人员的态度				
	5. 能否在学习中自觉从学校研学指导师推荐的资源(网络、资料袋)中自主选择、重组信息、发现规律,形成自己的见解并有效表达自己的观点				
	6. 积极思考,深入探寻				
	7. 小组合作中,能否与同学有效合作,能否照顾其他同学的学习需要				
	8. 学习中,能否对基(营)地指导师和同学提出的观点大胆质疑,提出不同意见				
	9. 学习中,能否应用已经掌握的知识与技能解决问题				
	10. 学习中,能否反思自己的学习行为,调整学习策略				
情况记录				合计	

注:(5分制)优5分;良4分;好3分;一般2分;改进1分。

表4-2 基(营)地指导师观察表

时间		地点	研学课程	
观察者资料：		姓名：	单位：	
观察中心：		研学课程中基(营)地指导师的工作方式 ——学生学习的组织者、引导者、促进者、指导者		
观察记录	基(营)地指导师的表现			评分
	1. 教学态度是否沉稳、愉快			
	2. 研学课程教学用语是否适合学生年龄段，浅显易懂			
	3. 对研学课程秩序的管理是否到位			
	4. 研学课程前是否就学习目标和方法与学生讨论			
	5. 能否通过评价调动学生的积极性，有效调控学习气氛			
	6. 能否有效激发学生的学习兴趣			
	7. 对学生反应的注意			
	8. 对学生突如其来问题及状况的处理			
	9. 能否通过恰当评价引导对研学课程主题的深入思考			
	10. 能否听取学生意见，与学生平等交流			
情况记录			合计	

表4-3 师生互动等级量表

时间	地点	研学课程
观察者资料： 姓名：		单位：

续表

观察内容		次数	评价效果				
			A	B	C	D	E
观察记录	研学旅行指导师提问类型	描述性问题						
		判断性问题						
		论证性问题						
	学生提问类型	理解性疑惑						
		判断性疑惑						
		实证性疑惑						
	互动类型	师生互动						
		生生互动						
	指导师对互动过程的推进	以问题推进互动						
		以评价推进互动						
		以非语言推进互动						
	语言互动过程计时	30秒以下						
		30秒以上						
	指导师对学生提问的态度	热情						
		忽视						
		打击						
观察记录	互动管理	有效调控						
		放任						
		小计						
情况记录								

表 4-4　学生活动表

时间	地点	研学课程		
观察者资料：	姓名：		单位：	
项目	个别发言	小组发言	演示	实操	（按需填写）
次数					
时间					

（二）保留证据

在常规操作中，可以通过评价记录表文字记录保留证据，也可以用照片、录像等方式保留证据。在处理诸如学生纠纷、旅行社研学指导师及基（营）地指导师违规操作、餐厅及住宿等接待设施不达标等问题时，还可以进行书面记录并要求对方签字。

（三）及时反馈

收集研学旅行评价材料的时候，常常需要进行记录。记录的目的不仅是收集研学旅行评价材料，也是学校研学旅行指导师与学生进行互动的重要方式之一。如果在记录中发现学生表现出优秀的一面，应该及时给予肯定的反馈；通过观察、调查发现学生有不良心理倾向，也要及时通过交谈、提示等方式，杜绝不良行为的出现；如果发现学生有不文明甚至违规的行为，则要及时制止。

在记录过程中，如果发现接待方有问题，也要及时反馈并督查纠正，切不可等最后评价的时候再反馈各种问题。

步骤五：处理研学旅行中发生的问题

（一）报告学校

出现较大问题，学校研学指导师要及时报告学校带队负责人，负责人通常由学校领导干部担任。一般牵涉费用变更、行程课程变更、学生安全等问题，

项目四　学校研学旅行指导师操作

学校研学指导师项目负责人须上报学校。如果情况重大，学校研学指导师需要写出书面报告材料。

（二）学生谈话

如果出现的问题与学生本人有关，学校研学指导师需要及时找学生谈话，弄清楚问题的原因、了解学生的思想动态、提供意见建议。与学生谈话的出发点是关爱学生。

首先要表现出足够的专业实力，得到学生的信任。其次对学生要尊重、温和、细心、有耐心，尤其是对特殊学生。最后应掌握"谈话四准则"：质量准则，谈话要有效率和作用；数量准则，谈话次数不能多，以免引起学生的反感；关联准则，谈话要围绕一个话题直到话题结束；方式准则，寻找适当的方式交流，要站在学生的处境考虑问题。

（三）通报家长

发生下列问题，如学生身体不适、贵重物品丢失、损坏公私财物、学生走失、学生人身意外伤害、学生之间严重冲突等，学校研学指导师需要及时通报家长。

（四）协助处理

发生下列问题，如预定车辆临时调整、车辆设施设备故障、场所安全与秩序问题、交通事故、研学接待变更、食品安全和研学课程的相关问题，学校研学指导师要协助旅行社研学指导师或基（营）地指导师处理。

（五）事后辅导

学生在研学旅行中出现常见的问题，如迟到、物品丢失、走失、不文明旅游、私自外出、与他人发生冲突等问题时，学校研学旅行指导师在事后应给予辅导。帮助学生分析原因，力求下次不再发生同样的问题。

如果学生遭遇重大的影响心理的事件，既不能回避又无法用常用的方法来解决问题时，会出现心理失衡状态，也就是心理危机。如遭遇了重大车祸、重大食品安全事故、严重冲突、长时间走失等情况，有可能对学生的心理产生不良影响，这时候就需要学校研学指导师对其进行事后心理辅导，必要时请专业人员协助。

 **任务实践**

任务准备	全班分为三个小组，分别模拟A小学、B初中、C高中的研学旅行指导师。
任务要求	1. 请以各自学校研学指导师的身份，根据A小学、B初中、C高中研学课程目标和主题，模拟主持研学出征仪式。 2. 请轮流以各自学校研学指导师的身份和学生的身份进行维持纪律的情景模拟。 3. 请以各自学校研学指导师的身份，收集资料，为A小学、B初中、C高中的研学活动，根据不同的研学课程方案和研学活动安排，设计制作一套研学课程观察表、综合评价表、学生自评表等，并比较不同学段、不同主题的观察表以及评价表有什么异同。
任务成果	1. 针对不同学段、不同主题的研学出征仪式方案。 2. 不同场景下维持研学旅行学生纪律的经验心得。 3. 适合不同学段的一套观察表、评价表。
评价方式	学生自评、互评和教师评价相结合，条件允许可采用真实案例，让研学机构进行评价。分组安排时，注意小组成员分工到位，确保每位同学都有一定任务。

 **任务拓展**

1. 本任务中学习了组织研学旅行出征仪式的流程、维持纪律的技巧，以及处理研学旅行发生问题的原则，但仅仅掌握理论是不够的，需要能真实地运用。请老师组织学生分组进行情景模拟，模拟出征仪式、模拟维持纪律、模拟处理研学旅行发生的问题。

2. 当前，"有质量的教育公平"成为世界各国教育发展的共同趋势，也成为我国社会各界关注的一个焦点。习近平同志反复强调，要让14亿人民享有更好、更公平的教育，努力让每个人都有人生出彩的机会。思考并讨论，对于特殊学生和贫困生，如何实现教育公平性。

项目四 学校研学旅行指导师操作

任务三　研学旅行后工作操作

任务目标

知识目标	1. 掌握研学成果的类型及组织展示形式； 2. 掌握研学旅行评价的目的、标准、内容及方式； 3. 掌握总结研学经验的形式。
能力目标	1. 能根据不同主题和要求组织展示各类研学成果； 2. 能多维多元评价研学活动； 3. 能总结研学旅行经验，进行成果累积。
素质目标	1. 通过研学旅行后的评价，培养自我管理能力，依靠主观能动性，按照研学教学目标，有意识、有目的地对自己的思想、行为进行反省提升； 2. 通过指导研学旅行成果的制作和展示，增进对自然和社会的理解和认识，增强其社会责任感和实践能力。

任务导入

　　三天两晚的研学旅行即将结束，在返程路上，学校研学指导师小张盘算着回家后要先放松休息一天，这时手机收到了一条学校发来的短信：各位学校研学指导师辛苦了，学生安全返回后，请大家抽空把各类评价表填写完毕并进行汇总，同时安排学生继续分小组完成研学成果报告，并在各位的帮助下编辑本班研学旅行微纪录片，以上成果将于下周一上交。经评审后，下周四下午将举行年级表彰大会，届时将播放优秀作品，并请优秀学生、优秀学校研学指导师上台分享。

　　小张想，研学旅行后的任务可真多啊！幸亏在研学旅行中就已经及时填写完每天的评价表了，也在研学过程中对学生再三强调研学成果报告资料的收集，要不然最后真是会手忙脚乱，也记不清当时发生的事情了。

　学校研学旅行指导师最重要的研学评价是什么？

任务解析

研学旅行结束后返回学校，并不代表这次研学活动就结束了，总结、交流、评价等活动，使研学的历程变得更加丰满，研学成果更加丰富，让研学活动促进学生综合素质的提升落到实处。研学旅行的评价主体、内容、方法有多种，学校研学指导师最重要的评价是对学生参加研学课程学习情况的评价。只有让学生及时获得关于研学学习过程的反馈，总结提升，才能完成研学旅行的教育目标。

步骤一：组织研学成果汇报交流

每个课程单元在实施中都可能会产生一些过程性研学成果，其展示时间一般选择在本课程单元结束时。如参观式学习课程单元，参观结束后可以组织学生展示他们的研学手册，展示他们的观察记录。如手工体验式课程单元结束之后，可以组织学生分组展示手工作品，并对这些成果进行简单点评。展示的地点就是课程单元上课地点。研学活动结束后的成果展示，其展示时间一般在研学旅行结束后的一周内进行，如果研学受众是中小学生，一般会选择在学校，由学校研学指导师组织进行。

（一）研学成果展示的类型

研学课程的学习成果丰富多样，可按不同标准分类。按成果呈现状态，可分为固化类与互动类；按呈现方式，则分为外显与内化两类。

1. 内化成果

内化成果尤为关键，它涵盖学生在旅行过程中的深层次收获，具体包括以下几种：

（1）知识成果：学生在研学活动中通过听讲、实际观察、探究等自主学习活动，拓展了知识边界，丰富了知识内涵，优化了知识结构。

（2）能力成果：学生在观察探究、分析、应用等研究过程中所形成的分析问题和解决问题的能力、思考问题的逻辑思维能力、科学研究的基本素养等。

（3）态度成果：学生在研学实践活动中，在真实的情境

文本类成果写作指导案例

中，经过体验、感受所获得的态度倾向和价值观的变化。

（4）行为成果：文明行为的改善和提升文明习惯的养成和自觉，以及其他良好习惯的养成。

2. 外显成果

研学旅行还会产生外显的学习成果，这些成果是学生在亲身参与和实践过程中，通过解决问题所形成的。包括文本成果、影像成果和制作成果等多种形式。文本成果如研学手册、旅行手账、随笔、散文等，记录了学生在研学过程中的思考和感悟。影像成果则包括照片、视频等资料，生动展现了研学活动的精彩瞬间。制作成果则是学生通过研究性学习自行制作出的实物，如科技小制作、手工艺品等，这些成果不仅展示了学生的创造力和实践能力，也是他们研学收获的重要见证。

学校研学指导师和基（营）地指导师均应承担指导学生展示和评价成果的任务，展示应该遵循开放的标准，学生可以在成果中展示不同观点，只要不违背道德和法律，不违背基本事实即可。成果评价的重点在于评价学生表达观点的创新性、逻辑性、科学性，如果辅以语言陈述的，则还包括语言的规范性、流畅性和准确性。

（二）研学成果展示的方式

研学成果展示是检验学习效果、激励深入学习与反思的重要环节。其方法多样，既包括传统的实物展示，也涵盖新媒体平台展示、现场交流展示。

1. 传统实物展示

研学旅行制作类成果

学生可将实物模型、手工艺品等展出，直观反映其实践能力与探究精神。墙报式展示则通过文字、图片、图表等形式，将研学成果以直观、易懂的方式呈现。书面式展示则是将学习成果和研究过程以文章、报告、手册等书面形式呈现出来，便于详细阐述和深入解读。

2. 新媒体平台展示

研学旅行多媒体传播类成果

利用微信、美篇、微博、视频网站等渠道，发布学习成果，实现更广泛的传播与认可。同时，邀请学生参与评价，既发扬民主，又促进相互学习。学校还可以收集学生的多媒体传播类成果，进行汇总和再次编辑，用以宣传学校的课程和教学成果。研学过程中所产生的多媒体数据的价值也越来越被学校重视，这类资料既有展示价值，又有评价价值。教学大数据对学校的作用也正在由辅助变成诊断、引领和指导，应该引起大家广泛重视。

3. 现场交流展示

实验操作展示可直观展现实践能力与探究精神；互动交流式展示则通过口头报告、PPT演示、视频播放等形式，与观众互动，接受提问与评价；小组合作式展示则强调团队合作，共同呈现学习成果，提升展示效果。这些方法各具特色，可根据实际情况灵活选择。

步骤二：完成研学活动评价

（一）研学旅行评价的目的

研学旅行评价有两方面含义，一是对该课程学生学习情况的评价，二是对该课程整体实施效果的评价。前者是针对学生学习效果的评价，以评价促进学生学习，将评价作为学生学习的有机组成部分；后者是对课程本身的评价，同时也是对课程开发与建设工作成效的反馈。这里所谈的内容下面反对学生参加研学课程学习情况评价进行说明。

评价的首要功能是让学生及时获得关于研学学习过程的反馈，改进后续活动。要避免评价过程中只重结果不重过程的现象，杜绝对学生作品随意打分和简单排名等功利性做法，要挖掘其背后蕴藏的学生的思想创意和体验。研学旅行评价的目的如下：

1. 激励学生

通过科学评价激发学生参加研学活动的兴趣，通过评价把学校组织的活动变成学生喜欢的活动。

2. 引导学生

学校研学指导师在评价中可以发现和发展学生多方面的潜能，帮助学生认识自我，建立自信，促进学生在原有水平上的发展，提高整体素质。在评价时，要根据学生各自的潜能，从对他们的人生发展有重要意义的方面，有意识地向他们提出希望，建议使学生明确自己今后的前进方向，从而发挥评价的积极导向作用，这同时体现了教师对学生的激励与关怀。

3. 教育学生

让学生对自己在研学活动中的各种表现进行自我反思性评价，调整不好的行为和态度，这本身就是一个教育过程。让学生学会实践和反思，发现自我、欣赏别人，这同时也是学生与他人协商共建、互助关怀的发展过程。

（二）研学旅行评价的标准

研学旅行评价的内容是由课程目标决定的，一般包括知识与技能、过程与方法、情感态度与价值观三个维度，所以评价学生不应仅把对书本知识和技能的掌握作为唯一考查指标，而应重视学生在研学活动过程中整体素质提升的情况。我们可以把"核心素养"作为研学旅行评价的通用标准。

1. 文化基础

文化是人存在的根和魂。文化基础，重在强调能习得人文、科学等各领域的知识和技能，掌握和运用人类优秀智慧成果，涵养内在精神，追求真善美的统一，发展成为有宽厚文化基础、有更高精神追求的人。

（1）人文底蕴。主要是学生在学习、理解、运用人文领域知识和技能等方面所形成的基本能力、情感态度和价值取向。具体包括人文积淀、人文情怀和审美情趣等基本要点。

（2）科学精神。主要是学生在学习、理解、运用科学知识和技能等方面所形成的价值标准、思维方式和行为表现。具体包括理性思维、批判质疑、勇于探究等基本要点。

2. 自主发展

自主性是人作为主体的根本属性。自主发展，重在强调能有效管理自己的学习和生活，认识和发现自我价值，发掘自身潜力，有效应对复杂多变的环境，成就出彩人生，发展成为有明确人生方向、有生活品质的人。

（1）学会学习。主要是学生在学习意识形成、学习方式方法选择、学习进程评估调控等方面的综合表现。具体包括乐学善学、勤于反思、信息意识等基本要点。

（2）健康生活。主要是学生在认识自我、发展身心、规划人生等方面的综合表现。具体包括珍爱生命、健全人格、自我管理等基本要点。

3. 社会参与

社会性是人的本质属性。社会参与，重在强调能处理好自我与社会的关系，养成现代公民所必须遵守和履行的道德准则和行为规范，增强社会责任感，提升创新精神和实践能力，促进个人价值的实现，推动社会发展进步，发展成为有理想信念、敢于担当的人。

（1）责任担当。主要是学生在处理与社会、国家、国际等关系方面所形成的情感态度、价值取向和行为方式。具体包括社会责任、国家认同、国际理解等基本要点。

（2）实践创新。主要是学生在日常活动、问题解决、适应挑战等方面所形成的实践能力、创新意识和行为表现。具体包括劳动意识、问题解决、技术应用等基本要点。

（三）研学旅行评价的具体内容

研学旅行评价的具体内容涵盖多个维度。

（1）道德品质与基本素养是评价的重要方面，这包括学生对家乡、国家和民族的认同感和自豪感，遵守研学活动纪律、文明旅游公约以及法律法规，同时注重节约环保、生活简朴，不提出不合理的生活要求，并积极参与环保活动。

（2）学习态度与能力也是评价的关键点。学生需要认真参与每一次研学活动，努力完成所承担的任务，展现出不怕困难和辛苦的精神。同时，他们应具有强烈的好奇心和求知欲，主动勤奋地参与研学课程，注意力集中，并按时完成研学任务。良好的学习习惯和有效的研学方法也是评价的重要内容。

（3）实践与创新是研学旅行评价的另一个重要方面。学生应具备创造性解决实际问题的愿望和能力，敢于质疑，善于多角度思考问题。在绘图、实验操作等学习环节中，学生应表现出较强的动手能力，并能在作文、模型制作等方面展现出丰富的想象力。同时，他们也需要善于收集、整理、运用信息，并具备独到的见解和创造性解决问题的能力。

（4）行为与心理健康以及收获与反思也是评价的重要内容。学生需要具备良好的身体素质和健康的心理状态，广泛的兴趣爱好和良好的生活习惯。同时，他们也需要具备一定的安全意识与能力，并能发现和欣赏自然、文学、艺术作品等的美。在研学过程中，学生应善于总结与反思，不断提高自己的水平，并展现出高质量的研学成果。

（四）研学旅行评价的方式

1. 观察评价

学校研学指导师要做好学生观察记录，如活动现场照片、观察记录表等，将日常观察、及时评价贯穿于活动的整个过程，及时评价可以随时随地激励学生，调节课程的实施进度，而日常观察能有效地提高对学生综合性能力评价的准确度和有效性。

观察评价，有时体现为正式评价，如量化或分数等，但更重要的是非正式评价，如一句激励的话语或一个肯定的手势都会产生意想不到的评价效果。

案例分析

××中学深知研学旅行中评价的重要性,实施了"一二三四五"过程性评价模式,并设计出了相关评价表格。

五个维度:包括时间观念、纪律意识、文明旅行、研学专注度、团队协作度,其中包含明德、求知、仁爱、合作等新时代的学习品质。

四个角度:每个评价标准都有四个关键性的评价要点。

三个主体:从学生(研学旅行小组长)、基(营)地指导师、学校研学指导师三个角度去评价。虽然学校研学指导师是最了解自己的学生的,但面对学校研学指导师学生心理上会有一些落差,很难完全感觉平等,这种心理上的落差会造成语言行为状态不可能绝对真实,所以如果仅是学校指导师一个主体去评价,很难准确合理。研学旅行小组长也是学生,从心理的角度来看他们是平等的,这样学生表现出来的语言、行动、情感是比较真实的。而在基(营)地指导师面前,由于是一位陌生人,一般来说学生的表现可能相对比较放松,也是内心真实的反映。一个学生某一个维度就有三张评价量表——组长对他的评价、基(营)地指导师对他的评价、学校研学指导师对他的评价。

两种用法:每张评价量表都有两个用法,一是评价某个学生,二是评价某个小组。同一张量表,既可以用作某一个学生的评价,也可以用作对一个小组进行量化评价。

一张量表:五个维度可以放在一个量表中进行评价,也可以分为五张单独量表。如果是观察了解整体状况就可以放在一张量表中,如果重点观察了解一个或几个方面则需要灵活应用。

评价项目		评价标准	评价结果		
时间观念	集合点到	是否每次都能按时集合点到(迅速、按时、安静、专注)	按时集合	一次未按时	两次未按时
			优秀	良好	一般
	就寝入睡	是否每次都能按时就寝入睡(迅速、按时、安静)	按时就寝	一次未按时	两次未按时
			优秀	良好	一般

续表

评价项目		评价标准	评价结果			
纪律意识	服从管理	能否服从组长管理（自主、自觉、暗示、提醒）	能自我管理	一次不服从	两次不服从	
			优秀	良好	一般	
	听从指挥	能否服从学校研学指导师指挥（自主、自觉、暗示、提醒）	能自我约束	一次不服从	两次不服从	
			优秀	良好	一般	
	课程纪律	能否服从基（营）地指导师指导（自主、自觉、暗示、提醒）	能自我学习	一次不服从	两次不服从	
			优秀	良好	一般	
文明旅行	乘车	能否文明乘车（就座、谈吐、零食、卫生）	文明乘车	一次不文明	两次不文明	
			优秀	良好	一般	
	参观	能否文明参观（聆听、规范、认真、安静）	文明参观	一次不文明	两次不文明	
			优秀	良好	一般	
	就餐	能否文明就餐（节约、安静、有序、卫生）	文明就餐	一次不文明	两次不文明	
			优秀	良好	一般	
	活动	能否有序礼让（有序、随队、文明用语、文明交往）	文明活动	一次不文明	两次不文明	
			优秀	良好	一般	
研学专注度	研学态度	研学态度是否端正（积极、认真、勤奋、主动）	态度端正	一项缺失	两项缺失	
			优秀	良好	一般	
	研学准备	研学准备是否充分（知识、素材、用具、心理）	准备充分	一项缺失	两项缺失	
			优秀	良好	一般	
	研学过程	研学过程是否能够记录（清晰、认真、全面、准确）	过程记录	一项缺失	两项缺失	
			优秀	良好	一般	
	研学合作	是否组内合作学习（分工、担当、合作、完成）	组内合作	一项缺失	两项缺失	
			优秀	良好	一般	
	研学交流	是否与人交流分享（发言、讨论、记录、分享）	交流分享	一项缺失	两项缺失	
			优秀	良好	一般	
	研学收获	研学成果呈现是否精准（手册、作品、感悟、总结）	成果呈现	一项缺失	两项缺失	
			优秀	良好	一般	

项目四 学校研学旅行指导师操作

续表

评价项目		评价标准	评价结果		
团队协作度	团队创新	团队协作中的创新创意（队名创意、创造性、学习力、应变力）	创新创意	一项缺失	两项缺失
			优秀	良好	一般
	团队责任	是否完成团队所需责任（方法、系统、数量、质量）	完成责任	一项缺失	两项缺失
			优秀	良好	一般
	团队管理	团队的自我管理（出勤率、精神、感染力、协调）	自我管理	一项缺失	两项缺失
			优秀	良好	一般

1. 对学生参加研学课程学习情况的评价应该包括哪些方面？你认为哪些方面是最重要的？
2. 学校研学指导师如何使用该表，针对不同年级的学生、不同主题的研学旅行，这个评价表需要进行怎样的调整？

2. 研学手册评价

研学手册是整个研学活动的行动指南，是实现自我管理、自我教育的重要教材。在每一次研学课程活动过程中，学校研学指导师要求每个学生填写学习手册，包括活动计划、活动记录、调查表、出勤登记表、试验记录表或调查记录表、原始数据、学习体会、日记等，并收集整理与研学活动有关的文字、图片、影像资料。

学习手册是学生自我评价、同伴互评、教师评价学生的重要依据，可作为综合评价的重要参考。

3. 成果展示评价

成果展示，包括小论文、调查报告、研究笔记、表演展示、模型作品、设计方案、主题演讲、影音演示等。既可在每次研学课程结束后进行阶段性成果展示，也可在每次研学活动结束后，学校举办一次成果展示评价活动，或定期举办研学成果展示评比活动。

4. 项目评价与阶段性综合评价

项目评价是在每个研学课程项目结束后，组织学生采用自我评价、小组评价、学校研学指导师评价等方式进行评价，促使学生在活动之后能及时进行总结和反思,以便指导后续活动,并为每个学期的阶段性综合评价提供依据。

阶段性综合评价作为学生每个学期研学活动课程成绩的主要依据。原则上每个学期末,学校研学指导师要依据学习手册,结合平时对学生情况的观察,对学生综合素质发展水平进行科学分析,写出有关研学活动情况的评议,引导学生扬长避短,让学生明确努力方向。

在划分出各种评价方式后,要根据评价的重点,赋予不同评价方式以不同的权重系数,综合评价出学生在研学活动中的表现。

案例分析

研学旅行××活动学生个人自评表

主题或项目: 　　　　　　　　　　　　　活动起止时间:

姓名		班级		小组		学校研学 指导师	
1	集体活动 次数		参加次数		缺席原因		
2	你承担的具体任务: 完成任务的情况　　　　　（很好　一般　较差）						
3	你完成任务的情况　　　（主动完成　在催促下完成　未完成）						
4	小组讨论中你的发言情况　　（经常　有时　不太发言）						
5	你与同学合作的情况　　　　（很好　一般　较差）						
6	你提出了哪些积极性建议						
7	你查阅了哪些书籍和资料（填写名称）						
8	你在活动中遇到了哪些困难? 你是如何克服的?						
9	活动中你印象最深的事情是什么?						

续表

10	你对自己在活动中最满意的是什么？ 你最大的收获是什么？
11	你认为本小组活动组织得如何？
12	你认为本小组活动中活动最认真的人是谁？ 你认为本小组活动中活动贡献最大的人是谁？

1. 学生参加研学课程学习情况应该包括哪些内容，与学校研学指导师进行的评价有什么异同？
2. 请教师设计提出不同的研学课程，请你按照以上自评表设计符合不同主题、不同学情的自评表。

步骤三：总结经验，成果累积

（一）课程设计总结

研学课程可以视为一个综合性质的单元教学，具有整合性和主题性，其评价不同于学校老师熟悉的学科课程教学反思和总结，学校研学指导师需要站在育人高度进行单元课程和整个研学课程的综合总结。

通过实施及反馈信息，总结本次研学课程设计主题是否鲜明、突出；内容是否符合教学大纲、是否贯穿书本知识、是否为跨学科综合性的项目、是否围绕主题等；目标是否清晰、合理；方法是否多样，并符合本学段学生；学习手册是否充实、配套；研学成果的要求是否合理、完整等。

（二）课程实施总结

在研学课程实施中，针对出现的各种问题要及时进行专项总结。在研学旅行结束后，可以通过会议、个人总结等方式，针对研学课程实施中做得好和不足的地方予以总结。课程实施总结的根本目的在于获得反馈信息，以帮助学校指导师改进研学课程实施，促进下次研学活动的提升。

（三）供应方评价总结

设计量表对供应方进行评价并总结，把书面报告反馈给供应方或教育主管部门。评价总结包括以下方面：供应方的资质是否合法；开展研学实践教育能力是否符合标准；研学实践教育资源是否丰富，开发是否合理；研学活动课程是否能够结合其资源特点；设计开发的研学课程是否适合本次参加研学课程的学生；与学校教育内容相衔接的课程和线路是否合理；主题是否特色鲜明，富有教育功能；活动场地是否大小合适，生活场所硬件设施是否符合标准；安全设施以及制度怎样，各项运行制度是否健全；保障与承载能力怎样等。

（四）经验成果固化

这里所指的经验成果，是指从一次研学活动的组织开始，学校研学指导师积累的各种经验，既包括可见的物化资源，如课程方案文本、管理机制制度、系列行前课资料、学生研学成果等，也包括反映学生成长的过程资料，如记录研学活动的文稿等。

通过研学旅行鲜活的案例，以归纳综合的方法进行实证研究，还可以形成学术性成果，包括课程方案、研究论文、活动案例、经验总结、研学手册、研究报告、专著成果等。

（五）建设研学资源库

研学活动的组织过程是一个资源积累与课程建设的重要过程。每次活动都可以形成一套资源材料，逐年积累，逐渐形成系统的研学旅行学习资源。其中，学生研学旅行成果资源包对于课程实施效果的评估与课程资源的积累尤为重要。

行前课资源是研学资源库建设的一部分，可推荐学生围绕特定主题收集资料，如风俗民情、特色小吃、地质地貌等，以激发学生的兴趣并为课程设计提供前期积淀。同时，学校可利用专业服务机构提升研学体验，如通过线上平台与游戏化学习方式增强行前课的知识性和趣味性。

在研学过程中，会生成大量过程性资源，包括讲座文稿、学习方法、照片视频、学生收获体会等，以及师生发现的探究问题。这些资源都是课程实施与管理的宝贵财富。

活动结束后，学校可要求学生整理研学问题与成果，通过PPT、视频、调查报告等形式进行汇报分享。例如，某中学在南京研学后，学生汇报内容丰富多彩，如建筑风格对比、地方美食研究等，这些优秀成果被纳入学校研学资源库，为后续的课程开发与管理提供借鉴。

研究型学习结题汇报及点评

服务型学习总结汇报及点评

任务准备	全班分为三个小组，分别模拟A小学、B初中、C高中的研学旅行指导师。
任务要求	1. 请以各自学校研学指导师的身份，收集资料，根据不同的研学课程方案和研学活动安排，为A小学、B初中、C高中的研学活动设计制作一套研学课程观察表、综合评价表、学生自评表等，并比较不同学段、不同主题的观察表以及评价表有什么异同。 2. 请以A小学、B初中、C高中的学校研学指导师的身份，分别讨论如何组织研学成果汇报交流。 3. 以自己班级为单位，收集相关资料，建设研学资源库（以本省、本地区为主）。
任务成果	1. 适合不同学段的一套观察表、评价表。 2. 本地研学资源库。
评价方式	学生自评、互评与教师评价相结合，条件允许可采用真实案例，让研学机构进行评价。分组安排时，注意小组成员分工到位，确保每位同学都有一定任务。

特别说明：

1. 本实践任务贯穿全书所有章节，本实践任务承接项目三的实践成果，同时本任务的实践成果将成为以后项目和任务的实践基础。

2. 任课教师可以根据实际情况，把研学目的地调整为学校所在城市。

 **任务拓展**

学习者的能力是多方面的，每个学习者都有各自优势。学生在研学活动中表现出来的能力不是单一维度的数值反映，而是多维度、综合能力的体现，因此对学生学习的评价应该是多方面的。多元评价理论体现了主体多元化、内容多维化、方法多样化，促进学生全面发展。请思考，在研学旅行中多元评价体现在哪些方面，其意义何在？

 **项目小结**

通过本项目的学习和实践，掌握研学旅行指导师中的重要一员——学校研学旅行指导师在研学服务工作中扮演的重要角色以及相关的工作内容与流程步骤，主要包括研学旅行前熟悉研学活动工作方案、掌握课程方案和研学手册、沟通研学活动事项、组织实施行前课程及分组，研学旅行中组织研学旅行出征仪式、督导研学活动方案执行、确保研学活动顺利进行、收集研学旅行评价材料、处理研学旅行发生的问题，研学旅行后组织研学成果汇报交流、完成研学活动评价和总结经验档案归档。

现在研学实践过程中作为研学主办方的学校很少有专门的研学旅行指导师，但随着研学市场的成熟和规范，随着对研学质量要求的提升，学校应招聘专门的研学旅行指导师，或培养本校的老师成为研学旅行指导师。

通过本项目的学习和实践，让学校研学指导师明确自己的工作定位，从而学习并提升理论与实践工作水平。

练一练

项目五

旅行社研学旅行指导师操作

全国中小学生研学实践教育基地——广东省博物馆

研学旅行指导师实务

思维导图

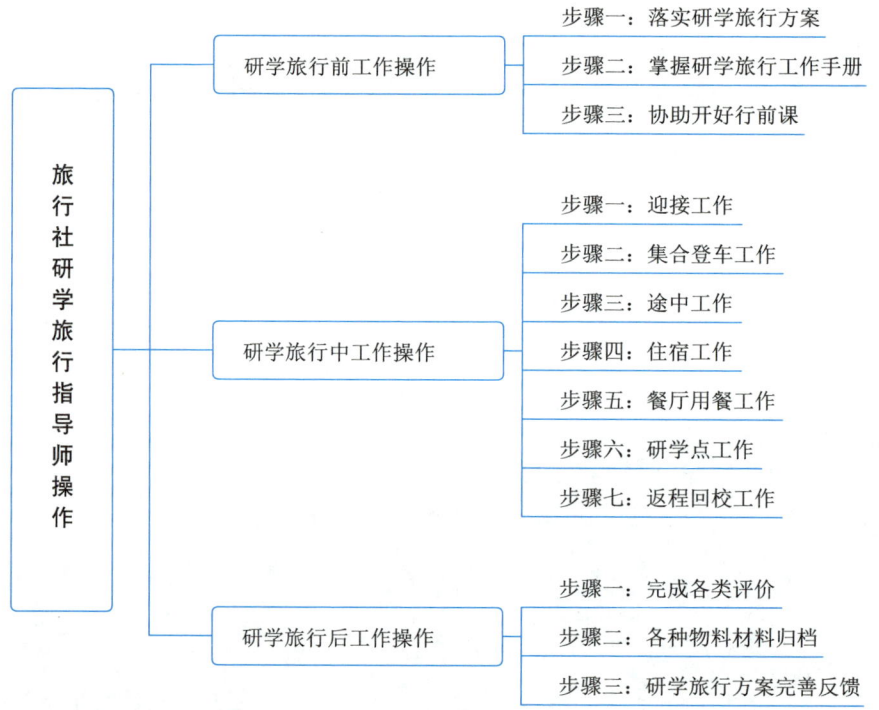

项目五 旅行社研学旅行指导师操作

任务一 研学旅行前工作操作

 **任务目标**

知识目标	1. 理解落实研学旅行方案的内容； 2. 熟悉行前课的开设内容和侧重点。
能力目标	1. 能根据不同年龄段的学生上好行前课程； 2. 能根据不同研学手册，设计研学课程教学方式，准备相关物料。
素质目标	1. 通过落实研学活动工作方案，细化研学旅行手册，培养认真仔细的工作态度； 2. 通过开设行前课，培养安全意识、文明旅游，提高人文素养。

 **任务导入**

小徐是某旅行社研学旅行指导师，刚刚从导游转型的他对于研学旅行前的准备工作有些不适应。以前接到导游部经理的电话，在旅游团抵达前一两天去旅行社拿导游委派单和行程单就可以了，但是现在学校开展研学活动，从标书制作开始就要参与。离出发还有一周多的时间，旅行社就开会要大家分工合作，开展准备工作了。

旅行社研学指导师要完成哪些研学旅行前的准备工作？

 **任务解析**

作为承办方，旅行社应该严格按照研学服务合同要求，派出符合标准的旅行社研学指导师，掌握了研学旅行手册后，履行自己的职责和义务，在后续的服务中代表承办方，及时高效地与学校和学校研学旅行指导师沟通，与研学基

· 167 ·

（营）地及时沟通处理协调问题，保证旅行各环节的服务质量和品质。

一般来说，旅行社研学指导师可以通过行前课等机会提前与学生接触，也能和学校研学指导师有进一步的沟通，以进行更细致的学情分析，更有针对性地开展研学旅行各项活动。

步骤一：落实研学旅行方案

（一）与校方、家长沟通

在与学校沟通之前，每一位旅行社研学指导师都应该牢记学校名称、出行班级、本次研学活动校方负责人的姓名与称谓，还需要熟悉学校校训、办学宗旨与特色等。

根据安排，与校方沟通研学课程的教学要求以及赴校时间，讨论落实具体的研学活动方案，了解参加研学的学生情况，做好与学校老师的各自分工；提前落实学生"三分表"（分车、分餐、分房），一般分车表中一个班级一辆旅游客车，分餐表中十人一个圆桌，分房表中根据住宿地点的具体情况2~8人一间房；与学校研学活动负责人沟通具体开营活动方案内容及流程，具体落实场地环境布置、学生位序安排、音响设备等细节。

如果学校主办方未准备家长通知书（含安全要求告知），旅行社研学指导师须提醒或协助提供通知书，并加入研学班级网上社群。须注意的是，一般家长与学校老师有长期深入的交流，旅行社研学指导师与学生和家长的交往时间不长，切勿在沟通的时候喧宾夺主。

（二）与研学基（营）地沟通

1. 送达研学活动接待确认函

承办研学的旅行社与负责接待的研学基（营）地前期已反复沟通并签订了合作协议，在研学活动开始前，还应再次就活动时间、活动人数、活动内容、餐饮住宿交通的安排、接待细节〔如是否需要环境布置、如何对接迎接车辆、是否指定基（营）地指导师等〕及活动费用等方面给研学基（营）地发出接待确认函。

2. 沟通协调基（营）地准备工作

旅行社研学旅行指导师应主动联系基（营）地，对接基（营）地指导师，

项目五 旅行社研学旅行指导师操作

进一步了解该基（营）地的基本情况、营地位置、课程特点、设施设备、一次课程活动容纳学生人数及课程时间。

3. 沟通研学活动方案

向基（营）地介绍参加本次研学活动的学校特点、学生的基本情况及本次研学活动的人数及研学目的。与基（营）地研学旅行指导师围绕学生学习手册商讨研学活动方案，明确研学基（营）地的教学操作流程。

4. 提前准备接待方案

如需要在营地入住或安排用餐，需提前确定营地具体的住宿接待、用餐接待方案。如餐饮或住宿安排在社会餐厅，也需要提前与其进行沟通。

案例分析

××旅行社承办合肥××学校四年级的研学活动"环境与健康"，××旅行社前期与各接待的基（营）地进行了多次沟通，已确定接待方案。

在研学团队出发前一天，旅行社研学部经理还要参与本次研学活动的实习指导师小N给每一个接待单位用传真形式发一份确认函。

其中，第二天前往黄山毛峰责任公司的确认函如下：

收件人（To）：研学接待处张总	发件人（From）：××旅行社
公司（Co.）：黄山毛峰责任公司	总页数（Page）：1页
传真号码（Fax NO.）：0559-××××××××	日期（Date）：4月27日
□紧急　　□请审阅　　□请批注　　▲请答复　　□请传阅	
主题（Aubject）：关于4月29日我社组织合肥××学校四年级学生来贵公司研学活动相关事项确认	
内容（Content）： 首先感谢贵公司确认在4月29日接待我社组织的合肥××学校四年级学生研学活动，望能保持良好长期合作。现将有关具体事项进行确认： 1. 活动具体时间：××年4月29日上午8:00~上午12:30 2. 活动具体人数：327人（其中6名教师） 3. 研学活动具体内容：①体验采摘 　　　　　　　　　　　②参观（分拣、揉、炒）车间 　　　　　　　　　　　③知识讲座："茶与健康" 4. 服务细节：①采摘体验按1∶3提供采摘工具（竹篓） 　　　　　　②讲座场地请用电子显示屏显示欢迎词，具体内容为："热烈欢迎合肥××学校来黄山毛峰责任公司研学实践"	

续表

> ③讲座场地请提供饮水机和一次性纸杯
> 5. 付费方式：按签订协议价计算，活动次日银行对公账户结算
> 6. 我社本次研学活动总控联系人：×××老师，电话××××
> 　　祝：
> 　　　　商祺！

1. 承办研学的旅行社为什么要给负责接待的基（营）地再次发出确认函？可否只进行电话沟通或线上交流？
2. 你觉得接待确认函上还可以增加哪些接待细节？
3. 接待确认函还应发给哪些接待单位？

（三）与旅行相关部门（人员）沟通

1. 与各环节服务人员提前联系

旅行社研学指导师与车队（司机）联系，进一步核对确定车型、车号、数量、驾驶员名单、抵达学校时间等信息，明确落实研学车队负责人或协调人。需要注意的事项包括：确认研学团总体用车数量、用车座位数量、车辆颜色、车辆使用年限、安全带是否完整；确认是否每车一班，还是分班乘车；提前购买全程用水；明确司机要求，开车期间不能接打电话，司机文明开车；确认司机对研学线路是否清楚；落实当地应急车辆。

提前与用餐餐厅的负责人员联系，告知确定的研学活动用餐日期和初步时间，用餐人数和用餐菜品安排，明确餐厅专门对接人员，以便后期进一步联系。需要注意的事项包括：确认早餐餐厅容纳最高人数，是否为自助餐，如容纳不下研学团全体人员集体用餐，应确认分批用餐时间；确认全程用餐每桌安排人数，餐食为十人一桌，一般十菜一汤，确认菜量及菜单；如果有因宗教或身体原因有饮食禁忌学生，餐厅要提前安排好；确认每餐荤素搭配；全程不能安排存在食品安全隐患的菜品，如鱼、豆角等；确认餐厅与各研学基（营）地的开车路程。

提前与住宿方联系，告知抵达日期，并预留房间，提出相关住宿安排要求，明确今后专门对接的人员。需要注意的事项包括：全程是否更换酒店，要求学生住宿要男女分开入住；如果学生入住酒店，最好是在2~5层，不应安排高楼层带阳台的房间入住；酒店的消防通道是否设施齐全，能否安排研学旅行

指导师组织进行安全疏散演习等。

2. 建立或加入研学服务交流群

旅行社研学指导师可以在联络多方服务接待方后，主动加入相关研学活动服务交流群（如 QQ 群、微信群等），群中相关人员应包括学校研学旅行指导师、相关环节服务人员等，便于后期开展快捷有针对性的服务。如果尚未有类似服务群，可以自己建立并邀请相关人员加入。

（四）其他各项准备工作

旅行社研学指导师还应做好出行前的各项其他准备工作，如形象准备、知识准备、物质准备及心理准备等。

步骤二：掌握研学旅行工作手册

（一）熟悉研学旅行工作手册相关知识

研学旅行工作手册包括：封面、前言、目录、研学主题、课程目标、安全事项、行前准备、课程内容、课程实施、课程评价、成果展示和附录等方面。

旅行社研学指导师首先要掌握的课程目标有，对本次研学旅行目的地的相关情况进行深入了解，包括且不仅限于当地的人文、经济、历史、地理、名人、民俗等。对于涉及的旅游景点要做完善的知识储备，除了常规景点讲解知识以外，还要结合本次研学课程目标进行深入挖掘，要重点学习学习手册相关问题的答案，并注意把相关答案编入研学沿途讲解词，让学生在研学中进行学习。

在安全事项、行前准备、课程评价和成果展示等方面要做到查漏补缺。除此之外，旅行社研学指导师还应该熟悉研学旅行全部行程流程，并且预计好每个环节所需的时间，保证整体活动的安排，并就不明确事宜与校方再次沟通确认。

（二）掌握研学课程教学内容

旅行社研学指导师应充分掌握研学课程内容，出行前提前联系基（营）地指导师，了解学生在基（营）地的课程时间、课程方式及需要自己提前配合的讲解内容，做好抵达基（营）地的沿途讲解设计和相关知识准备，在前往基地的沿途课程中完成研学地点的历史文化背景教学，向学生介绍进入研学基地需要注意的环节及安全注意事项。

目前，在研学过程中，部分研学课程由基（营）地研学旅行指导师负责，这部分内容旅行社研学指导师只需进行了解即可，还有部分研学课程由于没有在基（营）地进行，是由旅行社研学指导师负责的，这部分内容，应该参考项目六任务二"步骤三：教学服务工作"进行详细的研读和准备。

在研学过程中，食宿交通等环节也常常被设计为研学课程，旅行社研学指导师应结合研学手册，从旅行安全及交通常识、文明旅游、餐桌礼仪、酒店消防逃生等方面指导相关研学课程。

（三）设计研学课程教学方式

旅行社研学指导师负责的研学课程很多是与旅行相关的研学课程，课程地点常在交通工具、住宿酒店以及餐厅餐桌旁，这就意味着旅行社研学指导师授课环境更加应景和特殊，增加了授课难度，所以设计适合的教学方式很重要。另外，在部分非研学基（营）地的景点，旅行社研学指导师也要承担其研学指导任务。

例如，在学生住宿酒店进行研学课程，可以先通过短时间的讲解让学生了解相关知识，再使用实地演练、情景模拟等方法，并辅以小组竞赛的形式进行课程教学：分组进行消防模拟训练，假设酒店发生火灾，听到火警后，看哪个小组能最先全员抵达安全地带。

案例分析

某学校研学课程中有"民族豪情　文明之源"的主题，课程地点在壶口瀑布以及黄帝陵，由于这两个景点没有基（营）地研学旅行指导师，在研学活动工作方案中，这部分研学课程由旅行社研学指导师进行具体的指导。请阅读以下"民族豪情　文明之源"研学课程方案及解读内容，并思考下列问题：

"民族豪情　文明之源"研学课程方案及解读

1. 研学课程的指导与导游带团讲解有什么不同？
2. 就像老师上课要注意教学方法一样，研学旅行指导师在指导学生进行研学活动的时候，也要注意方式方法，结合身边实际，分组讨论研学课程的指导方法有哪些。

项目五 旅行社研学旅行指导师操作

（四）准备相关研学用具

研学用具是指在研学活动中，可供学生开展探究性学习和体验活动的用具，业界经常称为物料。

由旅行社组织的研学旅行物料一般有：研学课程相关教具物品；学生统一的旅行包、帽；研学旅行指导师联系卡或防丢手环；在研学过程中需要分组配备不同颜色的服装或标志；研学车队号码牌；拍照或研学场地所需的横幅、手拉旗；研学活动所需的小奖品；旅途中的常用药物，如创可贴、风油精等外用药品；有的主办方学校还要求旅行社负责打印学习手册和各种资料等。

根据研学活动方案，有时候还需要配备相应的辅助设施，如电脑、投影仪、各种体验教育设施或教具等。以上物品最好以清单表格形式罗列，明确每种物品的数量、用途、责任人、保管人、分发人等。

需要提前设计并打印分发如下材料：研学行程单、分餐表、分组表、分车表、分房表、火车座次表、研学工作信息表、校方介绍信、铁路局票务证明、特殊学生记录单和车号牌、相关联系人名单、活动反馈二维码等。

旅行社研学指导师还需要准备一些个人用品，如个人证件、旅行社接待计划和日程表、指导师日志、所需结算单据、支票和差旅费、活动备用金、旅行社研学指导师统一服装、旗子、个人洗漱用品、手机及充电器、扩音器等。

示　例

研学物资单

项目名称	"乐山圣水，诗礼传家"山东研学	学校名称	北京××××学校
负责人	李××	团号	KITS-01-20190110
出行日期	2020年6月10日至14日	人数	107名学生+11名老师+3名研学旅行指导师
交付日期	6月7日上午	研学内容	研究型学习
物品类别	序号	物品名称	数量	金额	合计	备注	准备情况

续表

	序号	名称	数量		备注	
基础保障	1	对讲机	3			
	2	对讲机充电器	3			
	3	发射器	5		3+2 备用	
	4	接收器、充电器	30		一车 10 个	
	5	接收器	130		107+11+3 个 +9 备用	
	6	备用耳机线	30		一车 10 个	
	7	指导师工作服	6 件		备 3 件	
	8	手举牌	1~3 班		指定模板	
	9	车头牌	1~3 号车		指定模板	
	10	横幅	1		学校提供设计稿	
	11	行李牌	110			
	12	胸卡	130		107 名学生 +11 名老师 +3 名研学旅行指导师	
文件资料	13	研学手册	150		待确认定稿后印刷	
	14	研学任务单	20		参照研学手册使用	
	15	指导师工作手册	3+1		工作手册均自行打印	
	16	景区介绍信	1			
	17	保险单（电子版）				
	18	火车票票单				

项目五　旅行社研学旅行指导师操作

续表

课程物资	19	课程工具包	107				
	20	活动奖品1	110				
	21	活动奖品2	110				

资料来源：由北京中凯国际研学旅行股份有限公司提供。

步骤三：协助开好行前课

在研学活动出发之前，旅行社研学指导师应与学校研学指导师协商确定好研学活动行前课的内容，地点可以选择在学校礼堂或多媒体教室，可以适当邀请家长参加。行前课的主要内容包括以下三个方面。

（一）解读行前课程相关内容

在项目四中提到，在行前课程中，学校研学指导师一般负责研学课程相关内容、研学研究方法和安全专题，旅行社研学指导师一般负责文明旅行和行为规范相关内容和安全专题，更加侧重介绍研学整个活动过程中组织环节和生活安排相关内容。一般可以从以下五个方面进行解读：

1. 研学行程安排

详细解释研学行程，包括交通、起居、餐饮、健康、安全等全部生活问题的安排，特别是针对未成年学生自理能力有限的情况，要确保每个细小环节的要求都明确无误。

2. 研学目的地介绍

通过PPT、小视频和讲解等方式，展示研学目的地的历史人文概况、地方文化特点、研学基地及课程特色、地方特产等，以帮助学生提前了解背景，激发对研学课题的兴趣。

3. 行李物品准备

列出必备的证件、其他携带物品、药品和行李要求，并解释每项物品的准备原因，以增加学生的生活常识。

4. 安全文明引导

讲授文明交往、交通、旅游等礼仪知识，培养学生的安全自护、团队合作、健康环保、探究合作、文明公德和自我超越等意识。对于特殊运动，需进行特别的安全指导。

5. 研学旅行食住行注意事项

传授研学旅行中食住行方面的经验，先讲具体规定，再解释原因，并辅以案例说明。对于禁止性规定，还需提供其他解决方案。

例如，在火车上不允许食用方便面，原因是在火车上加入开水泡方便面时，端着在火车上行走时有烫伤的隐患。如果乘坐火车时间长，可以统一安排卫生合格的快餐，也可以备饼干、面包等。

（二）解答各类问题

可以通过现场提问、发放问卷、递交问题纸条等方式收集学生的问题，针对问题进行分类解答。回答学生关于旅行中的各种问题，如天气情况、饮食特色、风土人情等，全面了解学生的需求，做好方案的完善。

（三）收集有效信息

收集学生信息是研学活动提高效能的重要工作。旅行社研学指导师要充分了解开展研学活动的班级情况，包括参加研学的人数、男女生比例情况、学校学习情况、心理和生理有特殊情况的、特殊家庭背景的学生等，这些信息需要前期与学校研学旅行指导师多加沟通，尽量提前获取并加以分析解读，以便后期更好地开展各项对应服务和协助工作。

在开展行前课时，与师生有面对面的交流也是破冰过程，通过沟通交流，可以更进一步了解学生的情况；通过收集学生的个人信息、家庭基本信息、学习成绩信息、学习习惯、学习能力信息、健康信息等，可以进行更细致的学情分析，更有针对性地开展研学旅行各项活动。

任务准备	全班分为三个小组，分别模拟 X 旅行社、Y 旅行社、Z 旅行社的研学旅行指导师。

项目五 旅行社研学旅行指导师操作

任务要求	1. 结合完成的北京B初级中学的自然生态教育研学课程方案及研学手册内容，请以X旅行社研学指导师的身份，拟出研学活动接待确认函，并发送给本次研学活动涉及的研学基（营）地；结合完成的杭州C高级中学的家国情怀研学课程方案及研学手册内容，请以Z旅行社研学指导师的身份，拟出研学活动接待确认函，并发送给本次研学活动涉及的研学基（营）地。 2. 请以X旅行社、Y旅行社研学旅行指导师的身份，为B初中、C高中的研学活动，模拟设计研学旅行相关物料表。
任务成果	1. 针对不同基（营）地的研学活动接待确认函。 2. 适合不同主题的一套相关物料表。
评价方式	学生自评、互评与教师评价相结合，条件允许可采用真实案例，让研学机构进行评价。分组安排时，注意小组成员分工到位，确保每位同学都有一定任务。

特别说明：

1. 本实践任务贯穿全书所有章节，本实践任务承接项目三、项目四的实践成果，同时本任务的实践成果将成为以后项目和任务实践的基础。

2. 任课教师可以根据实际情况，把研学目的地调整为学校所在城市。

任务拓展

在各地研学实践中，部分地区是旅行社先设计好研学活动方案，再参与学校方举办的研学旅行招投标，中标旅行社再按照中标的研学活动方案进行操作。请讨论旅行社包揽制作研学活动方案有什么弊端？

研学旅行指导师实务

任务二　研学旅行中工作操作

 **任务目标**

知识目标	理解研学旅行中的迎接、集合登车、住宿、用餐、返程等工作内容和关键点。
能力目标	能针对不同学段的学生，配合不同研学主题，按照研学旅行工作方案，做好研学旅行中的各项操作程序。
素质目标	通过研学旅行中工作细节的把握，树立质量意识，培养对学生、学校、研学服务机构的负责任的工作态度。

 **任务导入**

请观看以下两个视频，思考下列问题：

视频一："研学湖湘　经世致用"研学旅行记录视频

视频二：新少年研学旅行指导师

"研学湖湘　经世致用"研学旅行记录视频

新少年研学旅行指导师

1. 视频一、二分别涉及哪些工作流程？
2. 视频一中旅行社夏令营辅导员和旅行社研学指导师在旅行中的工作流程有哪些异同？
3. 请辨认出视频二中学校研学指导师、旅行社研学指导师、基（营）地指导师分别是哪些人。

· 178 ·

项目五　旅行社研学旅行指导师操作

 **任务解析**

旅行社研学指导师在研学旅行中的工作内容是最为复杂和关键的，因为离开封闭和惯常的校园，师生在开放、流动、复杂的环境中都会出现不适应，而旅行社研学指导师却是主场环境工作，不论是在乘坐交通，还是住宿用餐都应该得心应手，把握以下研学旅行中的关键环节，保证研学活动的顺利开展。

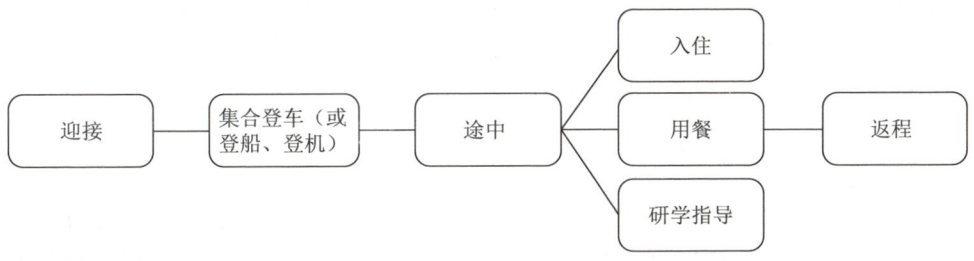

步骤一：迎接工作

（一）迎接前的准备工作

旅行社研学指导师在赴学校开展研学工作前，应做好多方面的研学准备工作。至少应在研学活动出发前三天，与旅行社、研学基（营）地、各有关服务部门或人员联系落实，检查落实研学团的交通、住宿、行李运输等事宜。

1. 落实旅行车辆

旅行社研学指导师应提前与车辆单位联系，弄清接待车辆的车型、车牌号及车内设备的完好程度，并对以上情况做书面记录；最好按照班级人数确定车辆规格，尽量一个班一台车；与司机约定接头地点、出发时间（准确估计时间，提前半小时到达学生出发地点）；接待大型研学团时，须在车上贴编号或醒目标记。

2. 落实住房

旅行社研学指导师应向旅行社前期联络人员或计调了解研学团所住饭店位置、概况、服务设施和住宿标准，核实研学团所订房型、房间数、是否含早餐等。如有必要，旅行社研学旅行指导师应再次向入住酒店有关人员了解团队排房情况，主动介绍该研学团队的特点，与饭店接待人员配合做好接待工作。

3. 落实用餐

旅行社研学指导师应提前与各有关餐厅联系，确认研学团日程所安排的每一次用餐情况。在确认时，须讲明研学团的名称、团号、人数、餐饮标准、用餐日期和餐次、特殊要求等，最后记录接待人员的姓名和通知时间。

4. 落实接站

对于研学地接旅行社的研学指导师来说，需要提前三十分钟抵达接站地点（机场、车站等）。在等待研学团时，应再次确认飞机或火车的班次、到达地点、旅游客车的停车地点等。飞机或火车抵达后，应在出站口醒目位置，展开接站横幅，手举分组号牌，准备接站。

（二）确认研学团队

所有旅行社研学指导师统一着工装，提前到达学校附近，首先与司机联系，明确车辆停靠位置，在车上贴编号或放上醒目标记。可以提前把教具和物料放在车上，视天气状况，请司机提前打开空调。

列队进入校区，统一听从旅行社项目负责人（总控）安排，不得扎堆聊天。旅行社研学指导师在学校研学指导师的协助下，确认自己所带研学班级或小组。如果没有在行前课程上见到自己所带的研学班级和小组，最好能借此机会向学校研学指导师了解该团队构成的情况，具体包括团队的人数、性别、学习状态，尤其是部分需重点关注的学生的信息情况等。

（三）自我介绍

旅行社研学指导师会面对不同年龄段的学生，应针对学生的具体情况进行个性化、趣味性的自我介绍，拉近与学生的距离。这里请注意，由于在迎接学生的过程中，学生比较分散，所以在车上会有一次比较正式的个人自我介绍，在迎接过程中的自我介绍可以相对简单。

（四）清点团队人数

旅行社研学指导师应及时与学校研学指导师核实人数和名单，如出现与计划不符的情况，要与学校研学指导师确认，找出原因，明确具体情况。

（五）清点行李物品

在核实实到人数之后，旅行社研学指导师应首先请大家确认是否携带必备证件和行李物品，协助本团学生将行李集中放在指定位置，提醒学生检查行李是否完好无损，然后与学校研学指导师、同学共同清点行李。协助同学对行李箱进行编号，贴上姓名班级标签，注明联系方式，以便遗失时寻找。

步骤二：集合登车工作

（一）组队集合登车

各个研学班级或小组按计划登上指定车辆，并按规范分配好座位。如出现交叉班级学生，应及时与所在班级负责的学校研学旅行指导师沟通，告知人员名单。

研学乘车管理

（二）协助行李摆放

在客车行李箱提前打开时，与学生共同明确行李的数量和摆放位置，提醒学生将大件行李放车外部行李舱，小件随身行李可放车内部行李架，但必须注意将放在外面的水杯、重物放入行李包内或放到座椅旁，避免掉落砸伤同学。

（三）引导学生入座

按照名单编号和位置，有序安排学生登车入座，防止出现乱抢座位等不文明现象。旅行社研学指导师可以要求学生在全部行程中，如没有特殊情况，不得随意更换座位。

（四）再次确认清点人数

学生坐定之后，再次按照预定名单清点人数，若出现与名单不一致的情况，及时与学校研学指导师沟通，汇报给旅行社项目负责人（总控），调整并协调安排。

（五）介绍乘车注意事项

旅行社研学指导师登车后应及时介绍乘车注意事项：介绍车内安全卫生保洁问题，发放一次性垃圾袋；说明交通服务环节的安全防范，向学生宣讲车内紧急疏散、逃生知识；如有晕车学生，提醒提前做好预防准备工作。

（六）检查确认安全带

向每位学生介绍安全带的正确使用方法，并提醒每位学生及时规范使用，然后在车上开展检查工作，对没有系安全带的学生予以礼貌纠正，并协助其系好安全带。

（七）整体确认发车

一般研学旅行会涉及多个班级，需要多辆旅游客车，因此所有旅游客车应贴好车号，编队行驶，一同出发。旅行社研学指导师应与学校研学指导师或旅行社项目负责人（总控）确定发车时间，并及时通知司机，告知学生。

步骤三：途中工作

（一）首次接团途中工作

1. 介绍研学机构和个人

开场白和致欢迎词时，旅行社研学指导师为了表示对广大学生的尊重，应采取面向大家的站立姿势，位置应选在车厢前部靠近司机、使全体学生都能看到的地方。

在研学旅行中，由于对象是学生，切忌个人介绍死板沉闷，如果能够风趣自然，或加入孩子们喜欢的网络热词，就能缩短与学生的距离，使大家很快成为朋友，熟悉起来。旅行社研学指导师还负责研学指导教育工作，所以个人介绍还要注意汲取谚语、名言，充满文采，树立知识渊博的形象，另外还要注意根据学生的不同年龄层次进行个人介绍设计。

2. 表达对学生的欢迎

这是给学生留下第一印象的机会，好比一场戏的序幕的序曲，一部作品的序言。我们应当努力展示自己的艺术风采，因为良好的开端是成功的一半。

研学旅行指导师表达欢迎学生可以有不同的展现方式，下面是某研学指导师的示范：

各位同学，大家上午好，首先让我代表××旅行社，感谢各位同学的信任，可以陪同你们一起到遵义开展红色研学活动。我姓周，大家可以叫"小周老师"，希望能为大家提供"周到"的服务。这位是我们的司机刘师傅，有多年的驾驶经验，大家在研学期间可以把两颗心交给我们：一颗心——"放心"交给刘师傅，大家尽可能放心坐他的车；另一颗心——"开心"就交给"小周老师"我！研学期间大家有什么问题，可以随时提出来，我们研学旅行指导师团队会极力解决解答。咱们一路同行，行万里路，读万卷书，愿你们学得开心，学有所成，谢谢各位！

3. 介绍研学活动的日程安排

由旅行社研学指导师进行研学活动日程安排介绍，包括行程介绍、研学目

项目五 旅行社研学旅行指导师操作

标介绍、研学课程介绍。注意要与行前课相呼应，如果行前课的研学行程安排和研学目的地介绍中布置了需要学生思考的问题和查阅资料的任务，此时不妨再次提起。

4. 介绍研学活动的注意事项

对于研学行程中的食住行注意事项、文明出行提示可以再次强调。这部分可以和介绍研学活动日程安排同时进行，在介绍日程安排时，每介绍一个研学活动，可以同时强调这个活动的安全注意事项。

（二）前往研学地点途中工作

1. 开展车内研学活动

研学活动很多时间都消耗在行程途中，如何利用这些宝贵时间开展有意义的车上研学活动，也是研学内容的重要组成部分，被称为"移动课堂"。在车上开展研学活动要充分考虑以下因素：

（1）学生熟悉程度。如果是一个班级的同学，彼此非常熟悉，可以开展些难度大、配合程度高的活动。如果来自不同班级，熟悉度较低，可能需要先开展破冰活动，互相认识后再开始简单或单项的研学活动。

（2）时机问题。开展活动要充分考虑所选择时间段，如果是刚吃过饭，或是等会要进行晚会或汇报，不妨多让他们在车上多思考、多休息；如果是要长途前往旅行点，还有很长距离，就应设计研学活动了。

（3）路况因素。开展活动，尤其是部分需要适度起身离座位的活动，一定要以安全为前提。如果行驶在一条平稳的道路上，可以适当考虑；如果在高速公路上，或者在蜿蜒曲折颠簸不平的道路上，则应坚决禁止，防止学生出现意外情况。

（4）活动器材。开展活动要考虑是否有可以借助的外物设施设备，如车上有没有麦克风，是无线还是有线的，有没有活动需要的器材，哪些是可以灵活利用的，是否要准备小礼物、小奖品等。

2. 介绍沿途的风土人情

学生离开学校前往研学目的地，一定充满好奇和新鲜感，很想了解外面的世界，旅行社研学指导师应把握时机，选择学生最感兴趣、最急于了解的事物进行介绍，以满足学生的好奇心和求知欲。

所以，旅行社研学指导师必须做好沿途介绍。沿途介绍是展示旅行社研学指导师知识和工作能力的大好机会，精彩成功的沿途讲解会使同学产生信任感和满足感，从而在他们的心目中树立起旅行社研学指导师良好的第一印象。同时，沿途介绍也需要与研学主题相吻合，以下是到秦始皇兵马俑开展研学活动的沿途讲解元素。

① 车至灞桥，朗诵"灞柳含烟满面春，年年攀折为行人"的诗句，介绍古人在灞亭设宴惜别，送行亲朋必折柳相送的习俗；② 车过华清池，可讲解白居易的《长恨歌》，介绍唐明皇和杨贵妃的故事；③ 车过渭河大桥，可讲解杜甫的《兵车行》，讲一讲唐代著名的东渭桥、西渭桥和中渭桥，介绍渭河流域亦是中华民族的发源地之一；④ 车过咸阳，讲解王维的《渭城曲》。

沿途讲解还需要根据学生不同年龄段来进行设计，讲解内容要让学生易于理解，产生共鸣。二维码处是某研学旅行指导师在给小学生、初中生、高中生讲解湖南湘江时的不同处理。

同一内容针对不同学段的沿途讲解

要注意的是，在沿途讲解中，还可以在讲解词中包含研学手册中的相关内容和答案，或就研学涉及的问题组织讨论，并提醒学生进行聆听和学习。

3. 照顾学生的旅途生活

旅行途中研学旅行指导师要及时关注学生的情况，照顾好学生的旅途生活。如在途中出现个别同学晕车的现象，应按照之前的既定预案处理，不可视而不见、听而不闻；在高速上一般车辆行驶2个小时即安排一次在服务区休息，既可以让学生上卫生间，也可以缓解学生和司机的乘车疲劳。

4. 提醒研学基（营）地的注意事项

介绍参观基（营）地的相关规定，如进入博物馆前，应向学生介绍博物馆参观时不能携带食品、饮料，文物展览不能使用闪光灯拍照等。

提醒学生做好参观前的个人准备，如夏季进入山区、草原前，提醒学生戴好遮阳帽、做好个人防护，涂抹防晒霜、驱蚊液，准备水壶等。

提醒学生做好研学课程准备，如携带研学手册、笔等，进入基（营）地前，利用导览图介绍即将开始的研学课程学习地点、行进路线、集合地点、集合时间等。

5. 发放研学相关物品

根据研学课程内容发放相关设备物品，如蓝牙耳机接收器、基（营）地入门凭证、课程学习材料、课程学习用具、实验物品等。

步骤四：住宿工作

研学旅行团队有的会入住酒店，有的会入住研学营地，两者在房间设施设备、入住人数等方面略有区别，但工作流程基本一致。

项目五　旅行社研学旅行指导师操作

（一）抵达入住地点前

旅行社研学指导师团队可以先派人员提前抵达入住地点，与入住地点的前台负责人确定该研学团队房间数、房号等相关预订信息，并提前按照分房表准备好房卡。时间宽裕的话，还可以提前检查所有房间，主要查看安全性和设施设备情况，并要求酒店提前把房间所有收费物品收走，以免产生不必要的费用。

旅行社研学指导师带领学生抵达入住地点前，需要告知司机的住宿位置、停车地点、周边环境。应再次告知学生下车后进入房间的流程和注意事项。

（二）办理入住手续

1.根据名单分配房间

研学车辆根据安排，有序抵达后在指定地点停车，旅行社研学指导师再次提醒同学拿下所有的行李，根据分房表，找到同住一间房的伙伴，由组长负责收集该小组成员的身份证原件，统一交给分房负责人A，同时分房负责人B把房间的房卡或钥匙交给组长，分房负责人C在一旁登记每间房入住同学的名单和联系方式，并把完整登记表备案一份给学校研学指导师。

在这个环节中，如果研学旅行团队人数众多，一定要注意合理安排，有序进行，尽量减少在大厅逗留的时间，以免造成混乱的局面。为了避免大厅出现拥堵，可以由相关工作人员提前领取房卡或钥匙，当研学车队进入停车场时，由工作人员递交给每辆车的旅行社研学指导师，在车上完成分发房卡（钥匙）的工作。

2.个人身份验证识别

每位学生都已经按要求提供身份证作为登记凭证，旅行社研学指导师应明确具体入住人员和研学名单一致性，不能出现不同班级错住、混住和私下调换房间等现象。有的酒店要求学生当面进行核验，有的则只需证件进行登记，如果无须当面进行个人身份验证识别，则由研学旅行指导师负责进行统一证件登记，证件在客房巡查时归还。

（三）提示相关注意事项

注意事项包括安全提醒、次日时间和安排、介绍住宿设施设备。如果相关注意事项较多，需要比较长的时间，可以在抵达入住地点前在车上进行宣讲，或者学生入住后，在首次巡查房间时再次强调。

1.提醒安全事项

提醒学生相关注意事项，宣讲住宿安全知识，如条件具备可以设计成研学内容，在酒店工作人员的协助下，带领学生熟悉逃生通道。提醒学生如有陌生人敲门，请不要随意开门；如有外出自由活动需要，须结伴出行，并上报旅行社研学指导师和学校研学指导师，登记外出时间和地点，并携带酒店前台名片。旅行社研学指导师应告知联系人的房间号及联系方式，方便学生有问题时能及时联系。

2. 提醒次日时间安排

旅行社研学指导师应向学生预报晚上和次日的活动日程和时间安排，特别强调第二天的叫早时间、早餐时间和地点、出发时间和集合地点，提醒学生第二天开展对应活动需要的研学物品。

这部分内容可以在学生入住前进行提醒，如果研学旅行方案中晚上还有安排，可以在晚上的研学活动结束后进行提醒。

3. 介绍住宿设施设备

旅行社研学指导师应介绍住宿客房位置，房间钥匙、房间热水及淋浴等使用注意事项，介绍餐厅、公共洗浴间、电梯等位置，安全逃生通道及各项公共设施如商场、运动场所、体验场所情况。

（四）进行客房巡视检查

1. 首次客房巡视检查

在办理好入住手续后，需要进行首次客房巡视检查工作。如果入住酒店，这一工作由旅行社研学指导师和学校研学指导师共同承担；如果在研学营地，可由旅行社研学指导师、基（营）地指导师和学校研学指导师共同进行。女生房间须安排女性指导师查房，不得独自进入异性学生房间查房。首次客房巡视检查需要注意下列事项：

（1）询问入住情况。由学校研学指导师检查入住人员是否与分房表一致，旅行社研学指导师关照学生并当面询问同学的入住情况，包括行李是否都已提取，是否有遗漏或错拿现象，如发生应及时查找并更换。

（2）检查房间内的设施设备。由于研学旅行费用普遍较低的原因，住宿客房极少有豪华酒店，一般是经济型酒店或研学营地，难免会有设施设备不全或老化的问题。这可以在行前课或首次沿途讲解的注意事项中进行预防性说明。

在房间巡视检查中，要细心检查房间是否整洁安全，房门窗户是否有隐患；室内设施是否不全或有损坏现象；卫生设施是否可以使用；内部电话是否通畅；房门后的安全疏散图是否齐全等。

2. 多次查房和值夜班

一般在研学团队入住后，旅行社研学指导师除首次查房外，在睡前、入睡后还要再次进行查房。根据主办方学校的要求,有的为了防止学生晚间玩手机不睡的情况,还需要统一在睡前上缴手机等。入睡后的查房不需要进入房间,只需要在门口听一听房内是否安静入睡。学生入睡后,还要安排研学旅行指导师值夜班,主要防止学生夜间外出及处理突发事件。

(五)处理相关问题

1. 入住地点的相关研学活动

在研学旅行过程中,一般晚间也会有相关的活动,有的是统一组织的讨论、文娱活动、总结会等,有的是要求个人进行总结和研学手册的整理。需要旅行社研学指导师进行辅助指导的,按研学旅行方案的要求进行指导。

2. 解决处理突发问题

旅行社研学指导师应及时向学生了解相关问题,并与学校研学旅行指导师共同配合,也可以在酒店、营地、旅行社等人员的协助下解决处理相关问题,如行李遗失、外出迷路、身体不适等,具体内容在项目七再详细阐述。

(六)退房工作

如果是早餐后退房,退房工作一般应遵循退房—交房卡—吃早餐的顺序。以团队 6:30 叫醒服务,7:00 早餐,8:00 准时集合为例。

1. 组织退房要求

(1)退房准备。提醒学生,确认清点好个人行李物品,退房前检查房间,不要遗忘物品,带全行李到指定地点存放。

(2)放置行李。安排一名工作人员引导学生将行李放置到指定地点,以班(或车)为单位集中放置。

(3)前往餐厅。提醒学生按照入住地点的用餐要求,携带房卡或者餐券前往餐厅用早餐。

(4)收取房卡。可在餐厅门口收取房卡,并做好收卡记录。

①安排两名工作人员同时在岗,可轮流用餐;工作人员需在 6:45 之前到达餐厅。

②餐厅门口收取房卡是为了避免当餐厅需要刷卡用餐时,提前收卡学生无法进入餐厅。

(5)用早餐。学生在餐厅刷好房卡后,可直接进入餐厅用早餐。

(6)安排查房。工作人员可将已收取的部分房卡及时交到前台,安排客房检查工作。

(7)确认房间。其他工作人员必须在 7:30 前完成用餐;持对讲机前往各个楼层，协助确认还未提交房卡的房间情况；如遇学生还未起床，抓紧催促提醒；做到早发现、早提醒、早处置。

（8）提取行李。学生用完早餐后，自行取回行李，8:00前到达指定地点集合。

（9）组织集合，清点人数和行李。8:00准时集合整队，以班（或车）为单位，清点人数，提醒学生再次检查行李物品。等候指令，准备出发。

2. 相关问题处理

（1）遗留物品。退房后，通知住宿地点客房检查做好登记记录。如有房间遗留物品，时间宽裕时，可现场收回并返还给学生；时间紧张且量大时，统一封存所有房间遗留物品，交由前台，快递回学校（工作人员可协调学校研学指导师留下学校地址、联系人、联系电话，通过快递的形式寄往学校）。

（2）物品赔偿。退房后，检查到房间内出现物品破损、丢失等情况，须先通知学校研学指导师一同与当事人核实；如核实无误，应由学生自行照价赔偿，酒店（营地）开具赔偿证明，交由学校研学旅行指导师保管，避免后续产生不必要的纠纷。如核实有误，并非学生损坏或私拿，须与住宿地点负责人说明原因，反映事实，协商解决。

步骤五：餐厅用餐工作

（一）抵达餐厅前

1. 确认用餐的人数、时间

在进入餐厅前，提前与餐厅联系，确认具体的用餐人数和时间，安排好餐桌及餐具以及桌号牌的摆放。为了避免学生在餐厅的等待时间过长，可以提前十分钟请餐厅开始起餐。

2. 用餐事项提前安排

研学团餐对菜品有特殊要求，如为了避免鱼刺卡喉的隐患，一般不允许餐厅上鱼；要尽量避免容易过敏或不熟有毒的菜，如四季豆、黄花菜等；如果接待回族地区的研学旅行团队等，要提醒餐厅提前根据民族饮食风俗进行准备。

学生中若有特殊情况，如因特殊信仰、牙齿受伤、口腔患病等原因需要特殊安排用餐的，如果人数较多，可以在分餐表时就进行特殊安排，有同一要求的同坐一桌，并要求餐厅进行特殊安排。如果只有极个别的学生，则可以安排小桌就餐。

3. 根据班级分配桌号

在研学旅行团队出发前，就应该做好分餐表，每车随团的研学旅行指导师都有本车分餐名单表，研学旅行项目负责人（总控）有全团分餐表。如果在研学过程中出现了特殊情况需要调整的，经批准后，要通知所有相关人员。

（二）抵达餐厅后

1. 组队集合进入餐厅

为避免拥挤，研学车队可略有时间差，先后抵达餐厅。旅行社研学指导师组织学生按照提前制订的就餐座次表有序下车，进入餐厅。

2. 引导学生餐厅入座

旅行社研学指导师可站在餐厅关键位置，告知如何前往餐厅的餐位。如果餐厅较大，也需要在停车场到餐厅的每一个关键位置安排旅行社研学指导师进行引领。

3. 避免就餐安全隐患

如果餐厅环境有安全隐患，在时间宽裕的情况下，可以提前要求餐厅进行整改。如果时间来不及，需要派出旅行社研学指导师在隐患地点进行提醒，如在接开水的地方可以张贴安全提醒，如果是年幼的学生，可以由旅行社研学指导师协助，避免安全问题的发生。

（三）餐厅用餐时

1. 文明用餐教育引导

"民以食为天，食以礼为上。"文明用餐是社会文明的重要体现，它不仅传承了中华民族的优秀文化，而且承载着尊重劳动、勤俭节约的传统美德。所谓"一粒米中见德行"，文明用餐不仅关系着每一位同学的身体健康，而且是体现学生素质和学校风貌的一个窗口。文明用餐教育引导内容包括以下六个方面：

（1）礼让三分：保持良好的就餐秩序，共同营造一个良好的就餐环境。

（2）环境卫生：注意地面卫生，不要乱扔餐巾纸或者食物残渣，保持就餐环境干净整洁。

（3）轻言细语：嘈杂的就餐环境影响我们的就餐情绪，用餐时请勿大声喧哗，注意个人形象。

（4）惜食如金：爱惜粮食，杜绝浪费，节约粮食是尊重劳动者的表现。

（5）注意安全：各班按照规定座位就座，餐厅内不跑跳打闹。

（6）文明礼貌：对餐厅工作人员服务不满意，可及时向旅行社研学指导师反映，发现问题，不吵不闹，如实反馈，妥善解决。

这些内容可以在用餐前以培训的形式说明。

2. 中途巡视用餐情况

用餐过程中，研学旅行指导师应巡视用餐情况。根据研学的人数，研学旅行指导师轮流巡视，解答学生提出的需求和问题，并监督、检查餐厅是否按标准提供菜品和服务，解决可能出现的问题。

无论是学校研学指导师还是旅行社研学指导师，一般都可以与学生同桌，对菜品分量、质量能进行直观督导和检查，也能掌握学生在就餐过程中的各种情况，如果有问题要及时反映给研学旅行项目负责人（总控）。用餐时，所有研学旅行指导师禁止饮用含酒精类饮品。

3. 及时处理相关问题

在用餐时，有可能会遇到菜品分量、质量不符合要求，学生打闹、烫伤、鱼刺卡喉等突发受伤情况，个别学生不合口味进食较少等问题，如何解决此类问题在项目七有详细叙述。

（四）用餐结束后

旅行社研学指导师应严格按照实际用餐人数、标准、数量，如实填写餐饮费结算单与餐厅结账，按旅行社安排并索要正规发票，同时应督促餐饮服务提供方按照有关规定做好食品留样工作，提前了解餐厅附近的医院情况等。除此以外，具体步骤如下：

（1）清点人数。用餐结束后清点人数，旅行社研学指导师与餐桌组长确认本餐桌学生是否全部归位。

（2）组织离开餐厅。以餐厅出口为基准，遵循就近原则，以车为单位，由旅行社研学指导师引导学生有序离开餐厅。

（3）错峰离开餐厅。如果恰逢晚餐时段，且涉及学生人数较多，建议安排学生以车为单位分批离开，确保错峰抵达住宿或上车地点（可以有效解决因住宿地点大堂面积有限、电梯运力有限、入住流程烦琐等问题所造成的大规模拥堵）。

（4）再次清点人数。户外场地集合整队或直接上到旅游客车后，再次清点人数和行李物品，等待发车指令。

步骤六：研学点工作

（一）抵达研学地点前的工作

1. 联系景区购买门票

有不少研学旅行会涉及旅游景区景点，而普通的旅游景点并没有进行研学课程的开发和研学旅行指导师的培养，这就对旅行社研学指导师有更多的要求，需要注意的事项有以下三个方面：

（1）如果景点景区需要提前预约，可以提前统一进行预约，如果无法提前预约，则需要派工作人员提前抵达景点进行购票，并在研学车队抵达前按照各车人数整理好门票，准备发放。

（2）全团需要协调到达场馆车程时间，开始参观时间和结束时间；需要统一参观内容，参观形式（集体参观、分组分班、轮流交替参观等），明确并安排好是否有讲解（自由参观、整体讲解），讲解形式（整体一讲、多班一讲、一班一讲、一车一讲等）。

（3）旅行社研学项目负责人（总控）还需要提前确定是否需要景区讲解人员，该人员是否需要提前预约，参观时是否需要出具校方介绍信，参观时是否需要出具学校研学指导师的教师资格证等。

2. 介绍环境设施分布

抵达研学地点前，包括在景区景点或基（营）地的路上，可以对研学地点进行介绍，一般需要注意，介绍内容要全面而精简，既要把应该介绍的研学地点概括进去，又不能泛泛而谈使内容冗长而无味。介绍内容要有吸引力，但又不能喧宾夺主，不能直接提前讲解景点的具体内容或提前进行研学课程内容讲授。

如果研学人数不多，可以在抵达研学地点后，在景区或营地的地图前介绍其环境及设施分布，如果人数众多或地图前区域狭窄，就需要提前在车上进行介绍，同时注意研学车队应错峰抵达。

3. 文明行为教育引导

早在2006年10月，中央文明办和国家旅游局就联合发布了《中国公民国内旅游文明行为公约》与《中国公民出境旅游文明行为指南》，旨在倡导游客遵守公约，争做文明游客。2013年10月实施的《中华人民共和国旅游法》更明确规定游客"应当遵守社会公共秩序和社会公德，尊重当地的风俗习惯、文化传统和宗教信仰，爱护旅游资源，保护生态环境，遵守旅游文明行为规范"。

自2016年5月26日起，原国家旅游局依法制定的《关于旅游不文明行为记录管理暂行办法》开始施行，该办法俗称"黑名单"制度，一旦游客被列入，其不良信息记录将被保存一至两年，而且将影响其再次旅游，严重的甚至会影响到出境、银行信贷等。可以说，文明旅游既不缺约束指南，也不缺法律规范。

但在研学过程中，如果一味地宣讲法律法规条文，会比较枯燥。可以通过分组比赛、"我当一日纠察员"、个人积分等形式，树典型立示范，发挥榜样引导作用，在研学活动中渗透德育教育，促进行为习惯的养成。旅行社研学指导师需要在抵达研学地点前再次重申文明旅游的内容以及文明行为教育活动的规则，不断督促学生养成文明旅游的习惯。

（二）抵达研学地点后的工作

1. 组织整队清点人数

每一次上车、下车，旅行社研学指导师都应清点人数，整理队伍。要做到熟记研学旅行方案，当每一个研学地点抵达后，是需要分组领票进入，还是需要拍摄大合照，指定集合区域在哪里，都要牢记于心并贯彻实施。参观时，确保学生不要游离团队，有特殊情况需要离队，必须告知本班研学旅行指导师。

2. 安全提示准确到位

如果提前发现研学地点有安全隐患，应该及时要求对方整改，如果无法整改，则需要想办法避免。例如，某些名人故居场地较为狭小，为了不出现拥挤踩踏情况，需要安排研学团队错峰抵达；暴雨过后某些研学营地山石松动，需要避开此区域并竖牌警示；某名山山路错综复杂，或研学行程设计的路线并非常规游人登山路线，则需要提前写好指示牌，或在关键地点安排工作人员指引等。

3. 摄影摄像做好过程记录

摄影摄像用光影留住研学旅行美好的事物，记录精彩瞬间，发现身边的美。一来学校要求所有教育活动必须拍照、记录、打印存档，凡事留痕，以备检查；二来在研学活动中，孩子们离开父母独立出行，不少家长非常担心，希望通过照片、视频看到自己的孩子；最重要的是，摄影摄像能记录下研学过程中觉得有意义的每一件事、每一个人，记录每个平凡却温暖的瞬间。当研学结束，时间飞逝，记忆模糊，还有照片和视频能让孩子们回忆这一刻的美好时光和心情。因此，研学团队没有配备专业的摄影摄像师时，旅行社研学指导师应承担拍摄照片和视频的工作，及时上传到工作群和家长联系群中，以便家长及时了解孩子的情况，同时对研学旅行进行过程记录，通过摄影摄像筛选并及时进行后期制作，呈现出小视频或电子影集，已成为旅行社研学指导师一项重要的工作。

4. 协助组织开展研学课程

如果研学课程由基（营）地指导师负责组织开展，旅行社研学指导师只需要进行协助工作，包括维持纪律、帮助分发教具、回答个别问题，在实践过程中，也可以协助指导学生。

如果在旅途中或景区、研学点由旅行社研学指导师开展研学课程，则需要按照项目六工作任务二中的"步骤三：教学服务工作"进行操作。

步骤七：返程回校工作

（一）组队集合登车

完成全部研学旅行任务后，学生便需要返程回校了。这时候学生有的会比较疲惫，有的会兴奋，但大都开始松懈，这就需要旅行社研学指导师更加认真仔细，注意事项反复提醒，随时观察学生的情况，提前组织学生上车。

（二）清点确认人数

在开车前，旅行社研学指导师应根据分车表，再次确认所有学生都已到齐，包括老师、摄影摄像师等相关人员。

（三）提醒清点物品

一边清点人数，一边提醒学生的行李物品是否带齐，特别是各种证件。当学生发现有物品忘带时，如果不需要花费太长时间，可以让其快速找回。如果需要花费的时间较长，会影响整体行程，则记录下遗留物品名称、学生及学校研学指导师联系方式，与遗失地点工作人员沟通确认，由工作人员带回或用邮寄快递的方式寄回。

（四）回收研学用品

旅行社准备的大部分物料是分发给学生并不需要回收的，如学生统一的旅行包、帽；研学旅行指导师联系卡或防丢手环；研学活动所需的小奖品；学习手册、研学课程相关材料包等。

对旅行社需进行回收的研学用品，旅行社研学指导师应在发放物料前向学生明确发放数量，说明使用方法、回收时间、回收地点。在发放物料后须和学生确认研学用品使用情况良好方可进行相关活动，如学生领用后发现研学用品有损坏或故障，应及时告知旅行社研学指导师。对影响使用的研学用品，旅行社研学指导师应使用备份及时调换。

需要回收的研学用品应提前以清单表格形式罗列，并标注每种物品的数量、用途、责任人、保管人、分发人、回收负责人等，回收负责人要负责回收。在回收时，要注意用品是否损坏，如果损坏，旅行社研学指导师要报告研学旅行项目负责人（总控），视情况决定是否需要赔偿。

（五）回顾研学活动

在研学课程结束后，学生收获了校内无法学到的知识，留下了美好的回忆。但是有可能部分学生对个别研学课程已开始模糊，有的还没完全理解，留有疑问，这时旅行社研学指导师就应利用送行途中的时间对研学活动进行简短的总结回顾，以加深学生的印象，解答疑惑，巩固所得。在总结回顾中，应该突出以下两个方面的内容：

一是抓住研学活动的要点和关键目标进行强调讲解，并与学生互动交流，使他们对研学活动有更深刻的认识；二是回顾研学旅行中的趣事，引发学生产生共鸣，留下美好的记忆，并期盼下次研学旅行。

（六）给予鼓励肯定

在返校路程中，给予学生鼓励肯定也是必不可少的。鼓励性评语可以评价学生的优点和进步，肯定他们所付出的努力，帮助学生建立自信，认识自我，并积极反思自己的学习效果。在回顾阶段使用鼓励性评语，重在鼓励和肯定学生在研学过程中表现出的闪光点，激励学生在探究过程中的积极性、主动性和创造性。鼓励肯定的内容应包括学生的学习态度、合作精神和探究精神及学习能力等方面。例如，评价学生在研学旅行中的主动性和积极性，是否认真参与活动、积极提出设想和建议等；评价学生的合作态度和行为表现，如是否积极参与小组活动、乐于分享成果等；评价学生在提出问题、解决问题过程中的表现，如是否敢于提出问题、是否用独特的方式解决问题等。

通过这样的鼓励肯定，让学生在轻松愉快的氛围中激发研学旅行兴趣，促进学生的综合素质提升，完成研学旅行的升华。

（七）及时通知家长，提醒注意事项

在启程返回时，要预估返程时间和研学活动结束时间，提前告知家长到指定地点接孩子回家。在即将到达学校时，再次提醒下车返回的注意事项，检查物品行李是否遗落。

项目五 旅行社研学旅行指导师操作

任务准备	全班分为三个小组,分别模拟X旅行社、Y旅行社、Z旅行社的研学旅行指导师。
任务要求	1.请以各X旅行社、Y旅行社和Z旅行社研学旅行指导师的身份,分组收集资料: (1)设计完成一篇首次接团途中的欢迎词,须包含首次接团应关注的各项内容,并进行模拟讲解演示。 (2)针对学生及研学课题内容特点,设计完成两个适合在车辆行驶途中开展的教学小活动,并模拟演示。 2.结合完成的杭州C高级中学的家国情怀研学课程方案及研学手册内容,分别以Y旅行社的研学旅行指导师和Z旅行社的研学旅行指导师的身份,设计研学旅行全部过程中需对学生进行以下各种教育的引导词,并模拟演示: (1)文明乘坐交通工具教育引导词。 (2)文明入住教育引导词。 (3)文明用餐教育引导词。 (4)抵达研学地点前的文明行为教育引导词。 要求结合C高级中学的家国情怀研学课程方案及研学手册的实际内容进行设计和模拟演示。 3.请以X旅行社、Y旅行社和Z旅行社研学旅行指导师身份,分组收集资料,设计完成一回顾研学活动的车内讲解,并模拟实践。
任务成果	1.首次接团途中的欢迎词及回顾研学活动的车内讲解(文档或视频)。 2.适合不同学段各种教育的引导词。 3.一套适合研学团队的车内小游戏。
评价方式	学生自评、互评和教师评价相结合,条件允许可采用真实案例让研学机构进行评价。分组安排时,注意小组成员分工到位,确保每位同学都有一定任务。

特别说明:

1.本实践任务贯穿全书所有章节,本实践任务承接项目三的实践成果,同时本任务的实践成果将成为以后项目和任务的实践的基础。

2.任课教师可以根据实际情况,把研学目的地调整为学校所在城市。

任务拓展

目前,在实践中,不少研学旅行指导师都是由导游转型而来,请思考和讨论从导游转型成为研学旅行指导师需要补充哪些知识储备和技能,在心理上要做哪些准备?

项目五　旅行社研学旅行指导师操作

任务三　研学旅行后工作操作

 **任务目标**

知识目标	1.掌握研学旅行后的评价、被评价以及自我评价的内容； 2.熟悉研学旅行后的账目统计、物料归档知识。
能力目标	1.能对研学活动进行多元评价； 2.能根据反馈完善研学旅行方案。
素质目标	1.通过自我评价，培养自我管理能力，养成自我反思提升的习惯； 2.通过完善研学旅行方案，培养对事物或问题进行观察、比较、分析、总结提升的能力。

 **任务导入**

　　小王是一位旅行社研学指导师，他觉得这一次四天三晚的研学旅行非常不顺畅，一方面，自己准备不充分，学生提出的很多知识性问题自己回答不了，另一方面，研学行程安排不畅，第一天学生觉得特别棒，后面无论是研学课程还是行程食宿感觉都越来越差，第二天特别紧，第三天又非常松。天气也不给力，第三天遭遇暴雨，又没有合适的预案，导致研学活动无法正常开展。小王决定好好写一份总结，想想以后如何避免出现类似情况。

 研学旅行结束后，研学旅行指导师还要做哪些工作呢？

 **任务解析**

研学旅行结束后旅行社研学指导师要完成各类评价。一方面，旅行社是承办方，是被评价的对象，另一方面，旅行社研学指导师也可以评价学生的研学学习情况、供应商完成情况，而自我评价无论是旅行社研学指导师，还是学校研学指导师、基（营）地指导师都必须做。

通过各种评价和反馈，可以完善研学方案中的学习资源、安全措施、时间分配以及线路规划，从而提升整体研学旅行的水平。

 **任务步骤**

步骤一：完成各类评价

（一）完成被评价

研学旅行结束后，旅行社作为研学旅行的承办方，要接受主办方即学校的评价，评价的主要内容包括以下三个方面：

1. 旅行社履行合同义务的情况

对研学旅行社的工作评价，首先要对履行合同义务的情况做出评价，包括研学课程的执行情况：在研学过程中，是不是按照协议规定完成了所有研学课程？如果有研学课程的调整，是否属于不可控因素，调整之前是否征得了主办方学校项目负责人的同意？研学旅行工作团队的结构是否符合协议规定？旅行社研学旅行指导师的数量和工作水平是否符合要求？是否按照协议要求配备队医、安全员等？交通工具、食宿是否符合协议规定的标准，是否进行过更换，是否安全可靠？

2. 旅行社研学课程实施能力的情况

旅行社研学指导师的研学课程实施能力是决定研学旅行质量的重要因素，这些能力主要体现在研学旅行指导师对课程内容的熟悉和理解程度，对研学课程知识掌握的程度，对学生学习过程的指导能力，对课程教育意义的贯彻程度，以及对课程实施过程中的组织讲解能力。作为研学主办方的学校，除了对旅行社研学指导师进行以上评价，也会对基（营）地指导师进行类似评价。

3. 旅行社管理服务的情况

旅行社管理服务情况的评价主要包括以下三个方面：

（1）对学生的管理与服务。旅行社研学指导师对学生有管理的职责，对学生在研学过程中的纪律、行为有教育约束和引导义务。同时，旅行社研学指导师也必须为学生提供应有的服务，包括对学生出现的各种意外情况及时处理，如证件遗失、意外伤害、突发疾病的救治等。

（2）与学校研学指导师的协调与配合。在课程实施过程中，学校研学指导师有代表学校监督协议执行的责任。旅行社研学指导师应就学生管理问题、研学线路计划的变更情况、课程实施的落实情况等及时与学校研学指导师进行交流，对学校研学指导师提出的合理要求及时落实。

（3）对研学旅行供应方的协调与督导。供应方包括景区景点、交通工具提供方、住宿酒店、餐饮提供方等，旅行社对相关供应方调度与协调的情况，体现了旅行社的工作经验和工作能力。

（二）完成研学供应评价

旅行社对供应方的工作评价，主要包括交通服务、住宿服务、餐饮服务、医疗急救服务等。对供应方的评价结果，一方面可以作为研学活动承办方与供应方合同最终完成的依据，另一方面将决定承办方与供应方是否继续合作。如果评价结果为供应方完成了合同约定，则承办方旅行社应履行合同最终义务，如果评价结果为供应方有违约行为，则应按照合同的违约条款执行。

（三）完成研学课程评价

研学课程评价的主体应该是研学旅行评价监督方，也就是直接参与研学活动的主办方、研学旅行指导师、学生、从业者及各个环节的相关人员，还包括没有直接参加研学旅行的家长、教育及其他行政主管部门等。但实际上，能够真正发挥研学课程评价功能的是参与研学课程活动的学生、研学旅行指导师和从业者，所以这里将以上三者作为研学课程评价的主体，三者评价者见表 5-1、表 5-2、表 5-3。

表 5-1　学生研学课程实施评价表

一级指标	二级指标	三级指标	满意情况				
			非常满意（5分）	满意（4分）	一般（3分）	不满意（2分）	非常不满意（1分）
课程内容	行前课程学习	内容针对性强					
	学习手册	学习内容丰富					

续表

一级指标	二级指标	三级指标	满意情况				
			非常满意（5分）	满意（4分）	一般（3分）	不满意（2分）	非常不满意（1分）
课程实施	实施过程	活动设计合理					
		时间安排合理					
		活动参与度高					
课程效果	自我评价	您给自己在此次研学课程中的实际收获打多少分（满分100）					
	课程评价	您对此次研学课程的整体满意度打多少分（满分100）					
写出您在此次研学课程中的主要感受或意见、建议：							

注：此表由北京中凯国际研学旅行有限公司提供。

表 5-2　研学旅行指导师研学课程评价表

一级指标	二级指标	三级指标	满意情况				
			非常满意（5分）	满意（4分）	一般（3分）	不满意（2分）	非常不满意（1分）
课程方案	研学主题	主题鲜明，有吸引力					
		体现研学的意义和价值					
	研学目的	符合学段学情特点					
		研学基地特色明显					
		目的清晰明确，具有可评价性					

续表

一级指标	二级指标	三级指标	满意情况				
			非常满意（5分）	满意（4分）	一般（3分）	不满意（2分）	非常不满意（1分）
课程方案	课程设计	充分挖掘基（营）地课程教育价值					
		设计环节合理					
		关注了学生的参与度					
		学生有实际获得感					
		整体安排合理					
课程内容	行前课程学习	内容针对性强					
	学习手册	学习内容丰富					
课程实施	实施过程	活动设计合理					
		时间安排合理					
		活动参与度高					
		服务及时高效					
课程效果	自我评价	您给您的学生在此次研学课程中的实际收获打多少分（满分100）					
	活动评价	您对此次研学课程的整体满意度打多少分（满分100）					
写出您在此次研学课程中的主要感受或意见、建议：							

注：此表由北京中凯国际研学旅行有限公司提供。

表 5-3　从业者研学课程评价表

一级指标	二级指标	三级指标	满意情况				
			非常满意（5分）	满意（4分）	一般（3分）	不满意（2分）	非常不满意（1分）
课程方案	研学主题	主题鲜明，有吸引力					
		体现研学的意义和价值					
	研学目的	符合学段学情特点					
		研学基地特色明显					
		目的清晰明确，具有可评价性					
	课程设计	充分挖掘基（营）地课程教育价值					
		设计环节合理					
		关注了学生的参与度					
		学生有实际获得感					
		整体安排合理					
	路线选择	路线安排合理、顺畅					
	课程衔接	紧凑、顺畅、不紧张					
课程内容	行前课程学习	内容针对性强					
	学习手册	学习内容丰富					
课程实施	实施过程	活动设计合理					
		时间安排合理					
		活动参与度高					

续表

一级指标	二级指标	三级指标	满意情况				
			非常满意（5分）	满意（4分）	一般（3分）	不满意（2分）	非常不满意（1分）
课程效果	自我评价	您给自己在此次研学课程中的工作表现打多少分（满分100）					
	活动评价	您对此次研学课程的整体满意度打多少分（满分100）					
写出您在此次研学课程中的主要感受或意见、建议：							

注：此表由北京中凯国际研学旅行有限公司提供。

（四）完成学生评价

针对学生学习效果的评价，主要由学校研学指导师完成，但旅行社研学指导师在整个研学过程中与学生也有长时间的接触和交流，部分学生评价可以交由旅行社研学指导师完成。表5-4是某旅行社设计的学生评价量表，仅供参考。

表5-4　学生评价量表

评价类别	评价等级		D1	D2	D3	D4	D5
考勤情况	A. 从未迟到 C. 两次集合迟到	B. 一次集合迟到 D. 经常集合迟到					
乘坐交通工具的情况	A. 遵守纪律 C. 经常不听指挥	B. 偶尔不听指挥 D. 影响整个团队进程					
研学课堂纪律	A. 遵守纪律 C. 经常不听指挥	B. 偶尔不听指挥 D. 影响整个团队进程					
听讲情况	A. 能积极主动听讲 C. 听讲不积极	B. 需提醒后完成 D. 基本不参加					
发言讨论	A. 能积极主动发言 C. 被动发言	B. 偶尔主动发言 D. 不配合发言					
就餐礼仪	A. 安静就座，不挑食 C. 用餐期间打闹	B. 用餐浪费 D. 只吃零食					

续表

评价类别	评价等级	D1	D2	D3	D4	D5
团队合作	A. 互帮互助　　　　B. 与同学沟通不多 C. 不愿意沟通　　　D. 以自我为中心					
文明旅游	A. 传播践行文明旅游 B. 在提醒下做到文明旅游 C. 不爱惜公共设施，不爱护环境卫生 D. 不遵守公共秩序，不尊重民风民俗					
礼貌修养	A. 尊重他人 B. 个人行为举止需提高 C. 漠视他人不礼貌 D. 说脏话不尊重他人					
环保	A. 主动捡拾垃圾 B. 不乱丢垃圾 C. 乱丢垃圾 D. 乱丢垃圾，提醒后不捡拾					
研学记录	A. 主动且认真记录　　B. 需提醒后记录 C. 书写潦草不完整　　D. 不记录					
研学手册每日小结	A. 内容丰富，书写认真 B. 感悟不深，书写认真 C. 内容简单，书写一般 D. 内容不完整，书写潦草					
记录评价人：		总计：				

（五）完成自我评价

旅行社研学指导师在研学旅行完成后的自我评价是工作水平提升的重要手段。不同类型的研学旅行指导师在自我评价时虽略有不同，但核心都是对自己的教育教学行为和全面发展状况进行系统反思，充分认识自己的优势和不足。自我评价的目的在于形成改进计划，促进研学旅行指导师自身的提高。以下是研学旅行指导师在自我评价中应围绕的五个关键内容：

（1）思所得，发扬长处反思研学旅行中的成功之处，如达到预先设计目的的做法、突发事件的应变、教育学原理的运用感触、实践方法的改革与创新等。归类整理有益收获，形成规律性经验，供以后参考使用，并在此基础上不断改进、完善。

（2）思所失，吸取教训回顾并梳理研学旅行中的不足，如教具处理不当、对偶发事件估计不足等。深刻反思这些教训，及时弥补不足，以不断提高自身水平。

（3）思所疑，加深研究记录并琢磨学生反馈的疑点及自己在教学中的疑问。通过深入研究，使今后的研学指导更具针对性，同时加深自己对研学课程问题的理解。

（4）思所难，化难为易分析并记录研学难点的处理方法、学生反馈和今后改进的设想。长期坚持，将极大提高处理研学难点的能力，帮助学生突破难点，加深对研学问题的理解。

（5）思创新，精益求精反思研学指导中的创新点、知识发现、活动组织新技能等。及时记录并归类这些得失，考虑如何改进，以做到精益求精，提高自身能力和水平。

步骤二：各种物料材料归档

（一）活动账目统计

旅行社研学指导师应根据研学活动方案，围绕人、财、物三个方面进行活动账目统计。

1. 参加人数统计

统计实际参加研学旅行的学生人数、学校研学指导师人数及工作人员人数。

2. 各项费用统计

根据实际参加研学旅行的人数，统计交通、食宿、参观、活动等各项费用，填写费用清单，整理各项支出的发票及费用结算单。

（二）研学设备（活动物料）统计

在研学活动结束后，旅行社研学指导师应根据研学活动发放设备物料清单进行研学设备（活动物料）统计，根据其特点及旅行社要求分别进行相应处理。

1. 需要回收的可重复使用的研学用品（活动物料）

回收前应要求学生进行检查，对活动中出现的损坏应及时和学生进行确认；旅行社研学指导师应及时回收研学用品（活动物料），认真核对数量并及时检查耗损情况，并做好分类保管；如个别学生丢失研学设备（活动物料），可要求学生提供丢失说明；如出现人为损坏，旅行社研学指导师应留取照片等相关证据，并提交损坏情况说明，以备旅行社和学校进行后续处理。

2. 不需要回收的一次性损耗研学用品（活动物料）

对研学活动中使用的一次性损耗研学用品（活动物料），应组织学生做好活动结束后的现场环境整理，旅行社研学指导师应将活动中损耗的研学用品（活动物料）统一集中处理。

（三）上交材料

研学行程结束后，旅行社研学指导师应及时回到旅行社，将整理后的活动账目及发票单据提交旅行社研学项目负责人（总控），对账目中出现的因特殊情况产生的费用变化提交书面说明及相关证明材料；根据研学用品（活动物料）领用清单及回收单上交研学用品（活动物料），提交回收数量及耗损情况说明，并根据旅行社的要求填写《研学用品（活动物料）报损单》或《研学用品（活动物料）维修单》，以便相关部门及时进行研学设备（活动物料）的补充或维修，确保后续研学团队进行相关的研学活动。

步骤三：研学旅行方案完善反馈

研学旅行既是教育，又是旅游活动，对研学旅行方案的完善应该包括以下两个方面，一是对研学旅行方案作为一种旅游活动进行评价和反馈，二是对研学课程内容、课程实施等方面进行评价和反馈。如果旅行社把重点放在研学线路规划的完善上，要考虑以下四个方面。

（一）研学旅行中涉及的学习资源

1. 学习资源是否具有区域典型性

研学旅行线路规划的合理性，首先应该看线路涉及的学习资源，包括研学基地、营地、旅游景区、景点、食宿交通等，是否具有区域的典型性。具有典型性的学习资源组合出来的课程，更具有教育示范性，更具有吸引力。在研学过程中，旅行社研学指导师亲身考察体验了学习资源在所在区域、所属类型中的代表性和影响力，另外还要从其经济价值、社会价值和学术价值等多方面进行评价反馈。

2. 学习资源是否具有主题相关性

研学旅行线路规划的合理性，还要反馈本次研学旅行中涉及的学习资源与主题的相关性。所选学习资源是否能够分别表现研学主题不同的维度、不同的层次、不同的角度和不同的方面，这样研学课程才具有系统性和层次性，而不是离散的、随意的观光活动。

3. 学习资源是否具有丰富多样性

研学旅行线路规划的合理性，最后要考察学习资源的丰富性，既要与主题相关，也要有不同的属性，能够满足学生多样化的学习体验。

（二）研学线路规划的安全性

研学旅行的安全是首要条件，评价其线路规划的安全性需考虑已发生的安全事件，并从设计角度进行评估。首先，安全防范措施需具有针对性，需预估研学目的地的社会、文化、气象、地理、生态等条件，并针对潜在的安全风险采取防范性措施。其次，线路规划中的注意事项应清晰、明确、具有可操作性，涵盖所有潜在的安全事件。最后，应制订全面、严谨、流程化、可操作的应急预案，确保在意外发生时能迅速响应，将损害降至最低，保障研学旅行的安全实施。

（三）研学旅行线路规划中时间分配的合理性

旅行社研学指导师通过研学旅行具体操作，要反馈时间安排是否合理，包括学习研学课程的时间、路上消耗的时间、用餐的时间以及时间的分配和各环节之间的衔接等。

（四）研学旅行线路规划的科学性

线路规划时应根据旅游线路规划的结构合理原则，结合学生的特点，对研学点进行合理分配。

第一，不走回头路。在条件许可的情况下，一条研学旅行线路应竭力避免重复经过同一研学点。

第二，择点适量。在时间一定的情况下，过多安排研学点容易使学生紧张疲劳，达不到良好的研学效果，还将导致成本增加，价格没有竞争优势。

第三，点间距离适中。研学点间的距离太远，不但增加车费，而且令学生劳顿，将降低研学旅行线路的吸引力。

第四，接受度适宜。要把体能消耗大的研学活动项目和体能消耗小的研学活动项目交替安排，使学生的体能能够得到有效恢复，前一段时间体能消耗可以大一点，而后一段时间体能消耗要小一些。

第五，顺序科学。在交通安排合理的前提下，顺序应由吸引力一般的研学点逐步过渡到吸引力较大的研学点。在研学课程规划方面，也要注意循序渐进，注意先修知识点和后修知识点的前后顺序。

 任务实践

任务准备	全班分为三个小组，分别模拟X旅行社、Y旅行社、Z旅行社的研学旅行指导师。
任务要求	1. 请以X旅行社、Y旅行社和Z旅行社研学旅行指导师的身份设计所需的评价表。 2. 梳理整个研学旅行流程，讨论结束后各旅行社研学指导师需要上交哪些研学设备和相关单据，调研本地研学旅行社是否有这些单据的模板，学习填写。如果没有，就请各组讨论设计。 3. 请结合本任务所学知识，对项目三的实践成果——针对A、B、C三所学校的三套研学课程方案，进行完善和优化。
任务成果	1. 研学旅行社适用的一套研学旅行评价表。 2. 研学旅行社适用的一套研学设备相关单据。 3. 完善后的三套研学课程方案。
评价方式	学生自评、互评和教师评价相结合，条件允许可采用真实案例，让研学机构进行评价。分组安排时，注意小组成员分工到位，确保每位学生都有一定任务。

特别说明：

1. 本实践任务贯穿全书所有章节，本实践任务承接项目三的实践成果，同时本任务的实践成果将成为以后项目和任务的实践基础。

2. 任课教师可以根据实际情况，把研学目的地调整为学校所在城市。

 任务拓展

一个人如果能够正确如实地认识和评价自己，就能正确地对待和处理个人与社会、集体及他人的关系，有利于自己克服缺点、发扬优点，在工作中充分发挥自己的作用。实事求是地评价自己是进行自我教育、自我完善的重要途径之一。请结合本项目所学内容，综合自己在项目四、项目五综合实践练习中的表现，进行一次自我评价。

项目五 旅行社研学旅行指导师操作

通过本项目的学习和实践,掌握研学旅行指导师中的重要一员——旅行社研学指导师在研学工作中扮演的重要角色及相关的工作内容与流程步骤,主要包括研学之前的各项准备工作、研学活动中如何与其他研学旅行指导师共同配合做好生活各环节的服务工作、研学活动后如何进行多元评价并通过评价反馈完善研学方案。

通过本项目的学习和实践,让旅行社研学指导师明确自己与其他类型指导师的差异化工作分工,在实践工作中发挥一定的参考作用。

练一练

项目六

基（营）地研学旅行指导师操作

全国中小学生研学实践教育基地——海南兴科兴隆热带植物园

思维导图

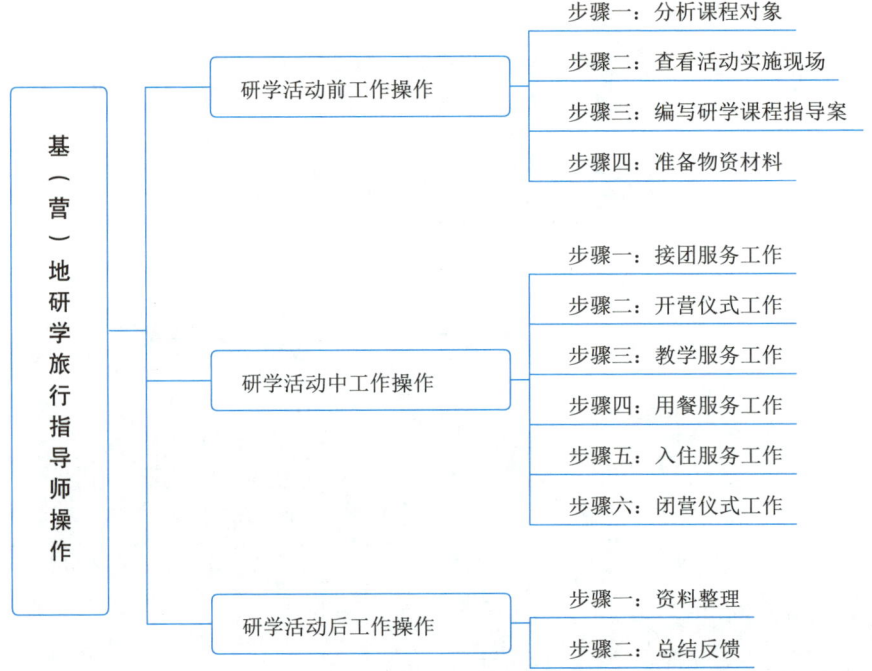

项目六 基(营)地研学旅行指导师操作

任务一 研学活动前工作操作

 任务目标

知识目标	1. 掌握课程对象分析的内涵、内容和方法; 2. 掌握研学课程指导案编写原则和内容; 3. 熟悉基(营)地指导师课程现场检查的意义、内容; 4. 熟悉研学课程物质资料分类。
能力目标	1. 能针对不同课程对象进行学情分析; 2. 能根据不同要求编写课程指导案; 3. 能针对不同情况准备相应物质资料。
素质目标	1. 通过编写指导案,现场实施课程,培养职业能力; 2. 通过准备物资材料,现场落实课程,培养耐心细致的职业习惯。

 任务导入

某小学五年级的同学们在学校的组织下,将进行以"奔向未来"为主题的研学旅行,该研学活动由××研学旅行有限公司承接,第一天就将来到远大研学营地学习。

远大研学营地的研学旅行指导师小叶负责本次研学接待。小叶首先通过电话向承办研学的旅行社落实了具体来营地参观实践的学生人数,得知将有16个班同时来到营地,于是根据营地排班表,找到了可以当班接待该研学活动的基(营)地指导师们,并组成了接待小组。

小叶组织大家仔细研读了课程方案和具体指导案,得知本次研学主题是"奔向未来",其中在远大研学营地要突出表现"科技+生态",同学们要进行环保实践,并要重点参观19天建成的57层超高层钢结构建筑——J57小天城。根据以上研学目标和方案,小叶和大家一起撰写了具体指导案。

为了保证研学效果,决定在环保实践环节分成四个组同时进行。小叶连夜根据本次研学方案和实际要求改写了营地接待标准解说词,并具体规划好接待

流程时间。

（小叶的具体接待安排及远大解说词请扫描二维码）

研学接待的前一天，小叶安排专人根据各组人数，准备好环保实践环节所需的各种教具材料，并和共同接待的其他同事逐一检查，运送到位。小叶和其他同事一同根据课程方案和接待流程进行现场勘查：升旗广场是否能确保在学生到来前升旗完毕；宣传片视频和播放器是否无纰漏；负责中餐的员工食堂和负责晚餐的营地酒店是否已收到加餐通知并购买了原材料；监控中心的值班人员是否接到接待通知……

小叶的具体接待安排及远大解说词

1. 研学团队到来前，小叶及其基（营）地指导师接待小组还需要做哪些准备？
2. 是否能以表格形式完善和提升接待安排？

 **任务解析**

研学实践教育基地是学生研学过程中开展研究性学习的主要场所；研学实践教育营地是学生在研学过程中开展研究性学习和生活住宿的大本营。基（营）地研学旅行指导师［以下简称基（营）地指导师］是研学课程指导的主要实施者，为此，在研学课程前要分析课程对象即"学情分析"、勘察课程现场、编写与熟悉课程指导案、准备物质资料等。

任务操作

步骤一：分析课程对象

（一）课程对象分析的含义

基（营）地指导师在接到研学课程任务后，就应提前进行课程对象分析准备。课程对象分析是伴随现代教学设计理论产生的，是研学设计系统中影响学习系统最终设计的重要因素之一。课程对象分析通常称为"学情分析"或"学生分析"，基（营）地指导师需要研究学生的实际需要、能力水平和认知倾向，从而更好地为学习者设计研学活动，优化研学过程，更有效地达成研学目标。

（二）课程对象分析的内容

课程对象分析涉及的内容非常宽广，各方面情况都有可能影响学生的学习。学生现有的知识结构，学生的兴趣点，学生的思维情况，学生的认知状态和发展规律，学生生理心理状况，学生个性及其发展状态和发展前景，学生的学习动机、学习兴趣、学习内容、学习方式、学习时间、学习效果，学生的生活环境，学生的最近发展区，学生的感受，学生成功感等都是进行学情分析的切入点。

广义的课程对象分析还包括分析学校。研学基（营）地设计的研学课程是针对某特定学段普通学生的学习情况进行设计的，但由于地域和学校本身的情况不同，如全国示范学校与边远山区的学校、科技特长的学校与艺术特长的学校同学段的学生会存在较大差异，因此，需要分析学校办学宗旨、理念与特色。

（三）课程对象分析的方法

基（营）地指导师要想使自己的研学效果达到最佳状态，必须分析好学生的实际情况。课程对象分析既要分析学生的共性特点，同时也要注意学生间的个体差异。由于基（营）地指导师与学生接触时间短暂，其课程对象分析的方法可以从以下三个方面切入。

1. 分析学生普遍共同心理

通过学习发展心理学、教育学原理等掌握同年龄阶段学生普遍共同的心理特征。

2. 分析不同学校学生学情

通过研学前期与学校的沟通、学校提出的研学要求等，结合收集该校地理位置、学校教育理念、学校教学特色等分析不同学校学生的学情。有条件的还可以分发问卷，收集学生填写的各种档案资料来进行分析。

3. 分析不同班级研学受众学情

在行前课中采取自然观察法、谈话法、测验法与学生直接交流，并通过与老师的沟通、观察学生的表情、征求学生的问题来分析不同班级学生的学情。

步骤二：查看活动实施现场

（一）查看活动实施现场的必要性

查看课程实施现场又称踩线，指提前到学生活动现场了解相关的情况，以便更好实施研学课程。基（营）地指导师虽然长期工作在本基（营）地，但由于每一批前来进行研学实践的学校要求不同，学生的年龄、人数、侧重点不同，组织研学的旅行社不同，所以，没有两个研学团队是完全一样的，不可掉以轻心。

（二）查看活动实施现场的主要内容

1. 现场完成研学课程条件

要顺利完成研学课程，首先要查看实施现场的大小规模。由于研学活动的集体性，常常是以年级或学校为单位出行，多者可达千人以上，如何统一组织研学课程，如何分流，场地是否够大，扩音设备是否齐全，是否具备顺利完成研学课程的硬件条件。而有些研学服务机构的研学团队是以班级或兴趣小组为单位的，如何让适合千人的场地适合一个班的学生进行研学实践活动，这都是查看课程现场要解决的问题。

2. 现场生活配套条件

同学们来到基（营）地，除了要完成研学课程，还需要各种生活配套设施。基（营）地指导师在进行课程实施现场查看的时候，需要考虑卫生间使用情况、指示标识是否明确、饮水处设施是否完好等。有住宿条件的营地，还需要考虑学生住宿安全性问题、学生公共洗漱淋浴室是否开放、学生需要的生活用品是否能便利地购买等。

3. 实施现场周边安全条件

每一次研学接待之前，基（营）地指导师都要再次查看，学生在基（营）地活动路线及周围是否有较大的陡坡、台阶、水沟等危险地带，是否需要设立警示标语牌；防护网、监控装备、电线漏电等是否存在安全隐患，如果有不妥之处，立刻要求进行整改。

（三）预估课程及其他活动时间

同一研学实践活动，不同的学生、不同的年级、不同的人数，所需的时间也是不同的。基（营）地指导师要充分考虑每一项研学实践活动在当次接待具体课程对象不同的情况下所需耗费的时间。另外，还需要预留出学生集合拍照的时间、从一个课程现场转移到另一个课程现场的时间、分发各类物质资料的时间等。

（四）与研学活动相关人员对接

基（营）地指导师还需要与研学活动相关人员对接，包括活动场地管理人员，现场讲解示范人员，外聘的研学课程老师，住宿、餐厅负责人员，灯光音响技术人员等。

步骤三：编写研学课程指导案

（一）研学课程指导案的含义

研学课程指导案主要以课程单元指导案为基础，它是研学旅行指导师为顺利而有效地开展研学活动，根据课程单元方案及学生的实际情况，以课程单元为单位，对研学内容、步骤流程、方式方法等进行具体设计和安排的一种实用性手册。研学课程指导案一般由具体进行策划指导的基（营）地指导师编写。

（二）研学课程指导案编写原则

一份优秀的研学课程指导案是研学旅行指导师教育思想、智慧、经验、个性和教学艺术性的综合体现。指导师在编写指导案时，应遵循以下原则：

1. 科学性

指导案必须具有清晰的结构，要完整地呈现上述指导案基本结构中列出的全部模块的内容。每个模块的内容呈现也要有清晰的结构，每个段落只具体阐述一个内容，不混杂其他内容一起阐述。

一份好的指导案首先要依标合本，具有科学性，避免出现知识性错误。指导师要认真按本次研学课程所涉及的各学科知识，取材内容合理，切合研学课程宗旨，符合培养目标定位的要求，适应现实需要，讲述内容观点正确，有实际应用价值。

2. 创新性

研学课程是一项实践性活动，是跨学科知识在真实生活中的体验课程，让学生在现实的环境当中去发现、感悟、思考。指导师不照本宣科，不满堂灌，给学生留有充分的余地，注重指导学生思考问题、研究问题、解决问题。调动学生自己解决实际问题的积极性，让学生在指导师的启发与引导下，通过自身的探索，不但知道相关学科领域核心知识"是什么"和"为什么"，还要知道"做什么""怎样做"，培养学生勇于实践、勇于探索、敢于创新的精神和能力，所以，研学课程指导案需要有创新性的突破。

3. 差异性

研学指导工作是一项创造性的工作，每位指导师的知识、经验、特长、个性都是千差万别的，每次参加研学活动的学生也会不同，因此写指导案不能千篇一律，要结合不同学生的特点、不同课程的重点、不同地区的特点因材施教。

4. 艺术性

指导案要构思巧妙，让学生在研学课程上不仅能学到知识，还能得到艺术的欣赏和快乐的体验。所以，研学课程的开头、经过、结尾要层层递进，扣人心弦，达到立体教学效果。研学旅行指导师的说、谈、问、讲等语言要字斟句酌，做到恰当地安排。

5. 可操作性

指导案应该具备可操作性，即涉及具体操作的每一个环节都应该是可执行的；并且指导案中提供的信息应足够详尽，使得实施者能够按照指导案进行操作。要关注的内容包括：提供具体指导，对于每一个活动步骤，给出明确的操作指南，包括执行程序、方法、要点、时间安排和注意事项等；提供详尽的资源清单，提供完整的资源列表，包括活动所需的所有物品和材料，以及它们的获取途径；清晰的时间管理，对于每个活动环节都要预设一个时间表，充分估计活动所需要的时间，并留有一定的余地以应对突发情况。

6. 变化性

研学活动中常常会遇到各种突发事件，基（营）地指导师不可能事先都估计到，在这种情况下，研学进程常常有可能偏离指导案所预想的情况。另外，学生思维能力不同，对问题的理解程度也不同，常常会提出不同的问题和看法。因此在备课时，应充分估计研学活动中可能出现的问题，以及学生在研学时可能提出的问题，要考虑备选指导方案。若出现偏离指导案的情况，也不要紧张，要因势利导，耐心细致地培养学生的探究精神。

（三）设计研学课程指导案

1. 研读教材和课程

研学课程是学科课程的延伸和拓展，仔细研读相关学科课程和教材是进行研学指导案设计的前提。同时针对研学主题、研学目标，根据基（营）地安排的课程编写指导案。

2. 分析学情

每个年龄段学生的认知水平和认知规律都不相同,每个班级学生的学习状态、纪律、参与程度是不同的,学生已有经验和现有水平也不相同,因此根据研学课程方案、研学手册分析学情,即使是同一课程,在指导案上也要体现出不同的侧重点。

3. 设置情境

根据学生已有的知识经验,与研学活动中真实的情境进行联结,从而创设一种能调动学生生活积累、激发学生学习兴趣的研学情境。这样,学生才会习得赋予真情实感的、能动的、有活力的知识,学生的人格才会真正得到熏陶。

4. 设计活动

活动设计要站在促进学生全面发展的高度,以学生为本,自主、合作、探究式的研学活动是活动设计的重点。基(营)地指导师何时指导、何时参与、如何小结,学生如何分组、怎样讨论,研学成果汇报采用什么形式,都应该做出具体设计。

(四)编写研学课程指导案内容

研学课程单元指导案一般包括如下基本结构。

1. 基本信息

基本信息包括单元名称、实施地点、所需时长、实施对象(明确学生的年龄、背景)、参与人员(包括研学旅行指导师、研学机构中的工作人员等,及其各自的角色和职责)等信息。

2. 学情分析

应清晰地阐述学生的知识、技能和思维能力等方面的基础,以及学习需求和兴趣特征等。

3. 知识链接

应提供与研学课程单元主题、内容、目标及与学生课本知识相关的拓展知识的链接。

4. 学习目标

应呈现研学课程单元所设定的学习目标。

5. 活动方式

应概述实施研学课程单元所采用的活动方式,如参观考察、情景体验、探究学习、团队合作、实践操作等。

6. 活动用具

应列举研学课程单元所采用的支撑性活动用具。

7. 活动过程

应阐述实施研学课程单元的活动流程,包括前课指导、准备、实施、总结和反馈等。

8. 学习成果

应明确预设研学课程单元实施各阶段和最终的学习成果。

9. 学习评价

应提供对研学课程单元实施效果与学生学习成果进行评价的方法、工具等。

10. 安全提示

应提供详尽的安全指南,包括紧急情况预案、安全物料清单、安全用具使用指南等。

11. 拓展活动

应围绕研学课程单元主题、目标、内容及其实施活动和成果等,对学生后续可拓展或延伸的活动提出明确指引。

案例导入

对比以下两个研学课程单元的指导案,并思考下列问题:

1. 请问研学课程的指导案包括哪些要素?
2. 请你根据以下两个指导案,完善和总结出一个研学课程单元指导案模板。

课程单元基本信息	
单元名称	行吟三孔　弘道儒风
实施地点	三个活动环节分别安排在:三孔景区、孔子圣像前、三孔广场展示区
所需时长	对应三阶段所需时长分别为参观式学习:120分钟;体验式学习:40分钟;体验式学习:40分钟
实施对象	初中学段学生
参与人员	研学旅行指导师、专业讲解员、司仪老师

项目六 基（营）地研学旅行指导师操作

续表

活动方式	参观式学习、研究性学习、体验式学习
安全隐患	人流密集，容易走失
学情分析	
学习基础、学习需求和兴趣特征	初中生已经学习了统编版义务教育知识，对孔子和《论语》等已经较为熟悉，但还是需要通过实地参观和体验活动加深理解和认识。走进曲阜，了解儒家文化，学习儒家思想；走进孔林，参拜先师孔子，体会师生情谊；动手制作竹简论语，学习古人智慧，体验古籍魅力；走进圣人出生地，瞻仰圣人气象，感受圣人智慧

分组安排及注意事项	小组名称	组长	组员	任务	备注及注意事项

知识链接	
纪录片《三孔春秋》、书籍《论语》	
学习目标	
知识与技能	结合部编版教材中的传统文化、学科知识，走进山东探访三孔瞻仰万世师表，使学生学习以儒家思想文化为代表的传统文化，了解孔子及其学说在中国古代文化中的重要地位，凸显儒家文化对中华传统文化的深远影响
过程与方法	通过学习了解儒家文化的文化内涵，认识到儒家思想的研究价值和精神魅力；在孔儒文化里不断浸润深入，初步形成结合文化联系课本与生活实际的探究能力与整合、创新能力，培养阅读、赏析、探究作品的能力；在走进研学活动过程中，引导学生用心发现中华大好河山、人文民俗美的素养能力
情感态度与价值观	亲身感受中国古代建筑、雕刻、绘画等方面的艺术成就，提高自己的历史文化素养，建立历史视角，拓宽文化视野；感受中华大地深厚的文化底蕴，探寻中华优秀传统文化是中华民族的"根"和"魂"，增强国家认同感和民族自信心，激发学生继承和弘扬中华优秀传统文化的情感保护意识
活动用具与物资准备	
活动用具	学习手册、扩音器
其他物资	摄影摄像器材
活动过程	

续表

行前	行前课程内容与课程环节：(1)明确本次研学的课程内容安排、行程安排；(2)本次研学的课前准备、注意事项、纪律要求，学生研学安全预防、应急措施；(3)三孔景区的历史和文化背景：阅读相关文章，了解三孔景区的发展历程及发生在孔庙、孔府、孔林中的重要事件和文化遗产等 课程时长：40分钟 上课方式：集体讲授
行中	时间 地点 研学旅行指导师活动 学生活动 设计意图 8:30~10:30 三孔景区 跟随大部队，拍照摄影、关注学生动向、维持纪律 听讲解员专业讲解，完成研学手册上的相关任务 了解孔子及其家族的历史和文化背景，探究孔子及其家族的生活、思想和贡献。参观历史文物和建筑，提高学生的历史文化素养，培养对历史建筑和文物的保护意识 10:30~11:10 孔子圣像前 帮助执行祭孔大典，向孔子致敬 听司仪指挥，遵守礼仪规范，完成祭孔大典 通过参与仪式，更深入地了解孔子的生平事迹、思想理念和对中国文化的影响。感受到传统文化的魅力，培养研学受众对传统文化的尊重和热爱 11:30~12:30 三孔广场展示区 带领学生分小组进行体验式研学课程，完成竹简雕刻，维持纪律、把控时间，关注所有学生动向，及时解决问题 完成竹简雕刻，完成学习手册上的相关任务 通过聆听讲解、互动问答，了解《论语》中所蕴含的儒家文化思想内涵。通过制作竹简并在上面书写论语及释义，帮助学生更好地理解和记忆论语的内容。提高动手操作能力的同时，增强文化自信，提升学生对传统文化的传承与创新意识
行后	收集研学照片视频并向学生展示，代表课程承办方对学生表现进行评价；帮助学生进一步利用多种渠道对小组研学文创产品设计图和营销方案进行继续细化，评选出最优设计组并给予奖励
逐字稿（关于授课内容的详细讲稿）	
……	

续表

学习成果
学习手册、照片视频、研究课题及其成果
学习评价
根据评价表对学生进行过程性评价和结果性评价
安全提示： 1.密切注意学生动向，三孔景区人员密集容易走失，严禁学生追跑打闹、擅自脱离队伍、闯红灯，以及在研学过程中听音乐、玩游戏等违规使用手机行为、离开队伍去采购等行为 2.倡导文明旅游，严禁学生随意触摸展品，擅自给禁止拍照的展品照相 3.严禁出现打架、骂人等恶劣行为，以及其他威胁自己或他人安全的行为 4.引导学生认真聆听讲解，督促学生完成学习手册上的任务

研学单元课程	走进圆明园	研学旅行行程	北京研学五日行程
本次课课时	4学时（半天）	研学总学时	50学时（5天）
研学主体	某校高一（3）班	课程性质	研学实践课
涉及教材知识点	人教版 高中历史 必修1第四单元 第12课"甲午中日战争和八国联军侵华" 人教版 初中语文 八年级上"走进圆明园" 人教版 初中历史 八年级上"火烧圆明园和太平军抗击洋枪队" 人教版 小学语文 五年级上"圆明园的毁灭" 人教版 小学语文 五年级上《少年中国说》		
教学目标	知识与技能：相关的历史、语文与艺术知识点 过程与方法： 1.通过探讨圆明园灾难的起因与过程，了解圆明园的屈辱历史，激发爱国主义精神 2.通过参观圆明园，了解中西园林的不同特点，体会皇家园林的独特性 3.通过定向越野，寻找圆明园的宝藏 4.以史为鉴，努力学习，长大做一个能对国家、对社会有用的人 情感态度价值观：记住屈辱的历史，增强民族使命感，激发热爱祖国灿烂文化的感情；树立传统文化与古建筑文物的保护意识		
研学重点	1."康乾盛世"之后100多年，中国发展大大落后，国际地位极其衰落的各种原因 2.深入掌握西方列强发动第二次鸦片战争的根本原因 3.中华皇家园林与江南园林、国外园林审美的差别		

续表

研学难点	1. 在激发爱国主义情怀的同时,让学生感受"岁月创造的一切都是属于人类的"情怀,不陷入狭隘的民族主义 2. 在定向越野"寻找圆明园宝藏"的活动中,提升学生对文物和古建筑文物的保护意识
学情分析	参加研学的是杭州某高中高一学生,他们已经学习了相关的历史和语文的知识点。班风积极健康向上,学生思维较活跃,班级里的优等生学习非常自觉认真,在班级里起了引领与带头作用,大部分学生已经逐渐养成良好的学习习惯。但是由于现在处于高一上学期,同学间接触时间还不长,班干部的工作能力有待提高。据班主任反映,还有个别自控力较差的学生
授课地点	圆明园遗址公园内: 1. 正觉寺多功能厅 2. 圆明园盛时全景模型展 3. 西洋楼遗址区 4. 大水法
物质资料 (教具)准备	1. 研学手册 2. 定向越野地图

教 学 过 程 设 计

研学行前任务(1.2.3.4由学校研学旅行指导师已完成) 1-1 阅读《就英法联军远征中国给巴特勒上尉的信》全文 1-2 熟悉并能背诵《少年中国说》 1-3 复习历史:"甲午中日战争和八国联军侵华""火烧圆明园和太平军抗击洋枪队" 1-4 复习语文:"走进圆明园""圆明园的毁灭" 1-5 熟悉圆明园地图	方法、平台、资源: 本课程前一天把圆明园电子地图发送到对接的旅行社研学指导师手机中,请他们发放给学生
研学行中活动 2-1 8:30~9:30 观看视频,重温历史 抵达圆明园正觉寺,在多功能厅观看圆明园的历史影片,了解圆明园的辉煌和毁灭过程(观看视频30分钟,集合及抵达下一地点30分钟) 2-2 9:30~10:30 体验全景,感触艺术 抵达圆明园盛时全景模型展,讲解圆明园建筑艺术及发放定向越野地图(讲解30分钟,分发定向越野地图及抵达下一地点30分钟) 2-3 10:30~11:30 定向越野,寻找宝藏 抵达西洋楼遗址景区,在本景区内进行定向越野,分组寻找宝藏,11:30在大水法处集合(分组定向越野60分钟) 2-4 11:30~12:00 齐声诵读,立志图强 在大水法处拍摄集体照,在指导师带领下朗读梁启超的《少年中国说》,并拍摄诵读视频	研学方法:实地参观、定向越野、诵读、观看视频

续表

课后拓展（由旅行社研学指导师配合学校研学指导师完成） 3-1 综合各种资料、信息，晚间总结时进行即兴演讲 3-2 讨论法国巴黎圣母院遭受火灾的新闻，体会雨果所说的"岁月创造的一切都是属于人类的"情怀	
反思和总结	

步骤四：准备物资材料

（一）研学物资材料分类

在研学旅行实际活动中，所需物资材料的准备和使用是其中不可或缺的一部分，倾向于教学的一般称为教具，倾向于旅游行程所需物品的一般称为物料。它们在使用中的具体作用各不相同，对其具体要求也不相同，其分类大致如下。

1. 标志物料

标志物料是用于对参与研学的人员做出统一标志的，方便整队、集合等集体行动的物品，一般包括团服、团帽、旗子等。要求在准备的时候保持团体一致性、拥有一定辨识度，在此基础上要注意美观。

2. 学习教具

学习教具包括研学活动中与知识学习、技能掌握等相关的物品，如研学手册、阅读材料、各种工具包、素材包等。要求在材质和设计上消除安全隐患，只要正确使用就不会出现影响研学活动的问题或事件，也不会引发安全事故。

3. 体验教具

体验教具一般运用在协同合作、集体体验、个人体验等活动中，根据具体活动的不同，其材质及设计不尽相同。在购买或自行制作时要注意其材质、设计、质量都符合国家相关标准，在指导使用时注意观察学生的具体使用情况，特别是低年级学生的操作和需要时间限制的体验活动。

4. 个人物品和准备

研学旅行指导师需要配备一些个人物品，或由研学相关单位准备，行前由个人领取。个人物品包括工作证件、扩音器等。另外，出行前还需要根据不同学校、基（营）地的要求进行相关学习，如百度网盘的使用、拍照拍视频指南等。

本项目中基（营）地指导师所需物资材料多为学习教具中的各种工具包、素材包以及体验教具。标志物料和研学手册一般由旅行社研学指导师和学校研学指导师准备。

（二）团队物资材料汇总与领取

目前我国研学旅行出行常以学校年级为单位，每次出行人数众多，研学团队的物资材料准备工作比较繁杂，建议实行分工，并用表格进行管理。

在行前集中学习时，学会教具的正确使用方法，遇有故障和难题要在行前及时解决，以保证研学活动中的演示能够顺利进行。基（营）地指导师在领取本团教具时，不仅要清点好物品的数量，还要检查有无破损或安全隐患。

任务实践

任务准备	全班分成三个小组，根据A小学、B初中、C高中研学活动的课程方案和研学手册，分别模拟其中某研学基（营）地的基（营）地指导师。
任务要求	1. 请以基（营）地指导师身份，仔细研读A小学、B初中、C高中研学活动的课程方案和研学手册，各选取其中一个研学课程进行备课，备课中要体现：课题、研学目的、课时、学情分析、研学重点、研学难点、研学方法、研学过程、研学成果汇报、教具和教学反思。 2. 请以基（营）地指导师的身份，拟出现场勘察任务表和物资材料清单表。
任务成果	1. 某研学课程的指导案。 2. 适合某研学基（营）地的现场勘察任务表和物资材料清单表。
评价方式	学生自评、互评和教师评价相结合，条件允许可采用真实案例，让研学机构进行评价。分组安排时，注意小组成员分工到位，确保每位同学都有一定任务。

特别说明：

1. 本实践任务贯穿全书所有章节，并承接项目三、项目四、项目五的实践成果，同时本任务的实践成果将成为以后项目和任务的实践的基础。

2. 任课教师可以根据实际情况，把研学目的地调整为学校所在城市。

 **任务拓展**

　　学情分析是伴随现代教学设计理论产生的，是教学设计系统中"影响学习系统最终设计"的重要因素之一。无论是在研学课程中，还是在常规课程中，都需要学情分析。通过研究学生的实际需要、能力水平和认知倾向，为学习者设计教学，优化教学过程，更有效地达成教学目标，提高教学效率。

　　如果你目前也是学生，请站在教师的角度，针对本班某门课程进行学情分析。

任务二　研学活动中工作操作

任务目标

知识目标	1. 掌握研学旅行接团服务知识； 2. 掌握开营和闭营仪式内容； 3. 掌握教学服务知识。
能力目标	1. 能针对不同年龄段学生进行破冰行动； 2. 能主持研学活动的开营和闭营仪式； 3. 能熟练安排研学团队入住、用餐等。
素质目标	1. 通过主持研学活动的开营和闭营仪式，培养表达能力和组织能力； 2. 通过破冰行动和教学服务，培养沟通能力、教学能力和问题解决能力以及乐学善学、勤于反思的态度。

任务导入

这些精灵古怪的孩子，他们有的萌，有的皮，有的把你当作可以依赖的家人，什么都跟你说，有的会像个小大人，特别热衷向你传授他们的"独门秘籍"。而我们，作为研学基（营）地指导师，会陪伴他们感受和探索课堂外的真实世界。

优秀的基（营）地指导师将给予专属的实习证明和推荐信！

随着带营经验和能力的积累，可享受200~800元/天逐级递增的优厚带营津贴。

工作内容：

在×××研学基（营）地活动中担任基（营）地导师

根据排班要求负责开营前后的接送车服务

负责基（营）地中带领营员开展各类基（营）地活动

负责基（营）地中开展教育服务，完成教育服务目标

项目六 基（营）地研学旅行指导师操作

负责基（营）地中照顾孩子们的生活起居
对组内每一位孩子的身心健康负责
按要求参加每晚团队复盘会，以及定期反馈

基本要求：
喜欢孩子，喜欢户外，热爱教育
研学服务与管理专业优先，教育学、儿童心理学专业优先
有较强的沟通协调能力以及抗压能力
阳光温暖、有感染力，有高度责任心
有研学基（营）地研学旅行指导师、其他教育机构工作经历，有1~2年工作经验者优先

报名须知：
有营前培训（在上海），包食＋住宿补贴
面试为线下面试。面试地点：×××××× 联系方式：×××××

小李看到以上某研学基（营）地的招募信息，非常感兴趣，可是对基（营）地研学旅行指导师的具体工作内容，特别是教育服务以及教育服务目标，还不太清楚，于是他打电话进行了咨询。

1. 研学基（营）地指导师工作内容包括哪些？
2. 研学基（营）地的核心竞争力是什么？为什么？

 任务解析

　　研学基（营）地的核心竞争力是其教育服务的能力和水平。教育服务是指针对教育活动所提供的包含课程开发、师资培训、教材供应、教具供应、场地供应甚至招生服务等的支持性工作。研学基（营）地教育服务是学校教育的补充和延伸。

　　研学基（营）地指导师在研学活动中的工作任务是让学生在研学基（营）地通过各类研学课程的学习，在特有的研学资源中，获取亲身参与研究探索的体验和知识，培养发现问题和解决问题的能力，培养收集、分析和利用信息的能力，学会分享与合作，培养科学态度和科学道德，培养对社会的责任心和使命感，促进学生综合素质的提升。

步骤一：接团服务工作

（一）人员对接

在正式迎接前，研学基（营）地的项目负责人（总控）应该提前拟定好人员对接表，并下发到各位基（营）地指导师。通过表格，可以知道每位基（营）地指导师对接的是哪一辆车，车上有多少学生，有哪些工作人员，需要对接哪位旅行社研学指导师或学校研学指导师，并提前得知其电话，主动与其寒暄沟通。

如果有一些临时发生的特殊情况，在抵达基（营）地之前，基（营）地指导师可以提前从旅行社研学指导师处获得，从而提前布局，做好准备。

（二）迎接环节

研学团队车辆抵达时，基（营）地指导师应该按照人员对接表上的要求，举起相应数字的号码牌，以便旅行社研学指导师能迅速确认。同时，要迅速辨认车牌或车辆编号，主动、迅速、热情地迎接上去。

待车辆停稳后，基（营）地指导师应抵达车门旁边，与第一位下车的旅行社研学指导师快速沟通相关情况，包括简要自我介绍、车上人数、学校研学指导师情况、是否有特殊情况或特殊要求等。

随着学生陆续下车，基（营）地指导师应该一边与同学们寒暄，一边招呼大家在距离下车地点不远，且较小的范围内集合，待人数到齐后，根据计划安排是直接开始参观，拍合照，还是直接入住，或与大家开展破冰活动。

根据行车距离的远近，下车后会有一些同学内急，基（营）地指导师应明示卫生间方向和地点，根据学生的年龄段，由本人独自或由随团学校研学指导师、旅行社研学指导师带领，前往卫生间。

（三）破冰活动

1. 什么是破冰活动

"破冰"是一个专业术语，是打破人际交往间怀疑、猜忌、疏远的藩篱，就像打破严冬厚厚的冰层活动一样。破冰的作用是消除人与人之间的间隔，可以达到破冰目的的活动都可以叫破冰活动。

2. 破冰活动的目的

通过破冰活动，让参加研学活动的学生与研学旅行指导师之间的关系由不认识、不信任、不放心甚至不接受变为对研学旅行指导师产生好感，认可并接受研学旅行指导师，也可改变学生对研学课程的不了解、有偏见、不重视的情况。另外，参加研学活动的学生之间彼此认识和熟知，但是有的研学课程中要打破班级中原有的"小圈子"，可能要与不太熟悉甚至关系不太好的同学合作，通过破冰活动，可以让关系解冻，形成团队成员之间关系融洽、和谐的氛围。

3. 破冰活动的选取

破冰要有针对性，如果参加研学活动的学生原本不熟悉，就要采取一些有一定沟通和肢体接触的游戏，如"如何介绍我自己"，即通过创新的方式进行自我介绍；"找自己"，即在每个人身上贴上不属于自己的名牌，再由各人去找自己的名牌，并与佩戴自己名牌的同学认识的方法来实现。

在学生刚刚抵达基（营）地的时候，破冰活动主要解决的是学生与基（营）地指导师不认识的问题。通过破冰活动，要让基（营）地指导师迅速认识学生，要让学生对基（营）地指导师产生信任，所以，设置的游戏要让基（营）地指导师多与学生沟通，在破冰中用真诚和尽心尽力来感化学生，加强双方双向交流。

4. 破冰与暖场

破冰和暖场常被混淆，但其实二者是有差别的，破冰的目的是把人与人之间的间隔消除，而暖场的目的是让参与者保持专注或者是兴奋的程度，这两者有时候会类似，但本质和目的是有差别的。

（四）总控巡场

在基（营）地指导师进行人员对接、迎接和破冰时，基（营）地的项目负责人（总控）需要不停地巡场。

其工作包括但不限于：查看是否有掉队学生、周边环境控制及与学校或旅行社项目负责人（总控）对接等。

案例分析

长沙某小学五年级的同学们在学校的组织下，将进行以"奔向未来"为主题的研学旅行，该研学活动由湖南××研学旅行有限公司承接，第一天将来到远大K7研学营地（以下简称远大营地）学习。

远大营地研学旅行指导师小吴带着基（营）地指导师接待小组具体负责本

次研学接待，他们早早地来到了远大营地大门前，不一会儿，就看到了16台旅游客车陆续抵达。小吴掏出早已拟定的对接表，几位指导师核对了车牌号码后，找到了各自对接的车辆。

车停稳后，第一个下车的就是旅行社研学指导师，短暂的交谈后，学生也陆续下车了，小吴和其他人用早已确定好的"神奇拍手"和"反口令"开始了破冰活动。几分钟的破冰活动迅速地拉近了同学们和基（营）地指导师的距离。

小吴和其他指导师一起带着同学们走到"为了人类未来"广场前，开始进行开营仪式。

破冰活动：神奇拍手

破冰活动：反口令

1. 指导师对接表应该备注哪些事项？
2. 请模拟进行旅行社研学指导师和基（营）地指导师的对接谈话。
3. 你还知道哪些破冰活动？什么类型的破冰活动最适合应用到接团服务流程中？

步骤二：开营仪式工作

开营仪式的组织者可以是学校，也可以是基（营）地，如果是由学校组织开营仪式，则地点一般在学校；如果是由基（营）地组织开营仪式，通常在抵达当天举行，一般基（营）地都有一个较大面积的场地用于开营仪式。有的研学团队也会在机场、车站附近的广场进行开营仪式。开营仪式一般包括下列内容。

（一）开场动员

主持人致开场白，介绍受邀参加开营仪式的领导及研学旅行指导师团队成员进行开场动员。

由基（营）地组织的开营仪式，在形式上可以不像学校组织的开营仪式那么严肃，可以增加体现组织者与学生的交互性内容和基（营）地特色内容，但动员的目的是明确的，即通过开营仪式，让学生认识研学旅行的重要意义，深刻理解即将学习的课程内容的价值，明确研学旅行的活动纪律，让学生体验仪式感，端正对研学旅行的态度，对研学活动充满期待。

（二）升旗仪式

升旗仪式看似简单，却内涵丰富，能很好地营造氛围，让学生处于一种情境中，获得包括仪式感在内的多层次情感体验，能唤醒和表达学生的爱国之情，能够唤醒和激发学生的奋发之志。

仪式感可以给参与者一种处于过渡状态的心理暗示，在获得这一心理暗示后，参加升旗仪式的研学受众会进入一种更为专注的状态。升旗仪式从开始到结束，需要一些口号进行引导，升旗仪式中"立正，奏国歌，敬礼，礼毕"的口号，不仅指导了人们下一步的动作，也让大家的心态有了从放松到认真严肃再到放松的转变。仪式感越强烈，期望值越攀升，最终情感释放时带来的价值感和幸福感也就越强烈。

（三）主题讲话

主题讲话可以包括以下内容：基（营）地负责人致欢迎词，并介绍研学课程的基本情况［或由基（营）地指导师介绍］，激发学生的学习兴趣；学校项目负责人讲话，宣布研学旅行纪律，对学生提出希望和要求；学生做自我介绍并交流自己的研学规划。

不同学段的开营仪式教学目的有所不同，小学和初中更侧重于仪式感的营造，让学生通过体验仪式所营造的氛围，感受研学旅行的重要意义，高中则更加侧重于通过开营仪式引发学生对研学旅行重要价值的理性思考。

（四）自律宣誓

自律是指自我约束，律即约束之意也。在研学活动时，往往出行人数众多，光靠研学旅行指导师进行他律是不行的，需要让同学们进行自律。

宣誓的过程既是一种教育，又是一种警诫，还是一种约束。自律宣誓对于鼓舞团队士气有很大的作用，一般由成绩较好或表现较好的学生带头，这样带动同学们的激情，有助于增长士气，对学生有一定激励作用，还可以采用签名宣誓、授旗、授牌等形式。

开营仪式，根据学校和基（营）地的教育理念、教育需求、课程特色等方面，还可以加入更多有创新的内容，但最终的目的是围绕研学旅行目的、实现育人效果而开展。

案例分析

请观看以下视频，思考下列问题：

开营仪式视频

1. 通过观看视频，你觉得以上开营仪式有哪些亮点？哪些地方还能改善得更好？
2. 请结合本地某研学基（营）地的实际情况，模拟进行开营仪式。
3. 你觉得开营仪式上还可以安排一些什么环节？

步骤三：教学服务工作

（一）导入研学课程知识

导入是研学实践活动过程的第一步。巧妙的导入有利于吸引学生的注意力，调动学生的积极性，激发学生的求知欲和参与兴趣，也有利于基（营）地指导师活动的顺利展开，从而使研学活动达到事半功倍的效果。

1. 导入的目的

（1）激发研学兴趣。研学活动的开始，基（营）地指导师用贴切而精练的语言正确、巧妙地导入研学课程的知识，可以激发起学生强烈的求知欲望，引起他们浓厚的学习兴趣，使他们愉快而主动地参与研学活动，当由内心驱动想去探索时，就能使研学旅行收到事半功倍的效果。"善导"的研学旅行指导师在研学活动之始就千方百计地诱发学生的求知欲，使学生有一种力求认识世界、渴望获得知识、不断追求真理的意向。

项目六　基（营）地研学旅行指导师操作

（2）引起研学动机。动机是直接推动学生研学活动的内在动力，只有使学生清晰地意识到研学课程知识的地位和作用，才能产生自觉性，迸发出热情。"善导"的研学旅行指导师在研学活动之始，很重视阐明即将接触的新知识在工农业生产、国防、科研和生活中的重要意义。

（3）引起关注，引导进入研学情境。注意力是我们心灵的门户，意识中的一切必然都要经过它才能进来。在研学活动之始，要给学生较强的、较新颖的刺激，帮助学生收敛思想，形成对本研学课程的"兴奋中心"，把学生的注意力迅速集中并指向特定的研学任务和程序之中。

（4）明确研学课程的目的。在研学课程开始之前申明研学目的，使每个学生都了解他们在做什么，应达到何种程度。

2. 导入的方法

（1）直接导入。基（营）地指导师阐明研学课程的目的和要求，讲述研学课程中各个重要部分的知识内容，表明研学活动程序。基（营）地指导师简洁、明快的讲述或设问引起学生的注意、诱发探索新知的兴趣。

（2）经验导入。以学生已有的生活经验、已知的素材为出发点，基（营）地指导师通过生动而富有感染力的讲解、谈话或提问以引起回忆，自然地导入研学课程知识，鼓动起学生的求知欲。

（3）课本知识导入。引导学生对已学课本知识温故而知新，以复习、提问等活动开始，提供新、旧知识关系的支点。这样导入使学生感到研学课程知识并不陌生，便于将研学课程纳入原有的认知结构中，降低了学习新知识的难度，易于引导学生参与学习过程。使用这种导入方法，基（营）地指导师一定要摸清学生原有的知识水平；要熟悉中小学课本教材，精选复习、提问时知识联系的支点。

（4）直观导入。这种导入方法是先通过引导学生观察实物、样品、标本、模型、图表、幻灯片、电视片等引起学生的兴趣，再从观察中提出问题，创设研学活动的情境。学生为解决直观感知中带来的疑问，产生参加研学活动的强烈愿望。

（5）设疑导入。思考永远是从问题开始的，所以有经验的基（营）地指导师常在研学活动之始设计符合学生认知水平、形式多样、富有启发性的问题，引导学生回忆、联想，或渗透本研学课程学习目标、研究的主题。

（6）事例导入。用学生生活中熟悉或关心的事例来导入研学课程知识，能使学生产生一种亲切感，起到触类旁通的效果；也可介绍新颖、醒目的事例，为学生创设引人入胜、新奇不解的研学情境。

（7）故事性导入。青少年都爱听故事，基（营）地指导师可以根据研学课程内容的特点和需要，选讲联系紧密的故事片段，可避免平铺直叙之弊，获取寓教于趣之效。

（二）启发研学问题探索

创造精神是从会提问题开始的，问题来源于疑问。培养学生的创新思维，首先要指导学生不盲从权威，在获取的资料中善于提出疑问，发现问题。有效地提问还是获取信息的一个重要方式，通过提问，能得到及时、有效、准确、关键的信息。而拥有良好的提问能力，则是获取信息的关键。提问启发方式有如下几种：

1. 启发学生好奇心

启发学生留意他人不注意觉察的地方，对生活中习以为常的现象多提问，并且一定要在第一次有疑问的时候就提问，并努力去找到答案。

2. 启发学生探究心

告诉学生，生活中绝大部分的问题不是表面看起来那么简单，背后都有没说出来的动机或目的。启发同学们在遇到问题时，第一反应不是"怎样解决问题"，而是具备探究心，刨根问底。

3. 启发学生敬意心

告诉学生提问时，内心要尊重对方，尊重对方的思想和人格。提问时首先要做到不质问、不反问，思考是什么导致大家的想法有区别，并关注别人的选择标准。

4. 启发学生同理心

同理心泛指心理换位、将心比心，亦即设身处地地对他人的情绪和情感的认知性的觉知、把握与理解。引导学生能够从别人的角度思考问题，设身处地地去提问。

（三）解答研学内容疑惑

1. 创造平等交流的氛围

首要的任务是要摆正以往师生不平等的关系，营造宽松和谐的研学活动氛围。在研学课程中，基（营）地指导师不能摆着"师尊"的"架子"，语言应该友善亲切，态度应该和蔼可亲，一改自上而下的传授方式，无论是讲授知识还是与学生交谈、指导学生时，都应充分尊重和热爱学生，努力成为学生研学学习的引路人。

2. 充分了解学生，找到学生的最近发展区

充分了解学生的知识层次，找到知识的前后联系，给学生搭建已有知识向新知识过渡的桥梁。每个人都对自己擅长的或者曾经成功过的事情更感兴趣，需要巧妙利用学生心理，去了解并最大限度地利用学生已有的认知。

3. 引导并关注学生的"3V"

"3V"是指容易产生个人偏向的Vision、Value和Vocabulary，即理想、价值和词汇。指导师要有意去引导学生思考这几个问题。研学课程的主要目的之一是引导学生树立正确的价值观。在引导和掌握"3V"的同时，回答研学内容的疑惑，要尽量避免用"是"或"否"回答问题，而是需要引导学生一起展开思考。

4. 合理处理回答不了的提问

研学旅行指导师并不是万能的，学生的提问五花八门，很有可能无法回答。首先，要肯定学生的提问，对学生提出鼓励，接着如实承认自己确实不会。其次，可以把问题引领到更复杂的层面上或引导到自己熟知的领域，基于更复杂的层面或自己熟悉的领域，给出自己的判断与回答。最后，可以承诺活动后解决这个问题，或鼓励学生自主探索。

（四）根据研学手册进行研学指导

学生研学手册包括目录、前言、课程目标、安全事项、行前准备、课程内容、课程实施、课程评价、成果展示等方面，其中在教学服务阶段，需要重点指导以下四个方面：

1. 明确研学目的和课程目标

不少学生对于研学旅行的目的是不明确的，有的以为就是学校组织旅游，对研学课程不够重视，态度敷衍，注重游玩而忽视"学"的重要性。有的以为就是换了一个教室，还是老套的知识传授，枯燥无味，产生抗拒心理。因此基（营）地指导师首先要让大家明确研学目的和课程目标，激发学习兴趣。

2. 指导学习方法

从研学课程教学过程看，是基（营）地指导师实施教法，学生体验学法。学习方法指导包括两个方面的含义：一是在具体的学习情境中引导学生掌握不同的学习方法；二是引导学生认识具体学习方法的适用范围，使学生能够针对具体的学习内容选择并运用恰当的学习方法。

研学课程的主要任务不仅仅是使学生学会知识，更重要的是使学生掌握获取知识的方法，培养学生自主学习的能力。学习方法的知识是学生知识体系的重要组成部分，也是学生学习能力结构的主要构成要素，它可以指导学生调节学习活动，使学生在掌握知识的同时形成能力，对学生学习能力的形成和发展进而形成良好的学习习惯有着重要作用。

3. 教学内容的传授

示范学习手册的操作环节是研学指导中的重要部分。基（营）地指导师需对学习手册中的操作步骤进行详细解读，确保学生理解并掌握操作要领。在组织开展研学活动时，指导师应按照手册中的操作流程进行亲自示范，使学生直观了解其在活动中的具体作用和使用过程。同时，指导师可在课程活动中组织实践模拟，让学生通过实际操作掌握使用手册的方法，熟练操作技能。最后，根据实践经验，指导师需及时总结注意事项，确保学生能在手册指导下安全、有序、有效地进行研学活动。

研学教学内容不仅是研学手册上的内容，还来自师生对课程、研学手册内容与教学实际的综合加工。一方面，基（营）地指导师合理地利用研学手册教学，对研学手册课程内容进行选择、取舍、加工；另一方面，基（营）地指导师可以科学地加工研学手册，合理地组织教学过程。它不仅包括研学手册课程内容，还包括引导作用、动机作用、方法论指示、价值判断、规范概念等，以及基（营）地指导师和学生在研学课程过程中的实际活动的全部。

4. 指导成果展示

一是指导学生根据研学课程内容选择恰当的成果表现形式，二是根据具体情况组织报告会、答辩会、表演、小型展览会等表现形式，让学生的创新材质在进一步的思辨争论中得以发展。对于学生最后的成果展示和表现，要给予客观、全面的鼓励性评价。

（五）引发研学课程思考

研学活动是一种全新的学习方式，许多学生已经习惯于接受式学习，存在许多思维定式，在研学活动中往往觉得无从着手或打不开思路。出现思维障碍的情况一般有：思维角度单一；过早下判断；只关心答案；钻牛角尖；忽略想象和灵感的重要性，缺乏创新和活力。因此，指导师必须注重转变学生传统的思考方式，提高学生主动发现问题、分析问题、解决问题的能力。

在研学活动中，引导学生有针对性地提问是提高其学习效果的关键环节。这一过程包含一系列细致步骤：首先，基（营）地指导师需提供研学活动的背景知识，为学生构建问题提供基础。其次，通过提出开放性问题或创造思考情景，激发学生的独立思考意识，鼓励他们主动探索。同时，促进学生间的讨论交流，以拓宽思维视野。指导师还需引导学生关注重点问题，帮助他们明确研究目标，进而提出更深入的、更具挑战性的问题。在学生提出问题后，指导师应适时提供解决问题的途径和思路，助力他们理解和攻克难题。最后，在课程活动结束后，提醒学生总结反思，深化研学收获。

为实现这一引导过程，基（营）地指导师可采用多种方法：启发式提问，激发学生探究兴趣；鼓励式提问，增强学生自信与探究欲；探究式提问，培养学生的批判性思维和分析能力；引导式提问，在学生回答问题时给予适当引导，助其更好地理解和表达；情景式提问，通过实际情景设置问题，促进理论与实践的结合；递进式提问，设计一系列问题，引导学生深入思考，逐步提升思维层次和认知能力。

（六）激发研学实践行动

1. 激发研学实践行动的方法

一是主题吸引法，即通过精心设计符合学龄段和地域特色的研学活动主题与内容，提高学生的期待值，以吸引其积极参与体验；二是活动创新法，结合课程目标与内容，创新多样化的活动形式，如工艺制作、角色扮演、职业体验等，以实践活动为载体，提升学生的综合实践能力；三是创设情境法，通过布置任务、设置情境、提出问题等方式，激发学生的思考和探索欲望，引导其主动参与体验；四是合作学习法，组织分组合作学习，鼓励学生在小组中相互交流学习，共同完成课程任务，以提升学习效果和积极性；五是及时反馈指导，以帮助学生纠正错误，加深理解，促进学习提升。

2. 基（营）地指导师要善于用语言描绘愿景

愿景是一个具有召唤力的目标，能够吸引学生的投入。愿景可以描绘成研学课程为什么被设计出来，可以是研学课程的目标定位，也可以是研学课程能解决什么问题等。一个研学课程能够吸引同学们积极参与，首先需要一个激动人心的愿景，而且需要基（营）地指导师用自己的语言总结出来，讲给同学们听。

3. 基（营）地指导师要善于用对比激发学生行动

基（营）地指导师可以通过对比课本和活动、对比理论和实践、对比知识掌握前与知识掌握后、对比过去和未来等，激发学生的好奇心和求知欲，这样他们才会有改变的动力。

例如，在长江水资源调查研学实践活动中，基（营）地指导师可以通过对比江水和自来水，激发学生积极参与水循环过滤系统实践活动的积极性；可以通过对比长江源头与长江入海口的水质，激发学生们思考如何保护水环境；可以通过长江水系水土涵养和黄土高坡水土涵养的比较，激发学生参与水土保持活动等。

（七）记录研学过程表现

在研学课程活动中，基（营）地指导师还需要特别关注过程，关注每一位学生的行为表现。

1. 记录和观察的意义

"过程"是相对于"结果"而言的，记录过程不是仅关注过程而不关注结果，更不是单纯地观察学生的表现。对学生参加研学活动的质量做出判断，肯定成绩，找出问题，及时反馈并调整行为，这是观察和记录的意义。因为每位学生在研学课程活动中承担的任务不同、角色各异，难以用同一指标衡量，因此记录中尤其要以"白描"的方式展现每个人的特殊性和发展程度，比如观察事物的方式、记录的内容、提出的问题、集体协作的参与程度及在活动过程中的所思所想等，不能仅依据最后的成果展示判定学生的表现。

另外，当基（营）地研学旅行指导师组织研学课程活动时，可以通过观察和记录学生的外部表现（如表情、动作等），从而大体判断学生对学习内容的理解程度。

2. 记录和观察的内容

为了使观察学生的信息更为准确细致，基（营）地指导师可使用观察记录表。

记录表的设计包括学生在研学活动中的各项表现，如学生的注意状态、参与状态、交往状态、思维状态、情绪状态、生成状态等方面。下列观察和记录的具体内容可以根据实际情况选取采用：

观察记录学生知识、技能掌握情况（解答问题的情况、学生的表情状态）；

观察学生操作技能掌握情况（能判断操作的正误、独立准确有条理地进行操作）；

观察学生的注意力（整个研学课程活动中集中注意力、该集中注意力时能够集中注意力）；

观察学生学习的参与情况（提问回答的主动性、讨论参与的积极性）；

观察学生的合作性（听别人意见、积极表达自己的意见）；

观察学生的思维状况（能有条有理地表达自己的意见、用不同的方法解决问题、解决问题的过程清楚、独立思考、做事有计划）。

总之，学生在研学课程活动中讨论、交流、合作的参与程度，在思考、获取知识过程中提出问题和解决问题的能力，在操作过程中的动手能力、表达能力等都是基（营）地研学旅行指导师记录的重要内容。

（八）组织研学成果展示

在研学活动中，指导学生完成学习成果是至关重要的一环。根据不同类型的研学课程，学习成果的形式和内容也有所不同。

对于参观式学习课程，学生的学习成果主要体现在对参观内容的认识和感受上。他们通过观察和聆听，形成对参观对象的初步理解，并可以通过二次创作，如撰写文章、创作绘画或摄影作品、编排节目等，来进一步展示自己的学习成果。

体验式学习课程的学习成果则与教学内容紧密相连。学生在课程进行过程中，通过实践操作完成模型制作、学会使用工具或设备、完成作品创作等任务，这些既是课程目标的体现，也是学习成果的重要组成部分。

对于研究性学习及服务性学习课程，学生的学习过程就是完成研究课题的过程。课题完成后，他们所撰写的研究报告和记录研究过程的摄影、摄像资料都是学习成果的展示，从中可以看到他们的进步和成长。

基（营）地指导师在指导学生完成学习成果后，还需要进一步指导他们对成果进行加工，以提升其质量和价值。

加工过程包括归纳整理、分析评估、创意设计、实践应用和总结提炼五个步骤。基（营）地指导师需要先指导学生对在研学活动中获得的信息、知识和经验进行归纳和整理，然后进行分析评估，识别其中的优势和不足。在此基础上，指导师可以引导学生进行创意设计，将研学成果进行创新和提升。随后，通过实践应用检验其可行性和有效性，进一步优化和完善研学成果。最后，对整个研学活动进行总结和提炼，形成系统的经验和方法。

在加工过程中，可以采用多种方法，如归纳总结法、思维导图法、记录写作法、多媒体汇报法、报告撰写法和活动延伸法等。这些方法可以帮助学生更好地整理和展示自己的学习成果，提升研学活动的质量和效果。通过加工和提炼，学生的学习成果得以更加系统化和深入化，为他们今后的学习和实践提供有益的参考和借鉴。同时，这也有助于基（营）地指导师更好地评估和指导学生的学习过程，推动研学活动的持续发展和创新。

 案例分析

请观看以下视频，思考下列问题：

湘绣研学课程教学视频

1. 请描述视频中涉及哪几个教学服务流程操作环节。
2. 选择与当地的一种传统手工艺品相关的研学课程，模拟基（营）地指导师进行教学服务流程操作。

步骤四：用餐服务工作

（一）引领就座

由于研学人数众多，在就餐前应确定好用餐座位安排表，在餐桌明显位置设立标识牌指引。如果以自助餐形式提供餐饮，则需要根据人数设置食物取放台的大小和多少。

如果在基（营）地用餐，基（营）地指导师对情况最为熟悉，可由基（营）地指导师带领学生从研学活动地点前往用餐地点，并进行餐前教育，征求学校研学指导师和旅行社研学指导师的意见，按照用餐座位安排表安排学生就座。

在抵达餐厅前，可根据基（营）地餐厅上菜速度，提前与餐厅负责人联系，请厨房提前准备。如果是桌餐，为避免学生等候或就座后上菜发生碰撞等情况，可以要求餐厅在学生抵达前就把菜上齐或提前上部分菜。

（二）餐前教育

在就餐前，可以进行简短的餐前教育，包括介绍餐食内容、特点，对用餐提出要求，如吃饭不讲话、不挑食、不剩菜、收拾餐盘等，还可以以学生为主体，诵读或背诵有关优秀传统用餐礼仪名言、用餐顺口溜等。但因为用餐本身就是实践活动，无须要求学生停下餐食进行其他的相关研学活动，如有相关讲解，也应言简意赅。

（三）开餐就餐

在学生就餐时，基（营）地指导师应等饭菜基本上齐后再自行用餐，根据各基（营）地的实际情况，可以单独用餐，也可以融入学生之中用餐。如果是餐盘快餐或自助餐应提前组织好队伍，按顺序取餐和归还餐具。

（四）餐食课程

部分基（营）地的餐食也是研学课程的一部分。如井冈山的红米饭南瓜汤、韶山的毛氏红烧肉、学农研学基（营）地自己采摘的食材、食品加工厂观看的加工食品、自己动手烧制餐食等。如果有此方面的研学课程，可以在用餐环境上进行布置，通过播放的视频、墙上的宣传资料等进行学习。

（五）定时集合

在用餐前就应设定好用餐时间，并告知所有学生。在用餐过程中，可以提醒个别用餐速度较慢的学生，要求大家能在确定的时间和指定的地点集合。

步骤五：入住服务工作

（一）入住前教育

在学生入住基（营）地之前，需要基（营）地指导师对学生进行入住前的教育，包括以下两个方面：

（1）对营房进行整体说明，包括营房的公共卫生间、洗漱间、淋浴间、餐厅、报告厅等公共设施的位置和使用的注意事项。

（2）入住登记情况介绍，包括登记手续、房卡或房间钥匙分发归还、物品领用、营房进出规定等说明。

（二）分房入住

（1）基（营）地指导师应根据分房表协助学校研学旅行指导师和旅行社研学指导师分发房卡或房间钥匙。

（2）进入房间后，基（营）地指导师利用第一次查房的机会，再向每个房间的学生说明入住注意事项、房间物品的使用规则、火警等安全事故逃生路线和应急处理方法等。

（三）多次查房

学生入住后，基（营）地指导师与学校研学指导师、旅行社研学指导师分工进行多次查房，可以同时去，也可以分工分次去。一般基（营）地指导师应参加首次查房。

（1）学生刚刚进入房间后，基（营）地指导师就应和学校研学指导师、旅行社研学指导师分工合作进行第一次查房。查房中，学校研学指导师应侧重检查房内学生是否和分房表一致；旅行社研学指导师应主要交代入住安全事项及接下来的安排；基（营）地指导师应重点关注学生房内设备使用是否齐全，并进行使用说明。

（2）入睡前，研学旅行指导师还应进行第二次查房。这一次查房中，学校研学指导师应重点关注对学生的住宿纪律管理及当天研学手册的作业检查情况；旅行社研学指导师主要是查看学生睡前洗漱及个人生活情况、督促学生按时入睡；基（营）地指导师应查看上次发现的房间设施设备问题是否已解决。

（3）入睡后，研学旅行指导师分头进行第三次查房，一般只在走廊和房间门口观察房内学生是否按要求就寝。

（四）安全值守

在学生入住后，应安排人员进行安全值守，杜绝安全隐患的发生。

研学入住管理

步骤六：闭营仪式工作

（一）回顾总结

闭营仪式一般在基（营）地研学实践活动结束的当天举行。回顾总结中，基（营）地指导师带领同学们对在本基（营）地的研学实践活动进行回顾和分析，从中找出经验和教训，引出规律性认识。回顾总结的内容包括在基（营）地进行研学实践活动的情况概述、同学们取得的成绩和经验教训及今后努力的方向。

（二）主题发言

在闭营仪式上，还可以请主办方学校领导、学校研学指导师、学生代表等进行主题发言。

（三）评选颁奖

基（营）地指导师通过记录研学过程的表现，发掘表现突出的学生，通过研学课程中发现优秀研学成果，并在闭营仪式上展示、评选和颁奖，而这些也将成为学校研学指导师组织研学成果汇报交流的一部分基础材料。

以上是闭营仪式一般包括的内容，但是还需要根据学校、研学基（营）地的要求和实际情况进行设计。

任务准备	全班分成三个小组，根据A小学、B初中、C高中研学活动的课程方案和研学手册，分别模拟其中某研学基（营）地的基（营）地指导师。
任务要求	1.班级分组进行角色扮演，请以基（营）地指导师身份，仔细研读A小学、B初中、C高中研学活动的课程方案和研学手册，根据上一题设计的指导案，模拟进行一场研学教学指导服务。 2.班级分组进行角色扮演，请以基（营）地指导师身份，为A小学、B初中、C高中的研学活动模拟进行开营仪式、闭营仪式。请注意开（闭）营仪式中仪式感如何把握，需要哪些细节体现仪式感。
任务成果	1.模拟某研学课程模拟指导服务（视频）。 2.模拟开营仪式（视频）。 3.模拟闭营仪式（视频）。
评价方式	学生自评、互评和教师评价相结合，条件允许可采用真实案例，让研学机构进行评价。分组安排时，注意小组成员分工到位，确保每位同学都有一定任务。

特别说明：

1.本实践任务贯穿全书所有章节，并承接项目三、项目四、项目五的实践成果，同时本任务的实践成果将成为以后项目和任务的实践的基础。

2.任课教师可以根据实际情况，把研学目的地调整为学校所在城市。

 **任务拓展**

在各地研学实践中,有的地方学校研学指导师会主导设计研学课程、确定研学方案,而有些地方学校研学指导师参与较弱。请思考,为什么学校不能直接使用由旅行社或研学基(营)地提供的研学课程?学校研学指导师如果完全不参与研学旅行行前工作,将会有什么后果?

项目六 基（营）地研学旅行指导师操作

任务三 研学活动后工作操作

任务目标

知识目标	1. 掌握资料整理的方法； 2. 掌握研学总结的内容和方法。
能力目标	1. 能根据要求进行资料的分类整理； 2. 能熟练按照反思的流程和方法进行总结。
素质目标	1. 通过研学总结反思，培养自我管理能力，螺旋式提升技能； 2. 通过反思总结完善研学方案，培养理性思维。

任务导入

上海某小学五年级的同学们在学校的组织下，将进行以"未来接班人"为主题的研学旅行，该研学活动由上海国际研学旅行有限公司承接，在上海东方绿洲研学营地学习。

基（营）地研学旅行指导师小吴带领团队组顺利地完成了本次研学接待，送走研学团队后，他回到办公室和各位参加本次研学接待的基（营）地指导师一起召开了总结反思会。针对人数众多如何分组的问题、如何减少用餐中的浪费问题、个别基（营）地指导师不熟悉课程活动的问题，大家进行了激烈的探讨，最后提出了解决方案。小吴全程记录了会议资料，并进行了总结。

接下来小吴还主动联系了主办方和承办方的相关负责人，请他们及时把对营地这次接待活动的评价反馈过来。

这次接待营地和学校达成拍摄协议，进行全程拍摄。最后小吴初步整理了一下跟拍的视频和监控储存视频，有 500 多 GB，这么大的储存容量让小吴有些伤脑筋，如果每个研学团队都这样，该买多大的硬盘来储存啊？

基（营）地指导师在研学学生离开后，还有哪些工作呢？

 **任务解析**

与学校研学指导师、旅行社研学指导师一样，基（营）地指导师在送走研学旅行团队后，工作并没有结束，还需要进行研学课程后的操作，包括整理资料、评价活动和总结反馈。特别是在进行大量的资料整理时，应懂得资料的分类，具备整理资料的方法才能理而不乱，方便查询。

资料的分类整理的重要目的是有效地进行评价总结、反馈反思。只有进行不断的总结，研学旅行指导师才能螺旋式地不断提高个人业务水平。

步骤一：资料整理

（一）资料整理的意义

研学团队的资料整理非常重要，需遵循资料形成的规律与特点，确保资料的完整与安全。整理时，应按级别、年度、来源、类别及保管期限进行分类，以最大化体现资料价值。资料整理不仅限于档案归档，还需建立查询、借阅制度，以促进资料的有效流通与利用，为研学接待提供借鉴。强化资料整理工作管理，不断完善，有助于研学企业合理发展，提升竞争力。

（二）资料整理的项目

研学活动接待资料依据自身属性、特征及利用需要可划分为以下几类：

按照载体归纳可分为影音类、电子类、纸质类、实物类；按照时间归纳可分为月度、年度；按照保管年限归纳可分为短期、长期、永久；按照内容归纳可分为对外协议合同类、对内培训管理类、接待流程操作类、总结反馈评价类；按照机构归纳即按文件生成中心或部门进行分类；按照复式结构归纳可分为"年度＋内容""年度＋机构""机构＋内容"等。

在分类管理时，应根据自己基（营）地的情况及需求，采用合适的结构进行分类，如年度—机构—保管年限等。并依据分类标准做好档案陈列，方便后期检索。

（三）资料整理的方法

1. 资料编号规则

资料档案编号管理应该设立分级类目，编号标识：全宗号—年度—保管期限—分类号＋业务类型—件号。业务类型用 2 位数字做代字，从 01 开始排列，各单位根据实际设置。例如，保管期限为 3 年的基（营）地餐厅后厨工作人员记录表，档号为：B0030026—2020—03—210108—0157。

2. 资料整理流程及细节

装订—编号—装盒—电子目录生成—整理移交清册。

3. 电子资料储存

纸质档案利用专业扫描仪转换成可储存在电脑上或刻成光盘，便于保存及查阅的，称为档案数字化。进行档案数字化加工的步骤有：整理一次校对、扫描、扫描件校对、装订、目录数据录入及修改、链接。

资料整理流程细节图示

在研学接待活动中，还会产生大量图片和视频资料，如基（营）地摄像头监控资料、接待活动拍摄的视频和照片等，这些资料要先通过初步筛选，如删除空白监控和雷同图片，留下有用信息，然后按照上面所说的编号规则进行编号，并储存到大容量硬盘、云盘之中。

4. 资料保存期限

管理性文件、检查记录性文件一般归入商业资料，检查记录性文件的保管期限通常为 3 年，其中管理性文件等部分商业资料也可根据文件的重要性适当延长保管期限，而视频、图片资料可以适当缩减保管期限。

步骤二：总结反馈

（一）研学总结内容

1. 课程准备情况总结

总结行前沟通协调机制哪些地方可以进一步优化，结合学校的反馈信息，对行前课程资料和专题讲座进行优化和完善。结合与各供应商在合作中出现的问题，总结应该注意的问题，总结哪些要求必须在与供应方的协议中明确体现。

2. 课程实施情况总结

（1）课程计划的执行情况。基（营）地指导师项目小组应该对课程计划、执行过程中遇到的问题和困难进行总结，分析执行中问题出现的原因，确定是研学课程、接待计划制订得不够合理，还是课程实施水平需要进一步提高，抑或由于客观条件发生变化导致了问题的产生，从而有针对性地对课程计划进行修订，或在研学旅行指导师培训时强化相关的培训内容。

（2）履行教学与学生管理职责的情况。参与本次研学接待的项目小组各成员都要对自己的工作做出总结，分析在课程实施过程中各自的成功经验和存在的不足，以改进自己的工作并为同事提供借鉴。

（3）对安全注意事项、安全保障措施和应急预案的实施情况进行总结，结合实际实施情况，对各条款的针对性和可操作性进行检视和修正。

（4）对各具体研学课程的教学组织方法进行总结，并结合实际实施效果，对学生的学习方法和活动方式进行完善和创新。

（5）结合评价情况，对课程评价体系进行优化和调整，使评价指标体系更加科学合理，对评价量表进行进一步修正，使之具有可操作性。

（二）研学问题反馈

前期建立好从下至上或者跨部门的反馈机制，告知全员，并且在重要和相关地方进行解释说明，尽可能地让基（营）地的每一个员工都知道遇到了问题该怎么反馈，找谁反馈。

沟通需要成本，提高沟通效率、降低沟通成本能让反馈更加及时有效，让相关信息及时同步传递、各部门信息对称，进而让管理层能知道实际情况，做出合适的评估和决定。

简化流程，提高效率，在发现问题后可以第一时间联系到对的人去跟进处理。定期复盘、沉淀总结反馈高频点，不断迭代和维护基（营）地指导师的知识库系统。

（三）研学反思提升

反思是指研学旅行指导师对研学课程实践的再认识、再思考，并以此来总结经验教训，进一步提高研学指导水平。不仅基（营）地指导师需要反思，学校研学指导师、旅行社研学指导师也需要及时进行反思。反思是研学旅行指导师提高个人业务水平的一种有效手段。优秀的研学旅行指导师会从自己的研学指导实践中反观自己的得失，通过案例、故事或心得等来提高反思的质量。

1. 反思的方法

反思日记：在一天的研学指导工作结束后，要求研学旅行指导师写下自己的经验，并与研学项目小组总控共同分析。

详细描述：研学旅行指导师相互观摩彼此的研学指导，详细描述他们所看到的情景，对此进行讨论分析。

实际讨论：来自不同委派主体的研学旅行指导师聚集在一起，首先提出研学活动中发生的问题，其次共同讨论解决的办法，最后得到的方案为所有研学旅行指导师共享。

行动研究：为弄明白研学活动中遇到的问题的实质，探索用以改进研学指导的行动方案，研学旅行指导师合作进行调查和实践研究，直接着眼于指导实践的改进。

学生反馈：在研学活动中和结束后，深入学生中，通过特定的问题和学生进行沟通和交流，找出一些实际存在的问题，把握学生的学习程度，了解学生的知识结构，制订相应的研学活动预案。

2. 反思的步骤

（1）回顾目标，时刻牢记最初目的，并一遍一遍地回顾和澄清。

（2）对照最初的目标，回顾过程，评估结果。

（3）刨根问底，分析原因。

（4）总结规律并反思，制订下一步行动计划，包括需要实施哪些新举措、继续留用哪些举措、取消哪些举措等。

3. 反思的内容

对研学教学目标进行反思，是否达到预期的研学效果；对研学指导理论进行反思，是否符合教与学的基本规律；对学生的评价进行反思，各类学生是否达到了预定目标；对执行研学活动接待计划情况进行反思，改变计划的原因和方法是否有效，采用别的活动和方法是否更有效；对改进措施进行反思，具体指导怎样修改会更有效等。

注重研学旅行指导师之间的合作与对话是反思的一个重要特征。反思不仅仅是"闭门思过"，与外界的沟通与交流也是进行反思的重要途径。除同事之间的集体反思外，还可请专家学者介入，提出有促进性、针对性的建议，促使研学旅行指导师不断反思，从而获得更新、更全面的认识。

工作总结会

 **任务实践**

任务准备	全班分成三个小组，根据A小学、B初中、C高中研学活动的课程方案和研学手册，分别模拟其中某研学基（营）地的基（营）地指导师。
任务要求	1. 模拟学校领导、教师代表、学生代表、家长代表组成的评价小组，对基（营）地指导师在上一个任务中对某研学课程的指导服务做出书面评价。 2. 请以基（营）地指导师身份，对本项目实践活动中产生的各类资料进行整理归档。 3. 请以基（营）地指导师身份，模拟召开小组总结会，并写出总结反思记录。
任务成果	1. 对研学基（营）地教育服务项目的书面评价。 2. 三套基（营）地实践资料。 3. 研学基（营）地研学课程总结反思记录。
评价方式	学生自评、互评和教师评价相结合，条件允许可采用真实案例，让研学机构进行评价。分组安排时，注意小组成员分工到位，确保每位同学都有一定任务。

特别说明：

1. 本实践任务贯穿全书所有章节，并承接项目三、项目四、项目五的实践成果，同时本任务的实践成果将成为以后项目和任务的实践的基础。

2. 任课教师可以根据实际情况，把研学目的地调整为学校所在城市。

 **任务拓展**

曾子曰：吾日三省吾身。不断总结、反思是成长的必经之路，反思有多少，成长就有多少。虽然这些方法的名称不同，内涵和外延也不尽相同，但其精髓和初衷都相同——形成一种"总结+反思"的机制。这是行动学习的精髓，也是企业健康运营、持续发展的关键。总结自己在项目四、项目五、项目六综合实践题的表现，进行一次反思提升。

项目六 基（营）地研学旅行指导师操作

项目小结

　　通过本项目的学习和实践，掌握研学旅行指导师中的重要一员——基（营）地研学旅行指导师在研学服务工作中扮演的重要角色以及相关的工作内容与流程步骤：主要包括学生来到基（营）地进行研学课程之前的各项准备工作、来到基（营）地进行研学课程之中的工作操作及学生从基（营）地离开后的操作，其中研学课程中的工作操作是重点。

　　通过本项目的学习和实践，让基（营）地指导师明确自己的工作定位，细化工作操作流程，增加研学服务操作技巧，从而学习并提升理论与实践工作水平。

练一练

项目 七

研学旅行问题的预防与处理

全国中小学生研学实践教育基地——河南博物院

思维导图

- 研学旅行问题的预防与处理
  - 行前常见问题的预防与处理
    - 问题一：人员迟到的预防与处理
    - 问题二：车辆问题的预防与处理
    - 问题三：物品遗忘的预防与处理
  - 行中常见问题的预防与处理
    - 问题一：学生身体不适的预防与处理
    - 问题二：物品丢失的预防与处理
    - 问题三：学生走失的预防与处理
    - 问题四：人身意外伤害的预防与处理
    - 问题五：场所（设备）安全与秩序问题的预防与处理
    - 问题六：不文明旅游现象的预防与处理
    - 问题七：交通事故的预防与处理
    - 问题八：研学旅行接待变更的处理
  - 住宿、用餐特别问题的预防与处理
    - 问题一：学生入住后私自外出的预防与处理
    - 问题二：酒店设备、物品损坏与客房差异的预防与处理
    - 问题三：不文明用餐的预防与处理
    - 问题四：食品安全卫生事故的预防与处理
  - 课程特别问题的预防与处理
    - 问题一：课程相关人员问题的预防与处理
    - 问题二：课程教学环境问题的预防与处理
    - 问题三：课程教学设备问题的预防与处理
    - 问题四：课程教学时间问题的预防与处理
  - 冲突问题的预防与处理
    - 问题一：理解冲突的内涵和发生因素
    - 问题二：掌握冲突的类型
    - 问题三：冲突的处理原则与管理
    - 问题四：冲突的预防与处理

项目七 研学旅行问题的预防与处理

任务一 行前常见问题的预防与处理

 **任务目标**

知识目标	1. 掌握学生迟到、工作人员迟到预防与处理知识； 2. 掌握预定车辆临时调整、车辆设施设备故障的处理知识； 3. 掌握学生必备物品遗忘、工作人员必备物品遗忘的预防与处理知识。
能力目标	1. 能有效预防与处理人员迟到的事故； 2. 能运用各种方法处理车辆调整、故障带来的影响； 3. 能预防与处理物品遗忘的事故。
素质目标	1. 通过预防与处理人员迟到事故，培养时间观念、诚信精神； 2. 通过处理车辆问题事故，培养细心的工作态度，增强社会责任感； 3. 通过预防与处理物品遗忘的事故，提升自我管理、培养精益求精的工作态度。

 **任务导入**

你作为一名旅行社研学旅行指导师，正在研究北京某中学的水墨江南文化研学活动方案，当看到近500名学生在学校集合后将乘坐高铁的交通信息表，感觉任务沉重。

水墨江南文化研学活动交通信息

北京南站 ↓ 南京南站	【车次】G 111 高铁二等座 【时间】6月25日 08：35~12：54 【始发站】北京南站 集合地点： 学校操场（1~6班同学在本班课间操集合地点列队） 集合时间： 6月25日 06：30

· 257 ·

续表

镇江南站 ↓ 北京南站	【车次】G138 高铁二等座 【时间】6月29日 14:32~19:28 【始发站】镇江南站 接站地点： 北京南站 接站时间： 6月29日19:30（随时与老师保持微信联系）

1. 集合出发时，可能出现哪些问题？
2. 旅行社研学旅行指导师应提前做好哪些预防工作？
3. 请根据以上信息，设计一份更为合理的研学行程交通信息通知。

 **任务解析**

研学活动具有几个"多"的特点，即学生人数多、研学内容多、涉及环节多、保障人员多等。为确保研学活动能按计划顺利开展，研学旅行指导师需要具有高效的团队组织执行力。

行前问题首先是如何保证大批量的学生能按计划时间集合准时出发。在集合的时候最常见的问题：一是人员迟到，包括学生迟到、工作人员迟到；二是车辆问题，包括预定车辆临时调整、车辆设施设备故障；三是物品遗忘问题，包括学生和工作人员必备物品遗忘。这些突发情况的发生都会直接影响研学活动，因此行前问题的预防和处理至关重要。

问题一：人员迟到的预防与处理

开展一次研学活动，涉及人员来自多个方面，参与研学活动的学生是研学活动主体，研学活动的保障人员不仅有研学旅行指导师［学校研学指导师，组团旅行社、地接旅行社研学指导师，基（营）地指导师］组成的研学旅行管理组织与教学保障人员，还有为学生的交通、食宿等提供旅行生活保障的工作人员。在研学活动的集合环节，需要重点预防人员迟到问题的发生。

（一）学生迟到

1. 学生迟到的原因

在研学活动中，每次团队集合的地点与时间不尽相同，学生迟到的具体原因也是多种多样的，如学生们对研学旅行的集体生活感觉新鲜，特别是在出发的前一天，有些同学甚至会异常兴奋，难以入睡，造成次日不能按时起床，集合时会发生迟到现象；个别同学因为生活自理能力较差，收拾行李物品时间过长，导致整个团队都迟到。无论发生迟到现象的具体原因是什么，基本可分为主观原因与客观原因两大类。

2. 学生迟到的预防

（1）学校集合时迟到的预防。研学旅行开始前，学校应至少提前一周召开学生及家长的行前说明会，并通过文字形式（如微信、行程安排说明、研学手册等）将抵校集合时间确保通知到每一位参加研学旅行的学生及家长；出发前一天，学校应再次提醒学生与家长次日到校集合时间；出发时间安排应考虑回避城市交通高峰时段，提前设计交通路线，以确保团队至少提前2小时抵达机场，提前1小时抵达火车站（码头），如果人数众多，学生年龄较小，集合整队难度较大，还可以多提前半小时到达。出发前学校研学指导师可进行学生分组，以集合时间准点为目标任务并通过小组评比奖励等方法帮助学生强化时间意识。

（2）研学基地、营地集合迟到的预防。在抵达研学基地、营地时，下车前旅行社研学指导师应提醒并与学生确认集合时间、车辆标识及车牌号码；在导览图前详细说明研学活动路线及集合地点或提前发放解说导览图手册；告知学生，如与团队走散，应迅速致电学校研学指导师，并在原地等待；研学旅行指导师始终和团队一起活动，适时提醒学生保持小组队形，随时清点人数；留出充裕时间集中安排学生去洗手间，在集合地点清点人数，确认学生全部抵达后再集中前往下一地点。

（3）离店集合时迟到的预防。入住酒店（营地）前旅行社研学指导师应通知学生次日早餐时间与离店集合时间，提醒学生次日早餐时携带行李退还房间钥匙；告知次日酒店电话叫醒时间，并提醒学生不要太晚休息。入住酒店（营地）时告知学生早餐地点及离店集合地点；入住酒店（营地）后学校研学指导师与旅行社研学指导师共同巡视学生房间，再次提醒学生次日早餐及集合时间。离店当日实行二次叫早，即酒店（营地）电话叫早与学校研学指导师和旅行社研学指导师分头敲门叫早，确保学生能及时起床；早餐时，旅行社研学指导师应在餐厅门口等候学生并及时收取房间钥匙，对未用早餐的学生应及时致电房间，提醒学生关注集合时间；集合时间临近时，组团社研学指导师应巡视餐厅，提醒仍在用餐的学生尽快结束用餐，抵达集合地点；接待社研学指导师在集合现场应及时清点人数，随时保持与组团社研学指导师的联系；规定时间未能抵达集合地点并不在餐厅的学生，学校研学指导师应尽快联系该同学，请其迅速抵达集合地点。

3.学生迟到的处理

（1）在团队集合时发现学生迟到，学校研学指导师应立刻电话联系该同学，如果没有电话，向同学了解情况后立即寻找，旅行社研学指导师应维持好现场秩序。研学旅行指导师不应在其他同学面前表现出自己的情绪与态度。

（2）迟到学生抵达后应立刻安排入队，旅行社研学指导师再次清点团队人数后迅速前往下一地点。

（3）学校研学指导师应寻找合适时间向该同学或其他相关人员了解其迟到原因。

（4）由于学生主观原因（个人原因）造成的迟到现象，学校研学旅行指导师应当择机对其进行批评与教育；对于因客观原因而迟到的同学，应给予适当的安慰，并帮助分析与解决如何避免类似现象的发生。

（5）无论是因为主观原因还是客观原因造成的学生迟到现象，研学旅行指导师在教育学生时都应注意自己的表达方式与态度，注意合适的教育场合，采用多样化的教育形式。

（二）工作人员迟到

1.工作人员迟到的原因

工作人员主要包括研学活动组织管理及教学保障人员（学校与旅行社研学指导师）、研学旅行交通与安全保障人员（司机、安全员、医护人员）等。工作人员迟到的现象主要发生在学校集合或在车站（机场）迎接团队时，主要原因是途中时间预留不足，或者途中突发紧急事故。无论是由于主观原因还是客观原因，工作人员迟到都是一次工作事故，由于主观原因造成的工作人员迟到更是严重的责任事故。

2.工作人员迟到的预防

（1）学校集合时迟到的预防。组团旅行社项目负责人（总控）应提前与校方确认旅游客车停车地点及出发时间，并要求组团旅行社研学指导师提前熟悉集合现场环境。组建研学旅行指导师与司机的微信群，要求研学旅行指导师提前一天与本车司机联系，告知次日车辆抵达时间及停车地点，提醒司机熟悉路线并保留充裕的路途时间。集合当日工作人员在微信群内应定时进行位置告

项目七　研学旅行问题的预防与处理

知，对没有及时告知的人员，研学项目负责人（总控）要立刻进行电话联系，掌握工作人员实时定位，确认工作人员到岗情况，协调处理突发问题。工作人员应至少提前30分钟到达集合地点，做好学生登车前的各项准备。

（2）车站（机场）迎接团队时迟到的预防。接待旅行社研学指导师应与组团旅行社研学指导师提前核实团队乘坐的车次及到达车站的时间；应提前一天与司机联系，通知次日接站地点及抵达时间。提前30分钟抵达接站地点，与司机确认停车位置后再次和车站确认列车（航班）抵达的准确时间及出站口。提前抵达出站口后告知组团社研学指导师自己的所在位置，在醒目位置持接站标识迎候团队。

3. 工作人员迟到的处理

（1）旅行社研学指导师迟到。旅行社项目负责人（总控）应及时联系迟到的人员，询问确切抵达时间，如迟到时间不长，可帮助其完成车辆交接的相关工作；如迟到时间较长，可能影响团队正常出发，应安排其迅速赶往下一地点，并立刻向校方项目负责人（总控）实事求是地说明情况；由项目负责人（总控）承担其工作，带领学生前往下一地点。团队到达下一地点后，项目负责人（总控）应带领团队下车后再与原定的该团旅行社研学指导师完成工作交接。

（2）司机迟到。组团旅行社研学指导师在集合当天应实时与司机进行沟通，如在预定时间司机未能到达集合地点，可根据车辆交通路线结合手机导航软件预测司机抵达时间，如迟到时间不长，组团社研学指导师应实时联系学校研学指导师，适当推迟学生上车时间。如因途中车辆突发状况可能导致迟到时间较长，组团社研学指导师应立刻汇报旅行社，旅行社项目负责人（总控）应迅速联系车队，紧急调车，以确保学生及时前往下一地点。

工作人员无论出于什么原因发生迟到现象，都应向学生诚恳道歉，用加倍的工作热情求得其谅解；也可进行适当的物质补偿如赠送小礼物、加菜、加水果等，事后应写出书面报告，并根据情节严重程度承担相应的处罚。

问题二：车辆问题的预防与处理

旅游客车是研学团队最常用的一种旅行交通车辆。旅游客车的车型主要是根据座位数量加以区分，研学旅行常用车型为35~55座。由于研学旅行团队的人数特点，通常对低于30座的车型需求较少，大型学生团队可能会对50座以上的旅游客车有更加迫切的需求。旅游客车的安全性是研学旅行顺利开展的重要保障，在团队集合时，研学旅行指导师应认真核查车辆，确保出行安全。

（一）预定车辆临时调整

1. 预定车辆临时调整的原因

研学旅行团队需要使用的车辆在车型、行驶年限、交通营运许可证、车辆保险等方面都有明确的要求，在研学团队具体出发日期确定后，由于车辆的预订周期时间较长，在正式出行之前，车辆依然处于其他业务的正常营运状态，因而在出发当天仍有可能会出现因为车辆还在运输状态、安全状况不符合团队需求而临时进行调整的现象。

2. 预定车辆临时调整的预防

预定车辆时，旅行社应和车队订立详细的车辆合同附件，明确车辆的类型、使用年限、营运许可证以及车辆保险额度等具体内容，并要求车辆配备的安全设施（如安全带、安全锤、消防灭火器等）完好，座椅、空调、音响设备等使用正常；车队确认团队车辆的车牌号码后，留存车辆相关证明复印件（如行驶证、营运证等），并核实车辆的设施设备符合安全营运要求；出发前一天，旅行社研学指导师应再次与车辆驾驶人员落实各项信息。

3. 预定车辆临时调整的处理

集合前一天，旅行社研学指导师应和预定车辆驾驶人员确认次日抵达时间及车辆相关信息，如发现车辆临时调整，旅行社研学指导师应立刻汇报旅行社项目负责人；如调整后的车辆各项要求满足预定要求，则应尽快和该车驾驶人员核对行车路线、出发时间及接待学生的注意事项等；如调整后的车辆不满足预定要求，应请车队重新调度车辆。

集合当天如预定车辆因突发故障需要临时调整，旅行社研学指导师应立刻汇报旅行社相关负责人，根据指示完成调整后的车辆信息核实及学生出发组织等各项工作。

（二）车辆设施设备故障

1. 车辆设施设备故障发生原因

车辆需要定期进行安全保养以及设备维修，发生车辆设施设备故障一般是由于没有对车辆进行定期检修保养造成的，或者是因为车辆行驶里程过长造成的设备老化；车内设施设备也可能会因为乘坐者的使用不当或使用频率过高而造成损坏。

2. 车辆设施设备故障问题的预防

研学旅行团队应选择正规车队预定旅游客车，车队提供的车辆应为上牌年限在 1~3 年、年检手续齐全、定期保养记录完整的合法营运车辆。

预定时应对车内配备的座椅安全带、安全锤、消防灭火器、安全门等安全设施提出严格要求，对车辆空调、音响设备的正常使用提出要求，在正式使用前可对车辆进行落实检查，做到心中有数。

研学旅行指导师在抵达接站地点后，应提前上车检查车上各项设备，座椅安全带、安全锤、灭火器等是否有损坏或缺失，空调、音响设备是否可以正常使用。

3. 车辆设施设备故障问题的处理

研学旅行指导师在集合前应预留时间进行车辆设备检查，应确保每位学生的座椅安全带能正常使用，车辆安全锤配备齐全，灭火器在有效期内，安全门、安全窗开启正常，空调、音响设备等使用情况良好。

发现设备故障或缺失时，如无法及时维修或及时补充，应立刻告知旅行社项目负责人，协调车队迅速调换车辆。如果重新调度车辆等候时间不长，可以原地等待；如果重新调度车辆等候时间较长且车辆故障不影响行驶，可以约定调换的车辆到下一地点进行更换。

问题三：物品遗忘的预防与处理

研学旅行中有研学课程所需要的必备物品，如研学手册、教学用品等；有旅行生活所需要的必备证件，如身份证（户口本）、学生证、护照等；有个人生活必备物品，如手机、充电器、水杯、药品等。

（一）学生必备物品遗忘

1. 学生必备物品遗忘的原因

参加研学旅行的学生主要为4—11年级的中小学生，其个人的独立生活能力及旅行经验都不足，独自离开家庭参与集体旅行，在进行研学旅行物品准备时，较容易发生必备物品遗忘的现象。

2. 学生必备物品遗忘的预防

学校在行前说明会上应告知学生及家长参加研学旅行需携带的必备物品，也可以通过出行必备物品清单帮助学生进行出行物品准备。

出行前应多做提醒工作，请学生提前准备身份证或其他相关证件复印件，拍摄证件照片并留存在手机中；学校研学旅行指导师根据行程需要携带充足的学校介绍信。

为预防学生因研学手册遗忘影响旅行过程中的学习，学校可根据学生人数超额预备部分研学手册，由学校研学指导师携带备用。

3. 学生必备物品遗忘的处理

如学生身份证件遗忘的处理：在进入火车站（机场、码头）时，如发现学生身份证件遗忘，应由组团旅行社研学指导师协同学校研学指导师携带学校介绍信、学生身份证复印件与该学生一同前往火车站（机场、码头）公安机关办理点，办理乘车（乘机、乘船）临时身份证明；也可以通过12306软件办理。

如学生研学手册遗忘的处理：学校研学指导师可补发备份研学手册，让学生及时完成学习内容，在合适的时机与场合多做提醒，加强对学生自我管理能力的培养教育，帮助学生养成良好的行为习惯。

（二）工作人员必备物品遗忘

1. 工作人员必备物品遗忘的原因

工作人员（研学旅行指导师、安全员、医护人员等）发生必备物品（如身份证件或工作证件、教学所需的蓝牙讲解器、充电器等）遗忘情况，主要是工作责任心不足、业务准备不充分造成的。无论什么原因造成的必备物品遗忘都会对整个研学旅行的正常开展造成不同程度的影响，甚至导致研学活动无法顺利进行。

2. 工作人员必备物品遗忘的预防

研学旅行的组织方、承接方应加强对参加研学旅行工作人员的教育与管理，细化工作流程，强化工作规范。在出行前应列出各岗位工作人员职责及工作物品清单，落实物品清点核查，完善物品交接手续。

研学旅行各岗位工作人员应强化责任意识，重视行前准备工作，严格按照流程规定完成物品准备，出行前仔细核查并打包各项工作物品；抵达集合地点后，再次核实物品清单，避免发生必备物品遗忘。

对重要的必备物品可适量备份，以免发生必备物品遗忘而影响团队正常行程。

3. 工作人员必备物品遗忘的处理

集合地点清点核查物品时，发现必备物品（如车头牌、蓝牙讲解器等）遗忘，应迅速汇报主管领导，如现场有备份物品可请求补领；如现场没有备份物品，在时间允许的情况下可请求协助，将所需物品送达集合地点或火车站（机场、码头）；相关工作人员事后应写出情况报告，并承担相应的处罚。

项目七 研学旅行问题的预防与处理

 **案例分析**

在研学旅行出发前,学校会给出行的学生发放一张出行物品核对清单,请仔细查阅以下清单,并思考后面的问题。

出行物品核对清单

尊敬的各位家长,为了使孩子顺利愉快地度过为期四天的山西研学活动,孩子出行前请按照下列参考物品准备。为了对孩子所携带物品或财产起到安全监管的作用,务必请家长认真填写孩子出行时所携带物品数量或者现金金额。

1. 物品的携带:换洗衣物两套(出发当天穿夏装校服集合)、鞋子两双(轻便的鞋子,新鞋容易磨脚)、洗漱用品(自备牙刷、牙膏、毛巾)、水杯、卫生纸、研学手册、课外书籍、笔、雨具等。非必需物品能不带则不带,尽可能减轻负重。以上物品尽可能装入双肩背的包里,如果携带行李箱,要教会学生自己打包,箱子上最好挂上一个名牌或其他容易识别的标识。

2. 现金的携带:家长常常会担心自己的孩子在旅行过程中花费不够,其实我们的研学活动已经包含了所有的基本费用,学生不需要带一分钱也可以完成整个活动。考虑到同学们必要的个人消费,我们建议每个同学携带的现金不要超过200元。

3. 贵重物品的携带:同学们有时会携带平板电脑、数码相机、小型摄像机等贵重物品,极易造成损坏,甚至有丢失的可能,因此,我们不建议学生研学旅行时携带以上贵重物品,如若丢失、损坏,损失自负!

出行携带物品参考清单	
□拉杆箱或双肩背包	□毛巾、牙膏、牙刷
□适量衣物	□擦脸油
□运动鞋、拖鞋	□小笔记本和笔
□内衣裤	□水杯/水壶
□袜子	□书籍
□雨伞/雨衣	□干(湿)纸巾/卫生巾
□花露水、风油精、防晒霜	□常用药品
□身份证/户口本(原件、复印件)	□研学手册
□携带现金　　元	

1. 如何根据研学的目的地的不同,如去海边、农村、大城市、草原、森林等,合理调整出行物品核对清单?

2. 请设计一份学校研学指导师、组团社研学指导师出行物品核对清单。

 **任务实践**

任务准备	全班分成三个小组,分别模拟A小学、B初中、C高中的研学旅行指导师。
任务要求	结合A小学、B初中、C高中的课程方案及研学手册内容,分别以各自学校的研学旅行指导师身份和旅行社研学指导师身份,设计研学过程中需对学生进行以下各种预防性提醒语,如无特别标注,请模拟演示。 (1)研学前一天,预防学生集合迟到、遗忘必备物品的提醒语(文本,用于发送短信)。 (2)抵达研学基(营)地前,预防集合迟到的提醒语。 (3)旅行社研学指导师联系司机时,预防司机迟到、预防设施设备故障的提醒语。 (4)乘坐交通工具前,预防安全问题、秩序问题的提醒语。 (5)每次下车(离店时),预防学生遗忘物品的提醒语。
任务成果	研学旅行集合阶段的各种预防性提醒语。
评价方式	学生自评、互评和教师评价相结合,条件允许可采用真实案例,让研学机构进行评价。分组安排时,注意小组成员分工到位,确保每位同学都有一定任务。

特别说明:

1.本实践任务贯穿全书所有章节,并承接项目三、项目四、项目五、项目六的实践成果。

2.任课教师可以根据实际情况,把研学目的地调整为学校所在城市。

 **任务拓展**

工作人员如果发生了迟到或遗忘物品的情况,会造成很大的影响,请讨论自己平时在生活中是否也有迟到或遗忘物品的情况,如果以后成为研学旅行指导师,应如何避免发生类似情况?

项目七 研学旅行问题的预防与处理

任务二　行中常见问题的预防与处理

 **任务目标**

知识目标	1. 掌握行中问题发生的主要原因； 2. 学生行中问题的预防与处理知识。
能力目标	1. 能处理学生身体不适的情况； 2. 能处理物品丢失的情况； 3. 能处理学生走失的事故； 4. 能对人身意外伤害事故进行初步处理； 5. 能对场所（设备）安全与秩序事故进行初步处理； 6. 能处理不文明旅游现象的情况； 7. 能对交通事故进行初步处理； 8. 在途中阶段，能处理接待变更的情况。
素质目标	1. 通过预防处理各种事故，树立珍爱生命和安全防护的意识； 2. 通过预防与处理物品丢失，培养责任心； 3. 通过预防与处理不文明旅游现象，提高文明素养； 4. 通过预防与处理交通事故、处理接待变更，培养应变能力。

 **任务导入**

某年12月31日23时35分，正值跨年夜活动，上海市外滩有很多游客、市民聚集在这里迎接新年。此时，陈毅广场东南角通往黄浦江观景平台的人行通道阶梯处底部有人失衡跌倒，继而引发多人摔倒、叠压，致使拥挤踩踏事件发生，造成36人死亡，49人受伤。请大家通过网络了解"上海外滩踩踏事件"的相关报道。

1. 上海外滩踩踏事件的性质及这类事件的危害程度。
2. 在研学旅行中，哪些场所是比较容易发生安全事故的地点？

研学旅行实践活动的开展需要始终将安全放在最重要的位置，预防重于处理。研学旅行指导师应熟悉研学过程中各类可能发生安全问题的场所（设备）及现场组织流程，研学活动中要随时关注学生情况，加强对学生的组织管理工作及旅行学习中的安全教育工作，尤其需要加强公共场所的安全防范意识，组织学生有序开展研学旅行实践活动。

问题一：学生身体不适的预防与处理

（一）学生身体不适的原因

一次研学旅行通常需要几天，特别是前往外地的研学活动，一些体质较差的学生可能会因为地域环境、气候变化出现水土不服，也有些同学可能因为旅途疲劳、喝水较少、饮食不当等原因引发咽喉肿痛、腹泻、过敏等情况，还有些同学在旅途中因为自身的原因（如生理周期、过敏性体质等）出现身体不适。一旦学生出现身体不适的现象，无论程度如何，研学旅行指导师都需要重视与关心，并及时妥善处理。

（二）学生身体不适的预防

（1）学校出行前应请家长如实填写学生情况调查表，学校应及时了解学生的身体状况，如近期有无身体不适、有无遗传性疾病、食物过敏史、药物过敏史等。

（2）身体状况不允许参加研学旅行的学生应劝其不要随团旅行，并提前告知学生及家长，并做好妥善安排。

（3）提醒家长根据学生的体质状况帮助其准备旅行中的必备药品。

（4）请家长配合学校教育，督促学生在旅行中用好团队餐，不私自购买外卖食品，不购买地摊食物，不食用冰水、冷饮等。

项目七 研学旅行问题的预防与处理

（5）学校与研学旅行承办机构提前确认团队用餐的地点，确保用餐环境整洁、菜品新鲜卫生。

（6）提前确认菜单，不安排凉菜、鱼、海鲜、豆类等可能引发疾病的食物，菜品荤素搭配，保证每日充足的维生素与蛋白质。

（7）旅行过程中，根据条件，旅行社研学指导师为学生准备矿泉水，每日多次提醒同学喝水，并告知学生出现身体不适要及时向随团医护人员或学校研学指导师反映。

（8）高温天气，进行户外活动前，提醒学生做好防晒防暑工作。

（9）山区、郊外旅行时，提前通知学生提前做好避蚊驱虫措施。

（10）主动关心学生日常行为表现，发现异常应主动询问其身体状况。

（11）旅行社研学指导师应合理安排研学行程，每天研学课程活动安排不宜过多、时间不宜过长，充分保证学生的睡眠与休息时间。

（三）学生身体不适的处理

（1）旅行社研学指导师发现学生身体不适后应第一时间向随团医护人员或学校研学指导师反映情况，可先让学生暂时停止随团活动，由医护人员进行初步判断及相应处理。

（2）如学生身体不适不能缓解，学校研学指导师应尽快联系家长，了解学生情况，询问家长意见。

（3）根据家长意见进行进一步处理，随团医护人员及学校研学指导师应及时陪同就医。

（4）如学生就医后可以继续跟随团队活动，旅行社研学指导师应在课程活动、用餐饮食等方面给予更多的关心，并提醒及时服药。

（5）如学生病情较严重，需继续治疗，学校研学指导师应联系其家长，及时赶往研学旅行地负责学生后续治疗。

（6）研学旅行指导师不得在公开场合议论学生的身体情况，尊重学生的隐私。

问题二：物品丢失的预防与处理

（一）物品丢失的原因

研学旅行途中，学生由于疏忽大意，时常会发生物品丢失的情况，如在酒店退房时，将充电器、数据线、洗发水等常用物品遗忘在客房内；或是将晚上换洗的衣物等遗忘在衣橱里；在下车时把自己的行李物品遗忘在车上。外套、钱包、手机、身份证件等都是在研学旅行途中学生经常会丢失的物品。研学旅行带来的新鲜感会让学生感到兴奋，有些同学物品丢了很长时间都不能发觉，直到需要使用时才能发现，甚至有时也想不起来丢在了哪里，个别学生还会因为害怕被批评，不承认自己丢失了物品。

（二）物品丢失的预防

（1）学校在行前说明会上应提醒家长，不要让学生携带贵重的物品（如单反相机、笔记本电脑等）出行。

（2）出行前指导学生根据行李物品清单，学习整理收纳，提高生活自理能力。

（3）旅行社研学指导师在研学旅行途中应多做提醒工作，酒店入住及次日退房时，提醒同学做好"五项检查"：检查卫生间，有无遗留的洗漱用品；检查衣橱，有无遗留的衣物；检查插座，有无遗留充电设备、手机；检查床铺，枕头下面、被子里面有无遗留钱包、证件等物品；检查抽屉、柜子，有无存放物品。

（4）上下车时，提醒同学做好"上下左右"四个方向的检查：行李架上面、座位下面、前后左右椅背上有没有自己或者其他同学遗留的物品。

（5）离开餐厅、讲座会场时，提醒同学检查"前后左右"，是否有遗留的文具、衣物、遮阳帽等。

（6）学生离开场地后，研学旅行指导师应快速检查场地是否有学生的遗留物品。

（7）旅行社研学指导师应与司机、场地工作人员互留联系电话，发现遗留物品及时取得联系。

（8）酒店退房时旅行社研学指导师应留有充裕的查房时间，请客房服务员及时将查房时发现的学生遗留物品送到总台。

（三）物品丢失的处理

（1）研学旅行指导师首先安慰学生情绪，帮助其回忆该物品丢失前的使用场景及可能丢失的地点。

（2）请其他同学帮助回忆最后一次见到该物品的时间及地点。

（3）旅行社研学指导师须尽快联系遗失地点工作人员帮助寻找。

（4）物品找到后可请工作人员帮忙安排送还或在当日行程结束后前去领取。

（5）如物品无法找到，且为学生生活必需品，当日行程结束后，学校研学指导师可陪同其前往超市购买，购买商品费用应由学生自理。

（6）如学生身份证件丢失，并确定无法找回，学校研学指导师应携带学校介绍信及本人身份证陪同该学生前往就近的派出所开具临时身份证明，以便后续办理酒店入住、乘坐交通工具等事宜。

问题三：学生走失的预防与处理

（一）学生走失的原因

绝大多数学生在参与研学课程时会和集体保持行动一致，走失现象最有可能发生在学生自由活动时，在进行野外探索时，因为环境陌生发生迷路情况，或在研学基（营）地进行研学活动时由于个人原因（如独自购物、上厕所等）没有跟上团队。

（二）学生走失的预防

（1）学校研学指导师在出行前应做好学生分组，要求学生在研学过程中始终和团队一起活动，不可擅自离团。在研学基（营）地进行研学活动时，研学旅行指导师团队应分工合作，旅行社研学指导师配合基（营）地指导师，把控学习现场的教学秩序。

（2）基（营）地指导师在教学时应加强与学生的交流与互动，避免长时间采用单一的讲解方式进行研学教育，应采用生动的教学语言与课堂互动的活动吸引学生的注意力。

（3）基（营）地指导师应合理安排研学线路及课程地点，在合适地点安排学生前往卫生间；预留一定时间，以满足学生拍照、购买纪念品等合理要求。

（4）在研学活动进行过程中，如学生因上洗手间或购买矿泉水等需要暂时离开团队，需向学校研学指导师提前报备，学校研学指导师应在约定地点等候学生归队。

（5）学校研学指导师与旅行社研学指导师密切配合，始终跟随团队活动，分别在队伍的前后，时刻关注学生的动向，在教学集中点随时清点学生人数。

（6）自由活动或小组探索时，旅行社研学指导师应根据学生分组做好成员分工，并确保每一个小组都有手机；可安排集体打卡游戏任务，以确保学生能始终在一起活动；做好集合地点的选择，可让学生用手机拍下集合地点的标志建筑，以便学生迷路时及时询问或电话联系。

（三）学生走失的处理

（1）在预定的集合时间，如学生小组没有抵达集合地点，学校研学指导师应立刻拨打学生组长电话，询问所在位置并要求小组尽快赶往集合地点。

（2）学生归队后，旅行社研学指导师进行人数清点，集中前往下一研学地点。

（3）如学生未和小组一起回到集合地点，学校研学指导师应询问小组其他同学最后见到该学生的地点，并拨打该学生的电话。学生手机若未接通或没有携带，应安排已经到达集合地点的学生在原地等待，由基（营）地指导师负责现场秩序，安全员及其他研学旅行指导师分头寻找走失的学生；由于学校研学指导师对学生最为熟悉，寻找学生应以学校研学指导师为主，若研学地点范围较大，可请求研学基（营）地的工作人员协助寻找。如果长时间寻找学生没有结束，特别是超过24小时，应向公安机关报案。

（4）如找寻时间较长，可安排已经集合的学生在旅行社研学指导师的带领下前往下一地点进行研学课程学习，留下该团一名学校研学指导师协同安全员继续找寻学生。

（5）学生找到后不要对其进行严厉批评与责怪，应立即带领该学生前往下一研学地点，事后由学校研学指导师了解其走失的真实情况后酌情处理。

问题四：人身意外伤害的预防与处理

（一）人身意外伤害的发生原因

造成学生人身意外伤害事故的主要因素有人为因素和环境因素。由于人为的工作失误造成的人身意外伤害事故，根据事故主体可以分为研学主办方工作人员责任、承办方工作人员责任、研学接待单位工作人员责任和学生的责任。

研学旅行实践活动是在校外真实场景中进行的，由于环境复杂多变、学生的新奇兴奋等因素，离开惯常环境的学生一不小心常会发生摔伤、扭伤、蜇伤、烫伤、晒伤等人身意外伤害事故。

（二）人身意外伤害的预防

1. 学校及研学旅行承办机构

（1）在研学活动开始前，应对研学场所、食宿场地等进行实地勘察，选择管理严格、符合安全接待要求、有资质、有信誉的研学接待合作机构。

（2）针对可能发生意外事故的主要环节制订安全预案，与相关接待合作单位签署安全责任协议。

（3）严格筛选合格的研学旅行指导师、安全员，行前集中培训，熟悉研学线路，掌握安全防范工作方法。

（4）学校在出发前应做好学生行前研学旅行生活常识教育，加强学生自我保护意识，如提醒学生选择合适的旅行着装，携带创可贴、防晒霜、风油精（清凉油）、防蚊喷雾（夏季）等。

（5）安排具有合格医护资质的随团医护人员，携带旅行救急药箱。

2. 研学基（营）地

（1）确保研学课程活动场地及器材、设备安全。

（2）研学基（营）地设计研学课程活动应确保安全，对从事研学指导工作的研学旅行指导师做好岗前培训，严格考核把关。

（3）研学活动现场配备救护医疗药品以备不时之需。

3. 研学旅行指导师及安全员

（1）研学活动中应随时关注学生，对可能发生危险的情况做到多说明、多提醒。

（2）做好设备使用安全讲解示范。

（3）密切观察学生活动场所可能造成伤害的危险因素，及时提醒学生注意防范。

（4）及时制止学生危险行为，最大限度避免人身意外伤害事件发生。

（三）人身意外伤害的处理

1. 学生因个人原因造成人身意外伤害

（1）旅行社研学指导师［基（营）地指导师］应暂时停止该学生继续参加研学课程活动。

（2）学校研学指导师应立刻联系随行医护人员，医护人员对学生伤情做出判断后进行相应处理。如果没有随行医护人员，立即联系基（营）地指导师医护人员。

（3）如学生只是轻微外伤，进行创面处理后可继续随团队活动。

（4）如伤情不允许学生随团活动，在进行初步处理后，学校研学指导师应安排学生休息。

（5）如学生伤情较严重需送往医院进行治疗，应由学校研学指导师、医护人员共同陪同该学生前往，旅行社研学指导师应继续带领学生完成研学课程活动。

（6）在医院治疗期间医护人员应保留医生诊断等相关材料，学校研学指导师应立刻向学校汇报并联系家长。

（7）事后对处理过程进行书面说明。

2. 学生因场所、设备等原因造成人身意外伤害

（1）旅行社研学指导师［基（营）地指导师］应立刻停止研学课程活动。

（2）学校研学指导师应立刻联系随行医护人员，医护人员对学生伤情做出判断后进行相应处理（处理流程可参照学生因个人原因造成意外伤害的处理方法）。

（3）基（营）地指导师应立刻联系场所负责人，安排人员迅速抵达现场进行设备安全检修并协助处理学生医疗救护相关工作。

（4）旅行社研学指导师应立刻汇报相关领导，注意保护现场证据资料。

（5）如场所、设备发生事故原因可及时处理，不影响后续活动开展，基（营）地指导师可继续带领学生完成研学课程活动。

（6）如该场地或设备依然存在事故隐患，旅行社研学指导师在征得学校项目负责人（总控）同意后，可调整研学课程活动场地及课程内容。

（7）学校研学指导师应记录处理过程，保留相关照片、文字及证明材料，以便后续处理工作的开展。

（8）学校应根据与相关单位签署的安全责任书追究相应的责任，并要求赔偿损失。

问题五：场所（设备）安全与秩序问题的预防与处理

（一）场所安全与秩序问题常见发生地点

（1）交通集散场所：如车站（机场、码头）、停车场、交通道路/人行道等。

（2）交通运输工具：如火车、飞机、航运客船/游船、旅游客车/景区游览车、缆车/自动扶梯等。

（3）旅行生活场所：如酒店、餐厅等。

（4）研学课程场所：如研学基（营）地、研学课程实施点等。

（5）其他公共区域。

（二）场所安全与秩序问题的预防

研学旅行实践活动的开展需要始终将安全放在最重要的位置，预防重于处理。研学旅行指导师应熟悉研学过程中的各类场所（设备）及现场环境，加强对学生的组织管理工作及旅行学习中的安全教育工作，尤其需要加强公共场所的安全防范意识，组织学生有序开展研学旅行实践活动。

1. 共性预防

（1）学校及研学承办机构应提前对研学行程及食宿场所、课程活动场所等进行实地勘察，对相关合作单位的选择应符合旅行安全规范标准要求，并与合作单位签署安全责任书。

（2）学校及研学承办机构应分别制定《研学旅行安全预案》《研学旅行交通安全事故应急处理方案》《研学公共场所安全事故应急处理方案》等，并上报教育主管部门备案。

（3）学校及研学承办机构应在出行前组织研学旅行指导师及安全员培训，熟悉研学过程中可能发生安全事故的场所，设计行前安全教育的教学内容及教学方式。

（4）上好行前安全课，针对不同学段的学生可以通过观看安全警示片、安全知识闯关小游戏、编写口诀、分组讨论等多种方式，对乘坐交通工具的安全注意事项及携带物品要求、研学旅行中可能出现的安全风险进行普及教育，强化学生安全风险意识；做好学生分组及角色分工，设置小组安全员，树立学生安全责任意识。

（5）研学人数规模较大的学校还可以和研学承办机构采取模拟演练的方式，以确保团队在研学现场时有条不紊，组织有序。

（6）研学旅行指导师应对研学场所的环境安全与学生活动秩序始终保持高度警惕，发现可能影响学生安全的隐患时，应及时做出相应调整，避免发生危险。

2. 交通集散场所的安全与秩序问题预防

（1）火车站（机场、码头）等人多拥挤场所，旅行社研学指导师可与学校研学指导师携带学校介绍信与相关部门进行沟通，协调学生团队专用通道，进入候车区域。

（2）在停车场上下车时，安全员应在车辆停稳后第一时间下车，观察车辆周边环境，确保安全后组织学生下车；安全员应站在车门靠近车头位置，引导学生沿车身列队。

（3）学校研学指导师应做好车上检查，确保车上无遗留学生，旅行社研学指导师需要等学生全部到齐后方可带队伍离开。

（4）在徒步行走时，如果有安全员其位置应保持在学生队伍的左侧，在靠近队伍前部注意观察道路交通情况；旅行社研学指导师应带领学生队伍走在前面，学校研学指导师应在中、后方，组织学生列队有序进行。

（5）根据信号指示灯组织学生穿越人行道，如在没有信号灯的路段通行，旅行社研学指导师应观察道路车辆通行情况，在确保安全的前提下，与学校研学指导师配合带领学生快速通行。

3. 交通运输工具的安全与秩序问题预防

（1）汽车。应在学生登车前提前检查旅游客车配备的安全设备（安全带、安全锤、安全门、消防器材等）完好情况；学生登车后，检查每一位学生按要求系好安全带；车辆启动后，旅行社研学指导师应做好车上安全教育，不要在交通工具内嬉戏打闹，不要随意走动。

（2）火车。组织学生做好进站身份审核及行李安全检查，旅行社研学指导师应再次提醒学生不得携带危险品进入火车站；进入站台候车时，应带领学生在安全线内根据车厢号码分组排队候车，不得在站台嬉戏打闹。

列车进站后，提醒学生注意车门与站台之间的缝隙，学校研学指导师与旅行社研学指导师分别带领学生根据车票从不同车厢登车；上车后要求学生携带行李快速入座，待列车开动后再安排学生摆放行李并根据车票进行座位调整。

学生如分布在不同的车厢，学校研学指导师应在各车厢巡查。如人员分散车厢较多，旅行社研学指导师应请求列车员协助，和其他乘客协商调整座位，确保学生车厢内至少有一位学校研学指导师或旅行社研学指导师。

做好学生乘坐火车的安全教育工作，列车开动后不在车厢内来回走动，不在车厢连接处停留；提醒学生注意接开水不宜过满、最好不要泡方便面；上洗手间或在车内行走时不得碰触车厢内各种按钮及仪表。

乘坐卧铺火车，应指导上铺同学正确上下卧铺的方法；熄灯后应进行车内巡查，关注上铺学生的安全。

火车到站前30分钟，旅行社研学指导师应做好第一次下车前提醒；提前20分钟，应进行二次提醒，收拾行李，上卫生间，提前做好下车准备；到站前10分钟督促学生携带个人行李在车门前排队等候下车；旅行社研学指导师与学校研学指导师分别带领学生在车厢前后门排队等候下车。

抵达站台后，旅行社研学指导师与学校研学指导师从前后门先下车，学校研学指导师手持队旗组织学生在站台列队集合，学校研学指导师在车厢最后下车，检查并确保车厢内没有遗留学生；旅行社研学指导师在站台清点学生人数，待散客离开站台后列队前往出站口。

（3）飞机、客运船（游船）。出行前，向学生说明航空（轮船）旅客登机携带物品及托运物品的有关规定；进入机场（码头）后，旅行社研学指导师应组织学生在团队柜台前排队，帮助学生自行办理登机（船）及行李托运手续，

项目七　研学旅行问题的预防与处理

并提醒学生妥善保管证件、登机牌及行李托运凭证；组织学生分别在不同安检口排队通过安检，进入安检前，再次提醒学生检查随身物品，严禁携带不能登机（船）的物品进入安检区域。

学校研学指导师先行通过安检后等候学生，并引导通过安检的学生在候机区稍事休息等候登机；旅行社研学指导师应等学生全部通过安检后，方可进行安检，最后进入候机（船）大厅。

旅行社研学指导师及学校研学指导师应组织学生在规定区域等候登机（船），要求学生离开等候区域时必须向学校研学指导师报备；听到登机（船）广播后，应立刻组织学生集合，清点人数；学校研学指导师对未在现场的学生应及时拨打电话，要求立刻赶往登机（船）口。

旅行社研学指导师先带领学生登机（船），安全员应配合学校研学指导师寻找迟到学生，待学生全部登机（船）后方可上机（船）；旅行社研学指导师应做好学生机（船）上安全教育，认真聆听航空（船舶）运输安全乘坐规定，正确使用安全带（穿好救生衣）。

（4）景区游览车、缆车/自动扶梯。乘坐景区游览车、缆车/自动扶梯等交通工具时，指定旅行社研学指导师或安全员应在车门边（扶梯口），确保每一位学生安全登车（梯），学校研学指导师和其他旅行社研学指导师应分别在队伍的前后带领组织学生。

4. 旅行生活场所的安全与秩序问题预防

（1）进入餐厅时，旅行社研学指导师应提前联系餐厅安排桌号，并做好环境卫生安全；车辆抵达餐厅停车场，安全员应先下车，在确认安全后组织学生下车列队；学校研学指导师应做好车上检查，确保车上无遗留学生；旅行社研学指导师应等候学生全部到齐后方可带队伍进入餐厅。

（2）进入酒店时，安全员或指定旅行社研学指导师应提前进入，巡视有无安全隐患，尤其需要关注地面有无油污、卫生间地面是否有水渍；研学旅行指导师组织学生根据分组先行入座，让大家放下随身行李后再去洗手间。

进入酒店前，旅行社研学指导师应提前与酒店确认房号，在车上根据学生分房表提前分配好房间号；车辆抵达酒店后，研学旅行指导师先下车拿取房卡，上车根据分房表发放房卡后，再组织学生下车，拿好行李后持房卡、身份证去前台办理相关手续。

入住酒店后，有条件的情况下可以组织进行消防逃生演习（通常在一次行程中选择第一天入住酒店进行）；学生完成演习回到房间后，学校研学指导师及旅行社研学指导师两人一组，分别进行房间巡查，旅行社研学指导师可对房间内设施设备的使用进行示范介绍。

5. 研学课程场所的安全与秩序问题预防

在研学基（营）地、研学课程实施点内，学校研学指导师和安全员应提前熟悉场地，了解研学课程活动，对可能出现的安全隐患提前向基（营）地指导师提出整改意见；基（营）地指导师提前做好学生用餐、住宿、淋浴盥洗以及自由活动等环节的安全预案，学生抵达基（营）地后，应将安全教育作为首开课程，引导学生加强安全意识；在研学课程活动中，如出现可能造成安全的隐患时，基（营）地指导师应迅速进行课程内容或课程场地调整。

6. 其他公共区域的安全与秩序问题预防

在旅游旺季，研学团队进入热门公共区域活动（如上海外滩、南京夫子庙、杭州西湖等）前，可通过官方网站或管理部门（如景区管委会）了解区域人流量，如区域内人流量极大，极有可能造成安全隐患的，应提前与学校项目负责人（总控）及组团社、接待社项目负责人（总控）协商调整行程，旅行社研学指导师与学校研学指导师应始终关注研学团队，避免学生走散。

（三）场所安全与秩序问题的处理

1. 交通集散场所的安全与秩序问题处理

在火车站（机场、码头）出现人多拥挤的现象时，安全员与学校研学指导师负责看护学生并要求学生不得擅自离开团队；旅行社研学指导师应尽快联系交通运输部门相关工作人员，请求协助另行安排通道帮助学生安排离开拥挤环境，如申请在母婴候车室内候车或提前检票进入站台候车。

2. 交通运输工具的安全与秩序问题处理

安全员在学生登车前进行车辆配备安全设施检查，发现安全带使用故障，可进行座位调整；如车上安全锤、灭火器缺失时，应要求司机及时调配；如司机无法及时维修或及时调配，应立刻协调车队迅速调换车辆。

汽车出现交通安全事故，学校与旅行社项目负责人（总控）应担任临时指挥，安全员、医护人员应指导研学旅行指导师共同做好学生救援及安抚工作。

客机、游船安全事故，全程服从乘务人员管理，听从乘务人员指挥快速离开交通工具，不可擅自行动。

3. 设备故障的处理

研学活动场所内发生设备故障，旅行社研学指导师须立刻通知场所管理方，安置安全警示标牌并立即组织抢修，或使用其他替代设备；如一时无法修复且无备用设备替代，则应更换接待场所。

4. 调整场地

研学课程场所及其他公共区域内如出现可能对学生安全造成影响的因

素，在征得学校研学指导师同意后，可对课程地点或活动形式进行调整；如学生已经在研学基（营）地、公共区域内开展课程活动，出现安全风险时，基（营）地指导师应立刻停止课程活动，将学生带离危险区域；旅行社研学指导师应密切关注公共区域人流情况，出现人流密集可能引发公共安全事故风险时，应立刻通知学校及旅行社项目负责人（总控），组织学生快速离开这一区域。

问题六：不文明旅游现象的预防与处理

（一）不文明旅游现象的发生原因

随着大众旅游时代的到来，国内旅游人次逐年增长，但是旅游中时常出现的不文明行为，成了美丽风景中的不和谐音符，使中国形象大打折扣。教育部文件要求，把引导学生文明旅游作为中小学校开展研学旅行的教育目标。着力培养学生文明旅游意识，是提升我国公民文明素质的重要一环。

学生在研学旅行中出现不文明行为有学生的原因，也有教育的原因。一方面，学生的自我管理能力、自我约束力无法与成年人相比，在长时间的旅行生活中，许多不文明的行为会自然表现出来。另一方面，我们也要认识到，学生的行为和家庭教育有着密切关联。同一个年级，甚至同一个班级，学生的表现也有很大差距。近年来，中小学校对学生开展的文明旅游教育在很大程度上还停留在"知道"的层面，社会上普遍存在的一些不文明现象会对学生的言行产生极大的影响，甚至有些老师自身的文明素质还有待提高。如何让学生将文明根植于心，从"知道"到"做到"，这需要学校、社会以及家长的共同努力。

（二）不文明旅游现象的预防

（1）学校在出行前召开行前说明会，应当将文明旅游作为一项重要内容，让家长共同参与对学生文明行为的教育环节。

（2）让学生提前了解研学旅行目的地文化差异、民俗禁忌，学习《中国公民文明旅游行为规范》。

（3）与家长及学生共同签署文明出行告知书，告知说明在旅行中发生不文明行为可能产生的后果及处理方式。

（4）将学生的文明行为作为研学旅行实践活动的一项重要评价指标，不仅让学生知道"不应该怎么做"，而且要让学生学会"应该这样做"。

（5）学校与研学承办机构应加强研学旅行工作人员文明行为教育，培养知行合一的研学旅行指导师。

（6）旅行社研学指导师在研学课程讲授中应加强对文明旅游行为的宣传与引导，对学生的文明行为给予及时鼓励与表扬。

（三）不文明旅游现象的处理

（1）研学旅行指导师发现个别学生的不文明行为时应及时制止。

（2）学校研学指导师应对学生的不文明行为进行批评教育，学生有所认识后，可跟随团队继续活动。

（3）如果发生不文明行为的学生人数较多，学校研学指导师可要求暂时停止正在进行的研学课程活动，集合全班同学，针对这一现象进行短时间的集体教育，引起大家关注。

（4）当天行程结束后，学校研学指导师应针对学生的不文明表现进行集中点评，并再次重申研学旅行文明行为规范。

（5）如学生不文明行为情节严重，并造成极大影响，且不服从学校研学指导师管理的同学，则通知家长，根据行前文明行为告知内容进行相应的处理。

（6）如旅行社研学指导师、基（营）地指导师或司机等其他工作人员发生不文明行为，学校研学指导师应向研学承办机构反映，并要求其立即改正。

（7）如研学旅行指导师或其他工作人员的行为在学生中造成恶劣影响的，应要求旅行社或相关接待机构立即进行人员调整。

问题七：交通事故的预防与处理

交通事故是旅行过程中发生频率较高的安全事故，在研学旅行的各类安全事故中，交通事故也是最容易造成群死群伤的重大安全事故。

近一个世纪以来，全世界因交通事故死亡的人口已超过2000万人，随着汽车工业的快速发展，最近几年死于交通事故的人数还在逐年增加，每年有近40万个25周岁以下的青少年因为交通事故失去生命，更有数百万人在车祸中受伤或致残。目前，中国每年交通事故约50万起，因交通事故伤亡的人数近10万人，每5分钟就有一人丧生车轮，每年因交通事故造成的经济损失达数十亿元。

（一）交通事故发生的原因

造成交通事故的原因有主观原因，也有客观原因。驾驶员的安全意识薄弱、疏忽大意、违反交通规定、操作失误是造成交通事故的主要原因。此外，乘车人员安全意识淡漠，不按规定系好安全带、在车上随意走动、打闹等，也

项目七 研学旅行问题的预防与处理

是造成交通事故风险加大的原因。

恶劣天气与特殊道路情况等环境因素以及车辆技术设备因素也是触发交通事故的重要原因。

（二）交通事故的预防

车辆发生交通安全事故虽然有设备原因、道路原因以及环境原因，但起决定作用的还是人的原因，因此，我们应从"人—车—路—环境"四方面做好交通事故的预防工作。

1. 明确责任主体，加强安全法规教育

（1）学校。学校应做好全校师生的交通安全法规教育，做好学生文明交通行为常识教育，倡导文明交通行为。

（2）研学旅行承办机构。研学旅行承办机构应选择合法、手续齐全正规的客运公司，选择安全意识高、具有良好的技术素养与心理素质的优秀驾驶人员。应组织研学旅行指导师学习紧急救护技能，树立交通安全意识，提高学生组织与管理工作水平；加强对安全员的道路交通法规知识培训；组织安全员及时学习掌握道路交通新规定，了解客运车辆安全设备检修工作流程，掌握交通事故应急处理方法、学生安全教育的活动技能。

（3）研学接待客运公司。研学接待客运公司应定期组织驾驶员学习道路交通法规，加强驾驶人员安全行驶、文明行驶的责任意识，进行驾驶技术培训及考核，为研学旅行提供高素质的驾驶人员。

2. 加强车辆维护检查，做好交通安全保障

（1）车队应规范营运车辆定期维修保养制度，做好车辆"三检查"（出行前、出行中、出行后的车辆检查），确保车辆"四良好"（制动系统、转向系统、信号系统、灯光系统均处于良好的状态）；车辆维修养护情况建卡建档，检修记录可查。

（2）研学旅行指导师应监督或提醒驾驶员做好车辆行驶安全工作，行车前询问驾驶员身体状况，确保驾驶员不带疲劳状态上车；行车途中应及时提醒司机不疲劳驾驶，连续驾驶 2 小时，要安排司机停车休息至少 20 分钟。

（3）研学旅行指导师上车后检查全体学生确保正确使用安全带，下车后观察周围情况，在确保安全后组织学生下车。

（4）研学旅行指导师及安全员在学生徒步行走时，应始终在队伍的左侧，分别在前、中、后，组织学生有序前行；按照交通信号指示穿越马路，在没有斑马线的路段，安全员应注意观察车辆，在确认安全的前提下，组织学生在研学旅行指导师的带领下快速通过。

3. 提前规划合理交通路线

学校应选择道路交通状况良好的研学目的地开展研学旅行，前往山区或偏远地区研学时，研学旅行承办机构应合理安排研学日程，避免司机赶时间走夜路；安全员应协同司机做好行车路线规划，不冒险抄近路。

4. 做好特殊天气交通预案

研学旅行指导师及安全员应提前关注研学旅行期间天气情况，遇到暴雨、大雪等特殊天气时，应对研学课程活动做出及时调整，不因为赶时间而催促司机，造成危险驾驶；安全员在开车时应提醒司机注意观察道路情况，安全驾驶。

5. 制订研学旅行交通事故应急处理预案

学校及研学承办机构出行前应制订切实可行的研学旅行交通事故应急处理预案，明确相关责任人及交通事故应急处理流程。

（三）交通事故的处理

（1）交通事故发生后应立刻启动研学旅行交通事故应急处理预案工作流程，全体工作人员分头行动。

（2）随团医护人员及研学旅行指导师应迅速检查车上人员受伤情况，拨打120请求急救中心抢救伤员。

（3）研学旅行指导师配合司机进行车内外检查，如发现可能对车上人员产生二次伤害的隐患，应迅速组织学生离开车辆；及时拨打110请求交通管理部门进行事故处理。

（4）学校及研学承办机构项目负责人（总控）分别汇报各自单位相关负责人，根据事故严重程度进行相应等级的应急处理程序，各单位应立即上报上级主管部门。

（5）研学承办机构项目负责人（总控）应作为现场指挥，如项目负责人（总控）失去指挥能力，由学校项目负责人承担现场指挥，安排研学旅行指导师及医护人员在警方及医疗机构到来之前进行现场救援。

（6）随队医护人员和安全员负责组织人员紧急救治重伤学生，研学旅行指导师带领没有受伤的学生撤离到安全地带。

（7）做好现场保护工作，记录肇事车辆车牌号码，拍摄事故现场照片，等待交管部门处理。

（8）研学旅行指导师应尽快组织学生离开事故现场，并做好学生的心理疏导。

（9）学校项目负责人（总控）组织随团医护人员及学校指导师负责抢救学生的后续入院治疗，及时联系家长，在家长到来之前，应征询家长对治疗方案的意见，并保留医院抢救过程相关资料及主治医生诊断材料。

（10）学校应成立事故处理工作小组，分别做好家长的工作，研学承办机构应协助学校完成车辆保险、旅行责任保险、旅游意外伤害险等各项保险理赔工作，协助交管部门做好事故调查。

问题八：研学旅行接待变更的处理

（一）研学旅行接待变更的发生原因

研学旅行开始前，学校应和研学承办机构提前确认旅行中的用车、用餐以及住宿等研学接待服务，并签订研学服务合同，明确接待（用车、用餐、住房等）标准及接待人员要求；研学承办机构应根据合同标准预订研学接待用车、酒店、餐厅以及向接待单位提出对接待人员的要求。然而在实际操作过程中仍会出现研学接待变更的情况，一是出行前变更，二是旅行中变更。

出行前变更主要是由于学校组织研学旅行本着学生及家长自愿选择的原则，实际参加学生人数有可能与学校之前与研学承办机构确认的人数有出入。另外，学生和老师出行前突发情况无法参加研学旅行，这类情况也会导致师生数量调整而产生变更。

旅行中变更常见的原因有：一是原定的合作单位临时出现问题无法满足接待需求，如车辆、餐厅设备故障、房间客房维修等需要调整用车、用餐地点或酒店；二是学校由于接待服务质量问题提出调整司机、研学旅行指导师、用餐地点、酒店；三是学校由于学生餐饮需求对原定菜品、饮品提出调整；四是因不可抗力因素导致研学接待变更，如由于暴雪导致交通中断，团队无法按照预定行程抵达下一城市，导致原定接待变更，需在途中临时入住一晚等。

（二）研学接待变更的预防

（1）学校不应单纯从价格因素考虑选择研学接待合作单位，需要综合企业规模、从业资质、经营理念、员工人数、服务案例、品质、口碑反馈等因素，结合价格因素挑选有安全保障、服务品质的合作单位。

（2）学校与研学承办机构签订合作合同时，应在合理利润空间下对研学接待各单位提出具体标准及服务质量要求；对学校提出的接待人员的相关资质、酒店硬件标准及房间类型、使用车辆型号、年限等均应在合同中明确体现。

（3）研学承办机构应按照合同要求选择接待合作单位并签订合同，合同内应增加因合作单位原因变更合同履行的赔偿标准，督促接待合作单位做好研学团队的各项服务准备。

（三）研学接待变更的处理

（1）由于合作单位出现问题需要临时调整用车，研学承办机构应确保临时调用的车辆与之前预定的车辆车型、使用年限及车辆设备标准均等同于或更优于原合同预定车型。

（2）由于合作单位出现问题需要临时调整用餐地点、入住酒店，需征得学校项目负责人（总控）的同意，提前对餐厅及酒店进行实地勘察；临时调整的餐厅、酒店应根据合同标准选择环境卫生、安全设施及软硬件均符合要求的同等级餐厅、酒店或高于原合同标准等级的餐厅、酒店。

（3）由于合作酒店出现问题需要临时调整原定房型，原则上调整后的房型标准应高于原定房型标准，征得学校项目负责人（总控）的同意后，根据学校意见安排进行房间分配，防止因房型不一致导致学生及家长对研学接待产生不满情绪。

（4）由于接待人员（司机、旅行社研学指导师、其他服务人员等）综合素质低、服务态度恶劣，给学生造成不好的影响，学校项目负责人（总控）可提出更换研学接待人员的要求，研学承办机构项目负责人（总控）应迅速进行人员调整，并向全体师生表达歉意，可适当采用赠送学生小纪念品、增加菜品或水果等方式进行补偿。

（5）学校项目负责人（总控）根据学生用餐情况，需要适当调整原定的用餐菜品或用餐方式，如将原定的桌餐改为自助餐，在时间允许、原定餐厅不产生损失的前提下研学承办机构项目负责人（总控）应积极配合，并和学校项目负责人（总控）说明，更换调整菜品或用餐方式的费用情况，对超出原定标准的部分，学校项目负责人（总控）应酌情考虑，可以通过降低后续部分用餐的餐标进行综合调整。如涉及用餐学生人数多，调整费用高，调整餐厅或用餐方式难度大，研学承办机构应向学校项目负责人（总控）如实说明情况，求得其谅解，可通过调整菜品的方式，尽可能满足师生需求。

（6）由于不可抗力发生的研学接待改变，研学承办机构与学校项目负责人（总控）应共同协商调整方案，研学旅行指导师应耐心向学生说明情况，赢得师生的理解与支持。

项目七 研学旅行问题的预防与处理

突发疾病事故的应急处理

外伤事故的应急处理

任务准备	班级分组按任务要求进行角色扮演。
任务要求	1. 请以A小学、B初中、C高中各自学校研学指导师身份，自行收集资料，设计一堂30分钟的文明参观的行前教育课（课程形式、授课地点不限）。 2. 请以旅行社研学指导师的身份，设计一篇从学校迎接学生前往本地火车站（高铁站）途中的讲解词，围绕进站候车及乘坐火车的注意事项，要求讲解时长不少于10分钟。再围绕乘坐火车时可能出现的突发情况，设计1~2个适合在旅行途中进行的研学活动。 3. 结合A小学、B初中、C高中的课程方案及研学手册内容，分别以各自学校的研学旅行指导师身份和旅行社研学指导师身份，设计研学旅行全部过程中需对学生进行以下各种预防性提醒语，如无特别标注，请模拟演示。 （1）乘坐交通工具前，预防安全问题、秩序问题的提醒语。 （2）每次下车（离店）时，预防学生遗忘物品的提醒语。 （3）抵达研学基地、营地（入住酒店）前，预防学生走失的提醒语。
任务成果	1. 文明参观的行前教育课PPT。 2. 乘坐火车注意事项讲解视频。 3. 途中组织活动的方案。 4. 针对途中阶段隐患的各种预防性提醒语。
评价方式	学生自评、互评和教师评价相结合，条件允许可采用真实案例，让研学机构进行评价。分组安排时，注意小组成员分工到位，确保每位同学都有一定任务。

特别说明：

1. 本实践任务贯穿全书所有章节，并承接项目三、项目四、项目五、项目六的实践成果。

2. 任课教师可以根据实际情况，把研学目的地调整为学校所在城市。

 **任务拓展**

请分组讨论，研学旅行指导师和导游对途中阶段发生的各类突发应急事件，其处理的方法有什么区别？为什么？

项目七 研学旅行问题的预防与处理

任务三 住宿、用餐特别问题的预防与处理

 **任务目标**

知识目标	1. 掌握学生私自外出的预防与处理知识； 2. 掌握酒店物品损坏的预防与处理的知识； 3. 掌握客房不同的预防与处理知识； 4. 掌握学生不文明用餐的预防与处理知识； 5. 掌握食品安全事故的预防与处理知识。
能力目标	1. 能妥善处理学生私自外出的情况； 2. 能妥善处理酒店物品损坏的情况； 3. 能妥善预防与处理客房不同的情况； 4. 能妥善处理学生不文明用餐的情况； 5. 能妥善处理食品安全的事故。
素质目标	1. 通过预防与处理学生私自外出的情况、食品安全事故提升安全意识； 2. 通过预防与处理学生不文明用餐的情况，培养个人素养、文明旅游的意识。

 **任务导入**

小杨是某旅行社的研学旅行指导师，他带领某学校七年级学生进行为期五天的华东历史文化研学之旅。第一天用餐时，小杨发现学生的餐桌上都剩下了不少菜，尤其是蔬菜，基本都没怎么吃。晚上回到酒店后，在查房时小杨发现不少同学在房间里用手机点外卖，有些学生还商量自己外出去吃夜宵。面对这一现象，请讨论并思考：

1. 这一现象可能会引发学生的哪些后续问题？
2. 研学团队在用餐和住宿环节会出现的问题可能有哪些？
3. 针对这些问题，你觉得研学旅行指导师可以采取怎样的预防措施？

· 287 ·

任务解析

自点外卖食品，会有食品安全卫生事故的隐患；拿取外卖和外出用餐，学生私自外出，有安全隐患。

问题一：学生入住后私自外出的预防与处理

（一）学生私自外出的发生原因

研学旅行的集体生活、陌生的旅行目的地会让学生产生新鲜感，不同的地域文化与风物特产对学生也有着极大的吸引力。在结束了白天学校安排的研学课程后，他们也有普通旅游者的心态，渴望享受自由的旅行生活，品尝美食、逛逛街市、购买一些心仪的特色商品。白天的研学活动都是班级集体活动，晚上入住之后，会有一些空闲时间，就可能会出现学生私自离开下榻酒店造成安全隐患的情况。

（二）学生入住后私自外出的预防

（1）学校与研学承办机构在研学旅行实践活动开始前，应对沿途下榻的酒店进行实地勘测，酒店选址可以考虑周边商业设施较少，与城市中心有一定距离的地点，不宜选择地处繁华商业地段的酒店。

（2）实地考察选择下榻酒店的大堂出入口布局，需要特别关注酒店是否设有多个进出通道，是否能暂时关闭、有无地下停车场、客房走廊及停车场进出是否有摄像监控等。可以提前与准备下榻酒店方进行沟通，如学生入住后酒店除保留主要出口通行之外其他出口暂时关闭、加强学生入住后的安保监控观察等。

（3）出行前，学校需加强学生的研学旅行纪律要求，制定《研学旅行住宿管理规定》；进行研学旅行安全告知，和家长与学生说明研学过程中学生私自外出可能引发的严重后果，以及旅行途中学生出现此类事件的处理方式。

（4）学校应与研学承办机构共同制订学生入住后的安全管理工作流程，并组织相关工作人员学习。

（5）旅行社研学指导师在入住酒店时，应再次重申《研学旅行住宿管理规定》，提醒同学入住酒店后的相关注意事项；在研学营地入住的，应组织学生学习《研学营地营房（寝室）管理制度》。

（6）研学旅行指导师应根据计划安排与学生入住同一楼层，学生入住后，

项目七　研学旅行问题的预防与处理

旅行社研学指导师应和学校研学指导师配合，组成两人一组，共同进行查房工作。

（7）研学旅行的日程安排应充分考虑学生心理，预留适当时间，选择合适地点，满足学生在旅行中品尝小吃、购买纪念品等消费需求。

（8）研学旅行指导师可通过组织丰富多彩的晚间学习项目、文娱活动，充实学生的晚间生活。

（三）学生私自外出的处理

（1）旅行社研学指导师发现学生私自外出，应及时劝阻；如学生不听劝阻，应立刻通知学校研学指导师前来处理。

（2）学校指导师发现学生私自外出，须立刻制止，并及时进行说服教育。

（3）查房时，发现个别学生违反规定私自外出，学校研学指导师应立刻电话联系该学生，要求其迅速返回下榻处，针对其行为给予严厉批评，并汇报学校项目负责人（总控）。

（4）学生违反规定私自外出且造成影响者，学校项目负责人（总控）可根据行前安全告知规定进行后续处理。

（5）学校研学指导师在事后应进一步加强班级其他学生的教育，强调《旅行住宿管理规定》的严格执行；旅行社研学指导师也应协调下榻酒店的安保管理部门加强对酒店进出人员的管理。

问题二：酒店设备、物品损坏与客房不同的预防与处理

（一）酒店设备、物品损坏

1. 酒店设备、物品损坏的发生原因

造成酒店设备、物品损坏的主要原因除了酒店对设备、物品的维护不及时或部分设备、物品的使用年限过长形成的耗损之外，更常见的是入住酒店的消费者对设备、物品的使用不当而造成的损坏，因此，酒店通常都会在客房内摆放房内设备、物品清单，标明设备、物品损坏的赔偿价格。

2. 酒店设备、物品损坏的预防

（1）研学旅行承办机构应提前了解选择下榻酒店的客房设备、物品的基本情况，如房内是否有保险柜、小冰箱、电脑、多用充电设备及另行付费的小商品等。根据学校要求，选择合适的酒店，并就酒店的客房设备及物品使用、损坏赔偿等情况向学校进行提前说明。

（2）学校在研学旅行开始前，应做好学生入住酒店的相关教育；研学承办机构应配合学校做好研学旅行下榻酒店的基本情况介绍，提醒学生入住酒店的相关注意事项。

（3）学生团队入住前，研学承办机构应提前要求研学接待酒店认真检查客房内设备、物品配备，并根据学校要求进行房内物品的配备。

（4）入住前，旅行社研学指导师应提前熟悉并了解下榻酒店客房内的设备、物品使用方法及损坏赔偿的相关规定，及时将当天下榻酒店的客房设备及物品使用的相关情况告知学校研学指导师，并提前向学生说明相关情况，做好入住酒店的安全与文明行为教育。

（5）旅行社研学指导师应在学生进房前提前说明，进入酒店客房后学生应根据客房内的设备、物品清单及时检查，发现问题可立刻联系前台进行维修或调整，以免在退房时出现麻烦。

（6）学校研学指导师应告知学生，在入住后出现任何问题，不可擅自进行网络传播，应第一时间联系学校研学指导师，学校研学指导师可通过旅行社研学指导师协调酒店相关部门迅速妥善处理，处理结果应及时向学校研学指导师反馈。

（7）旅行社研学指导师与学校研学指导师在查房时，应再次询问学生房间设备、物品的配备及使用情况，可示范设备的使用方法，并再次提醒学生入住后的相关注意事项，尤其应对客房内的空调、开水壶、浴室内的冷热水开关、防滑垫等的正确使用及安全提示做重点说明。

（8）旅行社研学指导师应做好房间钥匙的使用及丢失赔偿说明，并提醒学生次日退房时须及时归还。

3. 酒店设备、物品损坏的处理

（1）学生在入住后发现房内设备、物品有损坏，旅行社研学指导师应协调酒店给予及时维修或调整，如设备损坏较为轻微不影响正常使用，且酒店因当天入住客情无法满足调整要求时，旅行社研学指导师应要求酒店前台做好备案。

（2）退房时，酒店服务员检查房间发现设备及物品损坏，旅行社研学指导师应立刻通报学校研学指导师，寻找该房间入住的学生核实情况，并根据《研学旅行住宿管理规定》进行处理。

（3）学校研学指导师应针对学生入住酒店的行为进行针对性处理，如学生是因为好奇或疏忽造成的设备、物品损坏，学校研学指导师应配合旅行社研学指导师，加强对学生的引导及提醒工作；如学生是因为违反使用规定造成的设备、物品损坏，学校研学指导师应对学生这一行为进行批评教育；情节严重的，应汇报学校项目负责人（总控），可根据行前学校相关规定进行后续处理。

项目七　研学旅行问题的预防与处理

（二）酒店客房不同

1. 酒店客房不同的发生原因

由于学校的规模不同，在研学接待时，人数较多的学生团体受酒店体量限制，无法安排在同一酒店入住，因而会产生同一班级的学生分别入住同一城市的不同酒店，造成研学旅行下榻酒店的客房不同。入住同一酒店的团队，由于房间使用数量较多，也可能出现因酒店客房内部的装修风格、房间朝向、面积不同等造成酒店客房不同，这些问题如不加以重视或处理不当，可能引起学生及家长的矛盾，甚至给研学旅行的顺利开展带来较大的负面影响。

2. 酒店客房不同的预防

（1）研学旅行开始前，学校应和家长取得一致意见，为确保学生入住安全，统一酒店选择标准，学校应与研学承办机构共同进行研学下榻酒店的实地考察。

（2）如学校参加学生人数较多，需要选择同一城市的多家酒店，应要求研学承办机构尽可能选择同一品牌的连锁酒店，确保酒店在规模、服务等方面条件基本相当；如当地有接待规模较大的酒店，可以同时安排学生入住，应和酒店确认房间面积、房型、房内装修等条件相同的房间数量，确保学生入住酒店客房无差异。

（3）如学校综合家长及学生意见，出于安全管理的角度选择多个班级入住同一家酒店，研学承办机构应事先和酒店确认房间数量及客房差异情况，并明确告知学校，经学校确认后研学承办机构方可进行酒店预订工作。

（4）学校及研学承办机构应要求参与研学接待的指导师掌握旅行下榻酒店的客房情况，对有客房差异的酒店提前做好房间分配，并做好学生的思想工作。

（5）研学承办机构应安排工作人员在研学旅行开始后提前协调落实酒店客房，并在当天入住前再次确认酒店客房的实际情况，以防因酒店内部工作人员疏忽造成学生入住客房出现差异。

（6）学校研学指导师应加强在研学旅行中对学生的个人网络传播的管控，注重班级群管理，避免个别学生因网络信息的片面传播而造成舆论误导。

3. 酒店客房不同的处理

（1）对经学校确认的酒店出现的客房不同，学校研学指导师应做好房间调配，并对学生给予更多的关心与照顾，如连续多日入住，可在后续几天进行房间调整，避免学生产生心理落差。

（2）如因酒店原因造成客房不同，旅行社研学指导师应要求酒店方提高原定客房标准安排需调整的房间，并向学校研学指导师如实说明情况，根据学校研学指导师的安排分配入住；如酒店客房条件不足，无法提供高于原定标准的房间，旅行社研学指导师应征得学校研学指导师同意、取得学生的理解后方可安排入住，旅行社研学指导师应要求酒店方做出适当补偿，如赠送水果、小礼品等，并对学生的理解表示感谢。

（3）学校研学指导师应做好学生工作，以免出现学生之间互相串门发现客房不同，因不了解实际情况而引发误解；学校研学指导师也应理解并关注家长心理，进行恰当沟通，以免产生误解。

案例分析

旅行社研学指导师小王在带领学生入住酒店后，就和学校研学指导师一同去学生入住的楼层查房。这时，学校研学指导师在家长群里看到家长发出孩子当天入住房间照片，照片上可以清晰地看到床单上留有前面客人的长头发，一时间家长群里议论纷纷。学校研学指导师和旅行社研学指导师立刻找到发送照片的学生了解情况，经过检查，发现旅行社当天预订的该酒店60间客房有3个房间由于酒店清洁工人工作失误还未及时清扫。

1. 旅行社研学指导师在现场应如何处理这一问题？
2. 面对研学旅行中由于接待方的失误带来的影响，学校研学指导师应如何因势利导，转化为一次对学生有教育意义的旅行课程？

问题三：不文明用餐的预防与处理

（一）常见不文明用餐的情况

提倡文明用餐是研学旅行中开展学生文明教育的重要一环，在餐厅用餐时，部分学生缺乏文明意识，在餐厅内互相打闹、大声喧哗；有些学生入座后不关心其他同学，人还没到齐，就开始用餐；还有些同学看到自己喜欢吃的菜便一股脑夹进自己的碗里，不喜欢吃的一口不吃，饭菜浪费现象严重；还有些同学对餐厅服务人员不够尊重，甚至发生口角。

餐桌文明是社会文明的重要体现，研学旅行指导师应加强研学过程中对学生文明用餐的教育引导，培养学生文明就餐的习惯，提升学生的文明素养。

（二）不文明用餐的预防

（1）学校应加强对学生文明用餐及餐桌礼仪的教育，制定《研学旅行文明用餐公约》。

（2）出行前，研学承办机构应充分与学校沟通，做好研学过程中的用餐安排，根据学生区域用餐习惯与膳食营养搭配，合理安排学生用餐的菜品，在条件允许的情况下，可以安排自助餐；旅行途中，根据学生对菜品的实际反映，可在用餐标准内进行调整，尽量减少粮食浪费。

（3）研学承办机构应要求合作的餐厅做好员工的文明教育，搞好餐厅内外的环境卫生，配备消毒洗手液，为研学团队提供良好的用餐环境与优质的文明服务。

（4）在往返研学旅行目的地的交通工具上，如涉及用餐安排，旅行社研学指导师应配合学校研学指导师做好文明用餐的提示，如在火车上用餐，吃完后应将餐盒和剩菜分类统一收齐处理；在旅游客车上最好不要吃零食，如果车程长需要零食，应注意保护车内环境，尽量不食用带有刺激性味道的零食或水果；食用后及时将食品包装袋、食物残渣等放入座位前方的清洁袋，确保车内环境卫生。

（5）旅行社研学指导师应做好学生餐前、餐中、餐后文明教育三部曲。进入餐厅后，旅行社研学指导师应提醒学生餐前洗手，学生分组用餐时可安排研学旅行生活委员承担本组同学文明用餐督导职责，提倡使用公筷公勺，开展光盘行动，通过班级文明餐桌竞赛等方式增强学生文明用餐意识。

（6）研学旅行指导师应加强学生用餐时的巡视工作，发现学生不文明用餐行为应及时进行说服教育，对文明用餐的行为给予表扬和鼓励，培养学生良好的用餐习惯。

（7）研学旅行指导师应和学生共同遵守《研学旅行文明用餐公约》，在引导学生文明用餐的同时，更应提高指导师团队的文明意识，率先做到文明用餐，做好表率。

（三）不文明用餐的处理

（1）研学旅行指导师在巡查用餐情况时，发现学生的不文明行为，如在餐厅大声喧哗、打闹等，应及时制止。

（2）学校研学指导师可采取和同学同桌用餐的方式，做好文明用餐引导与管理监督。

（3）学校研学指导师看到学生餐桌上出现剩菜较多时，应向学生了解实际情况，如因为部分学生偏食而造成的浪费，学校研学指导师应加强对学生的教育；如因为菜量过大，可与研学承办机构协商适当减少菜量；如因为学生不能接受菜肴口味，则应调整后面用的菜品和菜肴口味。

（4）学生在用餐时与服务人员发生矛盾，旅行社研学指导师应立刻进行制止，确保团队正常用餐秩序；学校研学指导师应在向学生本人及周围同学详细了解事情发生的经过后，通过旅行社研学指导师协调餐厅负责人进行妥善处理；如由于餐厅服务员的责任而引发矛盾，餐厅负责人应要求服务人员向学生道歉；如由于学生误解导致的矛盾，学校研学指导师应做好学生思想工作，旅行社研学指导师需向餐厅负责人及服务人员做好解释与安抚工作。

（5）针对引发矛盾的事件，旅行社研学指导师应做好问题预案，在后续用餐过程中及时与餐厅负责人沟通，学校研学指导师应加强对学生的教育，避免再次发生类似问题。

问题四：食品安全卫生事故的预防与处理

（一）食品安全卫生事故的发生原因

研学旅行中的食品安全卫生事故根据责任主体可划分为：餐饮供应方责任引发的事故；学生自备食物引发的事故；第三方责任引发的事故。

餐饮供应方责任引发的食品安全卫生事故主要是食品卫生事故及菜品安全事故，如由于餐饮企业管理不善，使用不洁餐具、食用变质或劣质食物引发的食物中毒事故，食材选择或烹饪过程不当造成的食物中毒或安全的事故等。

学生自备食物引发的事故，主要是学生食用自行购买的食物或自己携带的食物而引发的食物中毒事故，但这类情况几乎不会发生。

第三方责任引发的事故主要是由于社会不法分子报复社会、恶意竞争等导致的恶意投毒引发的食物中毒事故。

在研学过程中，前面两类事故较为常见，前者多为群发事故，后者则表现为个体事故。第三类事故的发生与第一类事故相似，具有群发性特征。

（二）食品安全卫生事故的预防

（1）出行前，学校应建立《食品安全卫生事故信息报告制度》，并要求参与研学的家长填写学生身体健康情况说明，尤其需要认真填写学生食物、药物或其他过敏源，并要求学生在参加研学旅行时须随身携带过敏治疗药品。严重过敏体质的学生，可建议其不参与研学旅行。

（2）学校应提前与研学旅行承办机构考察旅行用餐及住宿地点，综合考察环境卫生、服务管理、地理位置、接待规模等因素；确认用餐及住宿地点周边医院车程距离，以不超过30分钟为宜。

（3）学校应提前与研学旅行承办机构核实每餐菜品，确认没有容易引发学生食用安全事故的食物；对饮食有特殊要求的学生，应单独安排用餐。

（4）学校研学指导师在行前分组时，每组安排一位同学为生活委员，负责观察同组学生的身体情况，发现异常可及时汇报，并告知学生一旦出现身体不适，应立即汇报。

（5）旅行社研学指导师应根据行前确认菜单严格用餐巡查，一旦发现菜品变质，应立刻要求撤换；旅行途中，应经常提醒学生，不要购买无证商贩的食品、不食用过期食品、不食用冷饮、不点外卖食品等。

（6）研学承办机构应督促餐饮接待单位，确保学生团队用餐菜品新鲜卫生，食材配料确保质量优良；不安排冷盘、冷饮，不安排海鲜等易过敏食材，不安排鱼类、豆类等可能产生安全隐患的食物。

（三）食品安全卫生事故的处理

1. 食物中毒事故的处理

（1）发生多个学生类似食物中毒症状，随队研学旅行指导师应立即上报研学承办机构及学校项目负责人（总控），并报告随队医护人员。

（2）出现食物中毒症状时，随队医护人员应指导研学旅行指导师做应急处理，并根据病情进行初步诊断，确定是否需送往医院紧急治疗，如需送往医院治疗则由学校研学指导师护送前往，研学承办机构应立刻通知餐饮提供方并安排负责人陪同前往医院，参与学生治疗工作。

（3）学校项目负责人（总控）应立即组织其他班级排查所有学生情况，预防事态扩大，对其他班级学生出现类似症状者，应快速组织随队医护人员进行现场应急处理，并根据情况确定是否需要送往医院进行治疗；旅行社研学指导师应安排其他学生完成当天研学活动。

（4）旅行社研学指导师（安全员）须将食物留样及时送到相关部门进行检查，查明中毒原因。

（5）学校项目负责人（总控）应根据《食品安全卫生事故信息报告制度》及时向学校领导汇报事故处理详细情况，事后以书面材料上报学校。

（6）研学承办机构项目负责人应整理事故处理记录及医院救治的相关材料，根据有关部门的调查结果，向餐饮提供方提出相应的赔偿要求，情节严重的，应追究法律责任。

2. 食物过敏事故的处理

（1）发现个别学生餐后出现过敏症状，随队研学旅行指导师应立即报告随队医护人员，如果没有随队医务人员应报告学校项目负责人。

（2）随队医护人员应立刻进行应急处理，并根据病情进行初步诊断，确定是否送往医院治疗，如情况较轻，学生可服用自己携带的过敏药，如需送往医院治疗则由学校研学指导师护送前往。

（3）学校研学指导师在送医途中，应及时联系家长，核实行前家长提交的该学生食物、药物过敏相关信息，以便提高治疗效果；如学生病情较重影响后续行程，学校研学指导师应及时向学校项目负责人（总控）汇报并联系家长协商后续治疗问题；如学生病情经治疗后不影响后续行程，应根据家长行前提供的信息，分清责任；如因餐饮提供方擅自变更菜品，导致学生过敏，应查明过敏源，并追究其责任；如因家长疏漏，信息填报有误，导致学生过敏，学校研学指导师应做好家长的思想工作。

（4）学校项目负责人（总控）应根据《食品安全卫生事故信息报告制度》向学校领导及时汇报情况，事后以书面材料上报学校。

案例分析

中午在餐厅用餐后，旅行社研学指导师小张带领学生乘车前往博物馆，车辆刚进入停车场，有几位同学对小张说自己肚子痛，想去卫生间，这时，陆续又有几位学生也说肚子有些不舒服。

1. 根据你对这一事件的初步判断，将会进行哪些现场处理？
2. 研学旅行指导师需要如何预防类似问题的发生？

项目七 研学旅行问题的预防与处理

任务准备	班级分组按任务要求进行角色扮演。
任务要求	1. 结合A小学、B初中、C高中的研学活动安排,将班级学生分别从交通、餐饮、住宿三个方面收集旅游大客车、餐厅、酒店的相关资料,结合当地线下实地调研,就可能产生安全隐患的环节,分别设计一份安全隐患排查表。 2. 请以旅行社研学指导师的身份,结合酒店入住需提醒的注意事项,设计一篇学生即将入住某酒店时的车上讲解词,要求讲解时长不少于5分钟。 3. 设计一个适合在酒店入住后进行的消防逃生演习课程。 4. 结合B初中、C高中的课程方案及研学手册内容,分别以各自学校的研学旅行指导师身份和旅行社研学指导师身份,设计研学旅行全部过程中需对学生进行以下各种预防性提醒语,如无特别标注,请模拟演示。 (1)入睡前查房时,预防离店集合迟到的提醒语。 (2)入住酒店时,预防安全事故、预防学生私自外出、预防酒店物品损坏的提醒语。
任务成果	1. 安全隐患排查表。 2. 消防逃生演习课程。 3. 酒店入住需提醒的注意事项行中课程。 4. 有关食宿的各种预防性提醒语。
评价方式	学生自评、互评和教师评价相结合,条件允许可采用真实案例,让研学机构进行评价。分组安排时,注意小组成员分工到位,确保每位同学都有一定任务。

特别说明:

1. 本实践任务贯穿全书所有章节,并承接项目三、项目四、项目五、项目六的实践成果。

2. 任课教师可以根据实际情况,把研学目的地调整为学校所在城市。

讨论在研学活动中安排入住酒店和入住研学营地各自的利弊。

任务四 课程特别问题的预防与处理

 **任务目标**

知识目标	1. 掌握课程问题出现的主要内容； 2. 掌握课程问题预防的一般知识； 3. 掌握课程问题的处理知识。
能力目标	1. 能处理简单的课程相关人员问题； 2. 能处理一般的课程教学环境问题； 3. 能处理简单的课程教学设备问题； 4. 能处理一般的课程教学时间问题。
素质目标	1. 通过预防各种研学课程活动阶段的问题，培养精益求精的工作态度； 2. 通过处理各种研学课程活动阶段的问题，提升解决问题能力，培养责任担当精神。

 **任务导入**

南京某旅行社承接了扬州某中学的南京三日研学接待工作，小周作为旅行社研学旅行指导师，根据研学行程安排，他将于周四上午10点在南京玄武门迎接扬州某中学的学生，开展为期三天的研学活动。

请仔细阅读下列研学行程安排，并思考后面的问题。

研学行程安排

周三 扬州/南京	08:00~10:00	从扬州乘坐大巴前往南京，玄武门接团（约115千米，2小时车程）
	10:00~11:30	玄武湖
	11:30~12:30	午餐
	13:00~14:30	六朝博物馆
	14:30~16:30	总统府

项目七 研学旅行问题的预防与处理

续表

周三 扬州/南京	17:00~18:00	中国科举博物馆
	18:30~20:00	乌衣巷、秦淮河
	21:00	入住酒店，查房、休息
周四 南京	08:00~11:30	侵华日军南京大屠杀遇难同胞纪念馆
	11:30~12:30	午餐
	13:00~15:00	抗日航空烈士纪念馆
	15:30~17:00	中山陵
	17:30~18:30	晚餐
	19:00~20:30	南京先锋书店五台山总店
	21:00	入住酒店，查房、休息
周五 南京/扬州	08:00~11:30	阅江楼、静海寺
	11:30~12:30	午餐
	12:30~14:30	从南京乘坐大巴车返回扬州（约115千米，2小时车程）

1. 此次南京三日研学中，有哪些不可控因素可能会影响研学课程按计划实施？
2. 如果你是这个团队的研学旅行指导师，为确保研学课程顺利完成，你会提前做好哪些方面的预案？
3. 在研学旅行实施过程中，常见的课程问题有哪些？

 **任务解析**

　　研学旅行实践活动作为学校教育的校外教育形式，对研学课程教学质量有较为明确的要求。学校在研学旅行开始之前会对研学课程师资、教学场所及每次课程的教学时间、教学内容等与研学承办机构、研学基地进行提前确认，研学承办机构、研学基地应严格按照教学计划实施研学课程。但同时，研学旅行和校内教育又存在差异，旅行过程中有各种意想不到的突发因素，如交通拥堵、火车晚点、学生用餐时间延长甚至天气变化等，任何一个环节的变动都可

能对后续研学课程教学实施带来一系列影响。研学旅行实施过程中，常见的课程问题主要有四个方面，即课程相关人员问题、课程教学环境问题、课程教学设备问题、课程教学时间问题。

问题一：课程相关人员问题的预防与处理

（一）课程相关人员问题的发生原因

研学旅行是中小学开展社会实践活动课程的一种形式，研学旅行的课程内容涉及多个学科，研究课题涵盖学生成长与社会生活的方方面面，研学教育目标呈现多元化特点，研学旅行的移动课堂和学校教育的室内课堂采用的教学方法也有很大差别，因而学校对研学课程师资的教学能力有极高的要求。

由于研学旅行实践活动在我国开展时间较短，高等院校研学旅行专业人才培养才刚刚起步，在实际工作中，一方面，教育部门对研学旅行实践活动的课程设计、教育目标及教学方法等还没有出台严格的执行标准，对课程相关人员还没有严格执行专业标准及培训与考核要求，另一方面，研学旅行市场对各类专业人才需求极大，从事中小学研学接待的企业仓促上阵，普遍缺乏专业培训，各地研学承办机构、研学基（营）地配备的企业内部研学旅行指导师教学能力良莠不齐。此外，由于研学旅行的供需双方及从业者在课程相关人员的职业要求、工作内容、能力水平、职业待遇标准等问题上还不能统一认识，优秀的研学旅行指导师人数还没有形成规模，与研学旅行的主办方期待实现的教育目标以及对研学师资的素质、水平要求之间还存在距离，造成研学旅行中普遍存在"有游无学""游大于学"现象。

在研学接待实际工作中，研学旅行指导师通常也肩负着研学课程教学任务，造成问题的具体原因需要根据实际情况具体分析，既有不同的学校、不同研学承办机构之间的课程相关人员整体的能力差异，也有同一学校、研学承办机构内部的相关人员个人能力差异形成的问题；针对相关人员个人能力的差异，也需要具体分析，只有有的放矢，为研学课程相关人员问题提供针对性的解决方案，才能提高课程相关人员的整体素质。

（二）课程相关人员问题的预防

（1）学校应认真贯彻教育部出台的关于全面推进中小学研学旅行的文件精神，落实上级主管机关的具体工作要求，鼓励在校老师积极思考研学旅行综合实践课程与学校教育、学生成长的有机融合，积极开展跨地区、跨行业交流

项目七 研学旅行问题的预防与处理

学习，提升学校老师对研学旅行的认识，推进学校研学实践活动课程的有序开展。

（2）学校应不断完善研学实践活动的组织工作及研学课程建设，细化工作流程，公开透明研学承办机构招投标工作细节，提高学校研学旅行指导师的综合素质；加强与研学承办机构、基（营）地相关人员的配合，共同做好研学课程设计与实施。

（3）研学承办机构、基（营）地相关负责人应进一步提高认识，认真学习教育部及各省、市教育主管部门的有关文件精神，明确学校开展研学实践活动的教育目标，根据学校要求，切实做好研学旅行专业队伍建设与人才培养。

（4）研学承办机构、基（营）地应建立并完善研学课程相关人员的"选""育""用""留""汰"的人才培养与管理机制，鼓励其不断提高自身的职业素养与职业能力，建立职业晋升通道，增加职业吸引力。

（5）研学承办机构、基（营）地应建立并落实研学课程相关人员业务学习与考核评价制度，加强专业知识与业务能力培训，整体提升课程相关人员综合素质。

（6）学校选择研学承办合作机构、研学基（营）地时，不仅要关注课程设计，还应注重考察研学承办机构的课程相关人员的教学能力及综合素质。出行前，应认真审核研学承办机构提供的课程相关人员职业、能力证书等材料，研学结束后，应组织学生进行课程反馈，帮助其查找问题，总结提升。学校及研学承办机构、研学基（营）地不得使用未经专业培训、不具备专业资格与能力的人员承担研学课程教学工作。

（7）研学承办机构、研学基（营）地在研学旅行开始前，应组织研学课程相关人员进行集体备课，熟悉研学手册内容和研学课程设计及教学目标，设计研学课程教学大纲，确保整体教学水平符合学校要求。

（8）研学承办机构、基（营）地应充分考虑研学旅行中可能发生的突发状况，如天气原因导致室外课程活动无法进行时的取代方案等，并提前组织研学课程相关人员做好课程活动预案。

（9）研学课程相关人员在接到研学课程任务后应认真熟悉课程的教学内容及活动预案，根据学情特点，编写课程指导案，做好教学物料准备；旅行社研学指导师应提前联系研学基（营）地指导师，在课程开始前充分沟通教学活动安排，做好研学课程相关环节的衔接准备。

（10）学校研学指导师应加强与研学课程相关人员的交流，共同做好课程当天的教学问题反馈与总结，课程相关人员应及时进行课程教学反思，努力提高教学水平。

（三）课程相关人员问题的处理

（1）出行前，研学承办机构安排的课程相关人员如发生调整，应如实向学校说明原因，并提供其相关资质证明，经学校审核后，方可安排其承担研学课程教学任务；如学校审核后认为其不具备研学课程教学所需要的专业资格，研学承办机构应根据双方合同约定立刻进行人员调整，以确保课程教学顺利进行。

（2）研学承办机构应提前做好研学基（营）地课程相关人员资质备案，并提交学校审核，在课程开始前，如出现人员调整，研学基（营）地应至少提前一天向研学承办机构研学组长报备，并确保课程相关人员资质及教学水平符合课程教学要求；研学机构研学组长应及时将相关人员情况通知旅行社研学指导师，并要求双方做好研学基（营）地课程教学衔接，沟通教学环节。

（3）学校项目负责人（总控）及学校研学指导师在研学课程教学活动结束后对相关人员问题给予反馈，研学承办机构、研学基（营）地相关负责人应认真对待，对前期课程中教学不足部分，可以安排研学旅行指导师在后续行程中通过补充教学进行弥补。

问题二：课程教学环境问题的预防与处理

（一）课程教学环境问题的发生原因

有人说"在学校课堂就能完成教学的课程，无须再组织学生通过研学旅行的方式来完成"，这句话从一定程度上反映出研学课程的特点。研学旅行的各类研究性课题、研学课程活动形式都和研学旅行目的地或研学基（营）地的地域环境有密切联系，研学课程教学具有教学场景多、教学环境多样的特点。

复杂的研学课程环境给课程教学带来不确定性。火车、飞机、轮船、大巴等交通工具，博物馆、展览馆、纪念馆等场馆，山地、海滩、湖泊，甚至学生就餐的餐桌、下榻的酒店等都是研学课程的教学场所。由于教学场所的特点相差较大，在不同的教学场所就需要研学旅行指导师因地制宜，采取有针对性的教学方式，即便是同一类型的教学场所，如中国园林中的北京颐和园、扬州个园、苏州拙政园，由于每一座园林都具有各自不同的建筑特点、历史背景，也位于不同的地域，所以即便是同样以"中国园林艺术"为主题的研学课程教学，也需要结合各自园林的历史文化与建筑布局，分析教学场地差异，设计不同的教学内容与教学活动。此外，在室外开展研学课程，经常容易受到天气变化（如暴雨、大风等）影响，给课程教学带来不便。

项目七　研学旅行问题的预防与处理

　　研学课程教学大多是在真实环境进行，无论是乘坐交通工具，还是参观博物馆，或是游览祖国的名山大川，学生在进行研学课程学习的同时，也在集体生活中感受多样的人文环境、自然环境。旅行过程中的真实体验带给学生大量丰富的信息，并形成他们的身体与思想记忆，成为生命情感的积淀。研学旅行指导师应充分认识并运用研学课程多变的环境本身具有的教育价值，关注多变的教学环境给课程教学带来的挑战。

（二）课程教学环境问题的预防

　　（1）研学旅行指导师在进行研学课程设计时，应对研学目的地的研学资源进行全面了解，结合地域特点设计研学课程。

　　（2）应在确保安全的前提下设计各类教学环境中的课程教学活动，充分考虑教学场地条件、教学设备要求、学生人数、其他人员干扰等因素，因地制宜做好研学课程实施方案。

　　（3）进行课程教学前，研学旅行指导师与研学课程相关人员应实地考察研学课程实施地点，熟悉研学课程场地特点，根据实际情况设计研学课程指导案，准备教学物料。

　　（4）研学课程设计中需要在室外开展的研学课程，研学旅行指导师与研学课程相关人员应做好教学预案，如因天气影响无法正常开展，应设计可替代的教学课程方案。

（三）课程教学环境问题的处理

　　（1）课程教学开始前，研学旅行指导师与研学课程相关人员应向学生介绍教学环境特点，做好安全提示；在课程实施过程中，应密切关注教学环境中可能发生的安全隐患，确保研学课程教学工作顺利开展。

　　（2）在火车、汽车等移动的交通工具中开展研学课程教学时，应加强交通安全教育，做好交通知识普及；利用移动课堂开展各种教学活动时，研学旅行指导师应尽可能采取个人学习或小型团体合作学习的方式，如乘坐高铁时以同一排座位的同学划分小组、卧铺车厢以同一卧铺组别进行分组等，适合采取通过阅读、摄影、观察等教学形式来开展研学课程，不宜组织聚集性的团体活动课程；在上下交通工具的过程中，研学旅行指导师应做好工作分工，强调团队集体行动，确保学生安全。

　　（3）在文博场馆内开展研学课程教学，应根据各场馆的参观规定设计有针对性的研学课程，需提前告知学生参观文博场馆的注意事项，如应严格遵守馆内禁止拍摄，不能触摸文物展品等规定；大多数文博场馆内需要参观者保持安静，避免对其他参观者造成影响。开展文博场馆教学应为学生配备蓝牙耳机接收器，或配备语音导览器；文博场馆内环境安全是相对较为可控的，才能设计学生自主探究的学习课题，采取集中学习与自主学习相结合的教学方式。

（4）在名胜古迹开展研学课程教学，应向学生宣传文物保护的相关知识，课程活动设计不能对建筑、环境产生破坏性影响，如参观敦煌莫高窟时，不应设计摄影类课程活动，可通过观看视频影像资料、图片资料等帮助学生深入探究，如果出现学生偷拍、触摸文物、大声喧哗应立即阻止。

问题三：课程教学设备问题的预防与处理

（一）课程教学设备问题的发生原因

学校开展教学活动主要依托教室、实验室、体育馆、运动场等教学场地，学生根据课程表安排及任课老师的教学要求提前一天准备好相应的学习用品，教师授课所需要的教学设备也相对比较固定，没有教学设备每天搬运、安装的困扰。有些研学基（营）地的教学场所和学校教学场所有类似之处，有固定的教学场所及教学设备，但多数研学课程具有教学内容丰富、教学地点多变的特点，学生不便携带过多的学习用品，研学旅行指导师也无法为课程教学准备体积较大的教学设备，如投影仪、液晶显示屏等。研学过程中可随身携带的教学设备大多具有体积小、重量轻、便于携带的特点，同时因为数量零散容易遗漏，这是教学设备存在的问题之一。

造成教学设备问题的第二个常见原因是课程教学方式的差异造成教学设备不匹配的问题。如旅行社研学指导师与基（营）地指导师通过讲授的方式进行教学，无论是在交通工具上还是在自然环境中，主要运用的教学设备就是语音讲解与接收设备；反之，相同的教学内容，如果采用不同的教学方式则需要配备的教学设备就会有所不同，如学习非遗课程《京剧表演艺术》，采取讲授的形式，课程教学可以通过语音讲解与接收设备完成；如果增加多媒体教学，那么就需要增加投影、显示屏等多媒体教学设备；如果课程形式为观看非遗演出，那么教学现场还需要具备舞台、音响控制设备等；如果课程形式为学生京剧表演体验课，那么这次京剧表演艺术的研学课程可能还需要增加京剧脸谱化妆、表演服装等教学物料。因此，虽然是同一内容的课程，但是教学形式不同，教学设备及教学场所不相匹配；另外，研学课程开始后，教学设备突发故障，是造成教学设备问题的重要原因。

（二）课程教学设备问题的预防

（1）研学旅行指导师、研学课程相关人员在课程开始前，应实地考察并熟悉研学课程的教学场所及教学设备，根据研学课程的教学要求，结合学情特点，认真做好研学课程指导案设计，应结合场地教学设备条件设计合理的教学方式。

（2）出行前，研学旅行指导师应制作教学设备清单，根据清单做好教学设备领用，防止遗漏，同时做好设备检查，发现故障及时进行调换。

（3）研学旅行指导师应根据学生人数申领教具及物料，预留10%~15%的备份设备，以防课程教学中个别教具及物料损坏，影响教学效果。

（4）基（营）地指导师应定期检查固定教学设备，发现故障应及时报修，做好课程教学设备保障工作。

（5）基（营）地指导师在课程开始前，应做好教学设备检查及耗材备份，如多媒体教学开始前应检查电脑、投影等设备，并备份可替换的话筒、电池等。

（三）课程教学设备问题的处理

（1）研学课程开始前，发现教学设备问题，且无法及时修复，研学旅行指导师或课程相关人员应及时调整课程方式，使用现有设备完成研学内容。

（2）研学课程开始后，教学设备突发故障，可立刻使用备份设备或更换设备耗材，在此期间，可安排学生进行分组交流讨论等活动，减少设备调整对课程教学造成的影响。

（3）课程结束后，应立即上报有关部门，进行教学设备维修。

问题四：课程教学时间问题的预防与处理

（一）课程教学时间问题的发生原因

课程教学时间的问题主要是课程教学时间比原定时间缩短或延长，造成的原因有主观原因，如学生迟到，造成出发时间延误，使研学课程开始时间比原计划推迟，造成课程教学时间比原定时间缩短；也有客观原因，如前往研学课程教学点时出现交通事故，导致途中时间延误，造成课程教学时间缩短；有些时候是主观因素与客观因素综合影响的结果，如在研学基（营）地内开展课程教学，由于受到场地规模限制，大型研学团队需要分批次进行研学课程活动，在进行手工制作的课程活动时，由于学生的兴趣、行为习惯等各不相同，有些同学会提前完成，有些同学则迟迟不能完成制作，造成本班的课程时间延长，也影响了后一批次的课程时间。

（二）课程教学时间问题的预防

（1）研学旅行承办机构应向学校说明行程中各研学基（营）地参观预约的具体规定，根据学校的研学地点及教学要求，推荐合理的研学课程设计。结合研学地点、下榻酒店、餐厅等交通情况，合理安排研学交通路线，进行合理的研学行程设计。

（2）研学活动的课程计划经学校确认后，研学承办机构就需要提前和各研学基（营）地进行预约，提前做好课程教学的场地、人员等安排。基（营）地指导师应提前做好备课工作，在备课时，应充分估计研学活动中可能出现的问题，做好相应的时间安排。

（3）出行前，学校应将研学旅行的行程安排以书面形式通知全体学生，如编入学生的学习手册；旅行社研学指导师应提前与研学合作单位确认团队行程信息，行程当天，应再次与研学合作单位确认团队出发时间、抵达时间、停留时间、到达人数等重要信息，做好衔接与联络工作；行程中，旅行社研学指导师应及时做好时间提醒，根据行程时间节点做好各项工作安排，研学行程时间节点计划应留有余量，研学活动、研学课程安排不可过于紧凑。

（4）学校及研学承办机构应根据研学行程安排及课程教学设计编制研学旅行指导师操作手册，规范操作流程，减少因研学旅行指导师工作失误造成的研学课程时间问题。

（5）学校研学指导师应在出行前做好学生分组，强调研学纪律，加强学生管理；研学旅行指导师应做好旅行课程教学设计，帮助学生提高生活自理能力，增强团队观念，树立时间意识。

（6）学校研学指导师、旅行社研学指导师和基（营）地指导师做好分工合作，在兼顾安全的前提下，学校研学指导师主要负责学生教育与管理，基（营）地指导师主要负责研学课程教学和指导，旅行社研学指导师主要负责旅行生活安排。

（三）课程教学时间问题的处理

（1）由于突发情况导致研学团队不能按计划时间抵达研学地点，旅行社研学指导师应及时通知基（营）地指导师，并根据团队抵达时间调整课程安排，如原计划先参观，可调整时间顺序，先安排课程教学之后再参观；如课程时间

项目七 研学旅行问题的预防与处理

无法调整，须向学校研学指导师说明情况，由学校研学指导师报告学校项目负责人（总控），根据项目负责人（总控）指示进行课程教学安排。

（2）发生研学课程时间问题后，旅行社研学指导师可与学校研学指导师协商解决方案，如缩短本次课程时间、推迟或提前用餐时间等方式进行时间调控，减少对后续课程时间的影响，学校研学指导师应将解决方案上报学校项目负责人（总控）批准。

（3）因客观原因如交通事故、火车晚点等造成课程时间问题，导致课程教学无法实施，旅行社研学指导师和学校研学指导师应分别汇报研学组长和学校项目负责人（总控），由双方负责人协商后做出应变计划。学校研学指导师应做好学生及家长的工作，取得理解；旅行社研学指导师应及时协调各接待单位，做好行程调整。

（4）因研学旅行指导师原因造成的重大课程时间问题属于教学事故，学校及研学承办机构可根据情节严重程度分别处以批评教育、岗位调整、经济处罚等。

（5）因学生原因造成的课程时间问题，学校研学指导师应根据实际情况进行针对性处理，对学生个人进行教育的同时，也需要做好对其他同学的教育。

（6）因研学承办机构、研学合作单位原因造成研学时间问题，导致研学课程无法进行，给学校造成损失的，学校可根据合同约定，与研学承办机构、研学合作单位通过协商、调解或民事诉讼等方式解决。

任务实践

任务准备	全班分成三个小组，根据A小学、B初中、C高中研学活动的课程方案和研学手册，分别模拟其中某研学基（营）地的基（营）地指导师。
任务要求	针对研学课程相关人员、教学环境、教学设备、教学时间有可能出现的问题，撰写研学课程教学问题应急预案。
任务成果	研学课程教学问题应急预案。
评价方式	学生自评、互评和教师评价相结合，条件允许可采用真实案例，让研学机构进行评价。分组安排时，注意小组成员分工到位，确保每位同学都有一定任务。

特别说明：

1. 本实践任务贯穿全书所有章节，并承接项目三、项目四、项目五、项目六的实践成果。

2. 任课教师可以根据实际情况，把研学目的地调整为学校所在城市。

 **任务拓展**

思考和讨论，作为研学旅行主办方、承办方和供应方，应该准备哪些应急预案？

项目七 研学旅行问题的预防与处理

任务五　冲突问题的预防与处理

 **任务目标**

知识目标	1. 掌握冲突的内涵、分类和发生因素； 2. 掌握处理冲突的原则和管理方法； 3. 掌握冲突预防与处理的知识。
能力目标	1. 能有效地预防与处理学生冲突； 2. 能有效地预防与处理家长冲突； 3. 能有效地预防与处理研学旅行指导师冲突。
素质目标	通过预防与处理各类冲突，培养沟通能力和实际解决问题的能力，通过换位思考，学会包容，提升个人素养。

 **任务导入**

中午11:30，旅行社研学指导师小李带领某学校六年级一班的学生参观烈士纪念馆。进馆后，小李给每位同学发放了语音导览设备，安排大家自行参观。大多数同学们在认真地听着语音介绍，看着展陈的一件件烈士的遗物，不时小声交流一些观点。这时，班上有几位男同学从书包里拿出了小零食，说肚子饿了，要补充点儿能量，几个人小声说笑了起来，一时间原本庄严肃穆的纪念馆气氛变得有些不同了。就在这时，展厅的一位工作人员走到几个学生面前，严厉地批评了他们。馆内还有一些参观者，也跟着纷纷指责起这几位同学。

 1. 你觉得这一事件中产生冲突的主要原因是什么？
2. 作为旅行社研学指导师，小李在现场应当如何处理？

**任务解析**

研学旅行实践活动的开展涉及多个单位、多个人员，活动地点多，活动范围大，活动时间长，在这一过程中不可避免会出现各种矛盾冲突。为了保障研学旅行的顺利进行，有效预防与管控冲突，解决研学旅行中的各种矛盾，需要参与研学旅行的各方制定有效的冲突预防及处理机制，研学旅行指导师及参与研学接待的工作人员应加强学习，提高解决矛盾冲突的工作能力。

问题一：理解冲突的内涵和发生因素

（一）冲突的内涵

"冲突"一词在《现代汉语词典》中解释为"互相矛盾；不协调"。冲突是指两个或以上的组织机构、团队或个人在目标、认识、动机等方面不一致，从而产生心理或行为上的矛盾，导致抵触、争执或攻击事件。

我们可以从以下四个层面理解冲突：

（1）冲突是一个过程。冲突过程往往伴随双方的矛盾、不协调甚至互相对抗。

（2）一个人内心思想与情感的矛盾，称为心理冲突，心理冲突是造成行为冲突的原因。

（3）冲突的行为主体可以是个体、团体或组织。冲突可以存在于各种行为主体之间，也可以存在于个体与个体之间、个体与团体之间、个体与组织之间、团体与组织之间。

（4）冲突的行为主体之间具有一定的关系。发生冲突的行为主体之间必然存在某种关系，这种关系可能是管理关系、合作关系、竞争关系或敌对关系，无论是哪一种关系，不同的行为主体由于目标、权利、责任、利益、行为方式的差异，对同一事物的认知必然就会存在一定的分歧或矛盾，当这种分歧或矛盾表面化时，冲突便开始产生。

（二）冲突的发生因素

在研学旅行过程中，产生冲突的诱因是多种多样的，如参与研学旅行的各方对研学的目标和期待值不同、语言或行为让对方产生歧义、研学旅行工作中由于缺乏合作与团队精神、工作人员各自立足本企业的利益处理问题等，都可能激化矛盾，引发各种冲突。产生冲突的因素很多，最主要的有信息因素、沟通因素、认知因素、价值观因素、环境因素、目标因素、权责因素。

1. 信息因素

由于各方对事物的信息彼此了解得不全面或不一致，从而影响了对事物的认识与判断，造成误解，引起冲突。

2. 沟通因素

沟通最主要的方式是语言，包括口头语言、书面语言、图片或者图形。沟通时不恰当的语言内容及语言方式会造成矛盾引发冲突。

3. 认知因素

个体差异的客观存在决定了认知差异，每个人都有自己对事物的看法，由于对事物认知的差异，从而引发冲突。

4. 价值观因素

由于个人价值观与他人价值观或群体价值观不同，从而导致冲突的产生。

5. 环境因素

人们的情绪会受到环境的影响，当一方产生情绪，从而影响对原定目标的执行时，另一方对此不能接受，从而引发冲突。

6. 目标因素

不同的行为主体有各自的利益诉求，如果在处理问题时各方都立足自身利益，行为主体之间的冲突就不可避免。

7. 责权因素

各方因责任、权利划分不清晰，在行动中对另一方的表现产生不满，从而引发冲突。

问题二：掌握冲突的类型

（一）按照冲突的范围划分

（1）内部冲突——发生在研学旅行团队内部的个人、团队、组织间的各种冲突。如研学旅行指导师与学生之间的师生冲突，学校、旅行社、基（营）地指导师团队之间的冲突，司机与研学旅行指导师之间的冲突等。

（2）外部冲突——研学旅行团队内部的个人、团队、组织与其他个人、团队、组织之间的冲突。如家长与研学旅行指导师之间的冲突、学生与餐厅服务人员之间的冲突等。

（二）按照冲突的层次与规模划分

（1）个人冲突——包括个人内在冲突（心理冲突）与人际冲突。
（2）团队冲突——包括团队内部冲突与团队之间的冲突。
（3）组织冲突——包括组织内冲突与组织之间的冲突。

（三）按照冲突的结果划分

（1）建设性冲突——双方目标一致，但对实现目标的方法、手段的认识不同而导致的冲突，这种冲突为双方带来更多创新与创造性的新思考，有利于目标的实现，对目标结果起到积极影响。
（2）破坏性冲突——双方目标不一致而发生的冲突，这种冲突将降低效率，造成双方时间、精力、资源的损耗，对双方产生消极影响。

（四）按照冲突的发展阶段划分

（1）潜在冲突——冲突萌芽期，双方产生内在意见分歧，出现潜在的对立，存在可能产生冲突的条件，但不一定会真正发生冲突。
（2）觉知冲突——冲突觉察期，双方彼此感知分歧或矛盾存在，产生情绪变化，但尚未向对方表明解决分歧或矛盾的态度，这一时期双方通常还不能意识到冲突即将发生。
（3）意向冲突——冲突行为意向期，双方各自表明自己对待分歧或矛盾的态度，即处理意见。但彼此并不认同对方的态度及意见，内在思考产生行为意向。
（4）行为冲突——冲突行为发生期，双方矛盾分歧公开化，产生冲突行为，公开的冲突包括行为的整个过程，从微妙、间接、节制发展到直接、粗暴、不可控制。
（5）结果冲突——冲突行为结果期，对冲突行为的后果进行评估分析，对于建设性冲突，总结其产生的创新思考及对目标的推进作用；对破坏性冲突进行责任划分，评估产生的影响，解决矛盾，并追究相关责任。

问题三：冲突的处理原则与管理

（一）冲突的处理原则

面对研学旅行中的各种冲突，应本着"一切为了学生成长"的教育目标，各自立足对方的角度，全面思考问题，加强沟通与交流。冲突的处理可遵循以下原则：

1. 控制性原则

鼓励建设性的冲突，避免发生破坏性的冲突，把冲突控制在有利于目标实现的适当程度。

2. 客观性原则

立足事物本身，不以个人的情绪与判断为原则，针对具体问题，根据所处的环境条件，实事求是地分析问题，达成共识。

3. 有效性原则

在确保目标达成的前提下，采用灵活的方法与策略，协调各方需求，有效处理冲突。

（二）冲突的管理

有效的冲突管理是对冲突从产生、发展、变化、结果进行全过程的系统管理，工作的核心重点不是冲突发生后的处理，而是冲突发生前的预防。研学旅行指导师应加强对冲突的前三个阶段——潜在冲突、觉知冲突、意向冲突的有效管理。尤其是在冲突的潜在阶段，这一阶段的变化主要发生在冲突双方的情绪变化中。在这一时期，研学旅行指导师需要进行有效的情绪管理，掌握冲突管理四步法。

（1）觉察情绪变化。提升对人的敏感度，关注并觉察学生的情绪变化，如果冲突一方包括自己，则需要了解并接纳自己的情绪。

（2）进行情绪调整。首先要管理好自己的情绪，才能对他人情绪产生积极影响。

（3）加强有效沟通。注重有效聆听，理解对方的真实意图，通过沟通达成相互理解。如果冲突一方包括学生，则需要先安抚学生的情绪，待其冷静后再加强有效沟通。

（4）全面客观公正。全面了解客观事实后立足全局，提出可行的建议。

在冲突发展的第四阶段之前进行系统的冲突管理，可以有效地减少冲突的发生。当然，对于目标能带来积极影响的建设性冲突，我们可以鼓励其发生。

问题四：冲突的预防与处理

研学旅行中个人冲突（人际冲突）是较为常见的一种冲突，主要有学生冲突、研学旅行指导师冲突；群体冲突的发生将对研学旅行的开展带来极大的影响，典型的冲突类型为家长与研学接待方的冲突。

（一）学生冲突

1. 学生冲突发生的原因

学生冲突主要包括学生之间的冲突、学生与研学旅行指导师之间的冲突、学生与接待服务人员之间的冲突、学生与社会人员之间的冲突。在研学中最常见的是学生之间的冲突及学生与接待服务人员之间的冲突。

研学旅行的集体生活方式需要学生能够融入团队，学会宽容与包容。因为学生多数是未成年人，其身心发展还不成熟，尤其是青春期的学生，其情绪波动会比较大，自我控制能力较低，他们还缺少社会交往、人际交往的经验，不太善于与他人沟通，旅行生活中遇到问题时容易冲动，对事物的认知差异也会引发激烈的争辩，各种冲突也随之而来。

2. 学生冲突的预防

（1）研学旅行中，研学旅行指导师应重点关注行为表现比较自我、个性张扬、语言激烈容易与他人发生争执的学生，通常这类学生在学校时就容易和其他同学产生矛盾。

（2）学校研学指导师在出行前应做好分组设计，应避免将在学校内就已经产生矛盾的同学安排在一个房间、一张餐桌。

（3）在旅行过程中，学校研学指导师应和这类学生保持近距离接触，如学校研学指导师可以和这些学生在座位安排上距离更近，研学过程中有更多的交流与互动，一方面加深了解，另一方面可以时刻关注学生的情绪变化。学校研学指导师应放弃对学生的片面认识，全面客观看待学生的特点，强化对学生的正向激励，帮助他们更好地融入集体。

（4）旅行社研学指导师可以在研学旅行中适当增加一些文体康乐活动，调节班级气氛，增进同学之间的友谊。

（5）基（营）地指导师在课程设计中可增加社交礼仪、团队合作的课程内容，让同学们增长社交知识、增强团队意识。

（6）研学旅行指导师应加强青少年心理学的知识学习与运用，用发展的视角看待学生在特定年龄阶段的表现，树立正确的教育观。

3. 学生冲突的处理

（1）及时分离冲突双方，防止事态扩大。当学生发生冲突时，研学旅行指导师应及时将冲突双方分开，阻止冲突升级，防止事态扩大。

（2）充分了解冲突原因，客观公正地进行处理。学校研学指导师应保持客观冷静，向冲突双方分别了解冲突发生的原因，并向其他学生了解事件的过

项目七　研学旅行问题的预防与处理

程，引导双方换位思考，看到自身言行的不当之处。

（3）帮助双方调整情绪，寻找冲突解决方法。在双方情绪激动时，研学旅行指导师不要急于说道理，应该先帮助双方平复激动的情绪后，再分析事件的过程，帮助双方消除误解与隔阂，认识到自身问题所在，寻找冲突的解决方法。先解决情绪，再解决问题，是处理冲突的关键。

（4）引导学生提升情绪管理能力，学会与他人交流合作。冲突解决后，学校研学指导师还应引导学生分析冲突原因，学习认识并管控自己的情绪，学会与他人交流合作。

（5）如果冲突中有学生受伤，研学旅行指导师应先控制现场，请随团医护人员查看学生伤情，根据伤势轻重进行及时救治。若冲突对方不是研学团队服务及接待人员，研学旅行指导师必要时应拨打110，进行报警处理。在救治伤者过程中，要注意保存关键证据，保留现场物证、人证，记录救治过程并保留主治医生的诊断证明。

（二）研学旅行指导师冲突

1. 研学旅行指导师冲突发生的原因

研学旅行指导师团队根据委派单位可以分为学校研学指导师、组团社研学指导师、接待社研学指导师、基（营）地指导师及其他指导师。他们来自不同单位，各自代表自己的集体利益，工作重点、专业背景、工作经验各不相同，性格、脾气各有特点。在研学旅行中，他们要临时组成一个工作团队，全面开展研学旅行的安全、研学课程教学指导、旅行生活的服务保障等各项工作，在这一过程中，冲突在所难免。

最常见的是组团社研学指导师与接待社指导师之间的冲突。由于研学的课程特点，学生每天都可能出现很多"小状况"，研学旅行指导师工作时间长、责任大，工作时情绪状态比较紧张；组团社研学指导师早期和学校接触比较多，对学生和学校研学指导师熟悉程度更高，地接社研学指导师对接待单位情况更了解，双方对研学团队的学生特点、学习诉求、接待服务要求、接待场所软硬件标准等信息掌握不同步，合作中，各自立足本企业的利益思考问题，在实际操作过程中，面对各种突发状况，往往会忽略沟通方式，非常容易引发冲突。

2. 研学旅行指导师冲突的预防

（1）涉足研学旅行经营的各类企业应树立正确的企业文化，将"立德树人"作为开展研学旅行经营活动的根本目标，在学生面前做好表率。

（2）加强研学旅行指导师师资培训，培养具有教育情怀的具备较高的专业教学能力及问题处理能力的研学旅行指导师。

（3）研学旅行指导师应加强个人修养的学习与提升，树立正确的团队合作观，在工作中相互理解，相互包容。

（4）研学旅行指导师需注重提升情绪管理能力，注重沟通交流，注重自身言行，展现良好职业素养。

（5）研学旅行指导师在团队合作中应尊重各方的工作权限，协商处理研学过程中发生的各类问题，增进工作友谊。

3. 研学旅行指导师冲突的处理

（1）保持冷静，调整自己的情绪。冲突最初是发生在内心的情绪反应，解决冲突也需要首先调整控制自己的情绪。

（2）充分认识到研学旅行指导师团队合作在研学旅行及研学教育中的重要作用，学会理解与包容，坚决杜绝当着学生面发生冲突。

（3）冷静思考冲突可能导致的各方利益损失，和对方充分进行沟通交流，分析各自观点或方法的优劣势。

（4）在确保研学活动顺利进行的前提下，也可以采取暂时搁置争议，先解决问题的处理策略。

（5）如冲突双方难以协调，可以各自寻求第三方支持，如请各自项目负责人（总控）出面分析全局，协调各方利益，合理解决冲突。

（6）在冲突缓和后，应思考自己在冲突过程中的不当之处，真诚与对方交流沟通，不能因此影响工作。

（三）家长冲突

1. 家长冲突发生的原因

研学旅行中家长最关心的是孩子的安全与健康，担心孩子的生活自理能力不足，他们会比较重视旅行交通与食宿安全保障；有相当一部分家长也会比较关注研学旅行的费用价格与食宿条件、学习内容的性价比和研学旅行指导师的资质能力。

在研学旅行开始前，学校会建立家长群，学校研学指导师会将学生的旅行学习与生活情况在群里及时发送给家长，让家长可以随时了解孩子的情况。家长也每天都会关心询问孩子的旅行生活，当家长感觉自己的孩子被关注得少了，受了委屈，或者感觉孩子在食宿条件等方面没有达到预期等，就会表现出不满。如果感觉研学承办机构在研学行程安排、研学课程活动组织、食宿、交通及研学旅行指导师的专业水平等与前期承诺有较大差距，会引发家长与研学承办机构的冲突。

2. 家长冲突的预防

（1）学校应本着公平公正、公开透明的原则进行研学旅行接待机构的招投标工作，设定研学承办机构资质标准，从企业实力、师资力量、管理水平、过往业绩等方面制定评分标准，在投标企业中选择优质研学承办机构 3~5 家。

（2）要求入选的研学承办机构就研学旅行中的安全保障措施、研学行程安排、研学旅行指导师资质及研学课程教育实施、车辆、食宿安排等进行如实说明，不得虚假宣传。

（3）组织家委会，对入选的研学承接机构的现场讲标说明进行综合打分，学校根据家委会的评分，择优选择承接研学旅行的合作机构。

（4）研学承办机构应严格按照出行前对家长的招标说明及合同标准选择研学接待合作单位，安排优秀的研学旅行指导师，确保研学活动顺利开展。

（5）旅行中学校研学指导师应在家长群内及时发送学生研学活动开展情况，并回答家长关于研学旅行的相关问题。

（6）学校家长群内不得加入研学承办机构人员，旅行过程中，学校研学指导师在家长群里应适时发送学生愉快的学习、生活照片，应选学生合影、团队集体照或小组照，不单独发送个别学生单人照，兼顾每一位学生，让家长都能看到自己的孩子。

（7）旅行社研学指导师应引导学生体会家长的关心，每天及时让家长了解自己的旅行生活、学习情况及身体状况。

（8）接待社预订酒店时应选择房型面积、格局、设备等条件一致的房间，旅行社研学指导师在入住酒店前应提前核实房型，确保学生入住房间条件相同。

（9）旅行社研学指导师应随时掌握接待安排情况，每天查房，在酒店入住前可告知学生，如入住后房间内出现设备、卫生等问题，可及时向自己反映，并尽快帮助学生解决问题。研学过程中，如产生突发状况造成接待变动，旅行社研学指导师应如实向学校研学指导师及学生说明情况，求得理解，并在确保接待标准的前提下及时进行调整。

（10）学校研学指导师要重视对学生微信朋友圈、小视频等内容的管理，由于自媒体传播的影响力及视频表现内容的片段性，会造成接收信息者对发生事件的信息掌握不全面，成为引起家长与研学接待方冲突的导火索。

3. 家长冲突的处理

（1）个别学生向家长反映，旅行接待安排出现问题，看到家长在群里发表一些情绪化的语言时，学校研学指导师应第一时间和该家长电话沟通，了解情况。

（2）根据家长反映的情况，学校研学指导师应及时向学生及旅行社研学指导师了解核实，如学生反映的问题属实，应要求旅行社研学指导师尽快帮助学生解决问题；如学生反映的问题信息不完整，并造成家长误解，学校研学指导师应如实向家长说明情况。问题解决后学校研学指导师可联系该家长说明问题解决情况，并请学生也主动向家长说明问题的解决过程，让家长放心。

（3）旅行社研学指导师应就接待安排中出现的问题向学生与学校研学指导师表达歉意，请求谅解，也可向学生赠送一些小礼品表达歉意。

（4）学校研学指导师需做好学生思想工作，避免问题扩大化，引发更多学生关注与议论。

（5）学校研学指导师应向学校项目负责人（总控）及时汇报接待工作中出现的问题，研学承办机构项目负责人（总控）应引起关注，及时通报研学旅行指导师团队，细化接待工作的落实与检查。

任务实践

任务准备	班级分组按任务要求进行角色扮演。
任务要求	1. 结合A小学、B初中、C高中的课程方案及研学手册内容，分别以各自学校的研学旅行指导师身份和旅行社研学指导师身份，设计研学旅行出发前预防各种冲突的提醒语。 2. 针对研学过程中可能出现的各种冲突，撰写研学冲突应急预案。
任务成果	1. 各种预防冲突提醒语。 2. 研学冲突应急预案。
评价方式	学生自评、互评和教师评价相结合，条件允许可采用真实案例，让研学机构进行评价。分组安排时，注意小组成员分工到位，确保每位同学都有一定任务。

特别说明：

1. 本实践任务贯穿全书所有章节，并承接项目三、项目四、项目五、项目六的实践成果。

2. 任课教师可以根据实际情况，把研学目的地调整为学校所在城市。

项目七　研学旅行问题的预防与处理

 **任务拓展**

关注收集各种研学安全、应急案例，并进行点评。

 **项目小结**

本项目针对研学活动实施各环节的常见问题，结合学校研学指导师、旅行社研学指导师、基（营）地指导师之间的职责分工，通过案例解读分析，厘清研学旅行指导师在实际工作中的常见问题预防与处理的关键环节。

这一项目中的内容是对项目四、项目五、项目六的研学旅行指导师工作流程的重要补充。通过这一章节的学习，将进一步提升研学旅行指导师对待严格执行研学旅行指导师工作流程的思想认识，提高研学旅行指导师研学活动组织与问题的处理能力。

练一练